MACHT DES SCHICKSALS
Vermeidbare und unvermeidbare Katastrophen
im alten und neuen Wien
Günther Bögl, Harald Seyrl

NORKA VERLAG Dr. Norbert Kastelic

Macht des Schicksals

Vermeidbare und unvermeidbare Katastrophen
im alten und neuen Wien

von
Dr. Günther Bögl und Mag. Harald Seyrl

© 1994 by NORKA VERLAG Dr. Norbert Kastelic
Wien – Klosterneuburg

Alle Rechte vorbehalten
Nachdruck in jeder Form sowie die Wiedergabe durch Fernsehen, Rundfunk,
Film, Bild- und Tonträger oder Benutzung für Vorträge, auch auszugsweise, nur
mit Genehmigung des Verlages

Cover: Gottfried Moritz
Fotos auf den Seiten 221-232: Presse-Agentur „HANNI"
Hersteller: Print Company Verlagsges.m.b.H., Wien
Druck & Bindung: Typographische Anstalt, Wien
Printed in Austria

ISBN 3-85126-062-7

Inhalt

Vorwort • 11

I. Teil:
Die Kaiserstadt Wien und ihre ständige Bedrohung durch Feuer, Seuche und Wasser

Der Schwarze Tod. Die Pest in den Jahren 1349, 1541 und 1679	15
Die Feuerverordnung der Stadt Wien 1534	19
Die Explosion des Pulverturmes in Nußdorf 1779	23
Die Hochwasserkatastrophe 1830	25
Feuer im Mölkerhof 1862	29
Die Überschwemmung der Donau 1862	31
Das Ende des Treumann-Theaters 1863	35
Die drohende Flut 1871	37
Die Explosion in der Marxergasse 1872	43
Das Feuer in der Spiritusfabrik 1876	45
Brandkatastrophe Am Tabor 1878	47
Kaiser-Ebersdorf in Schutt und Asche 1878	49
Der Brand des Ringtheaters 1881	51
Das Ende des Bärenhauses 1884	71
Das Stadttheater in Flammen 1884	73
Brand in der Mariengasse 1888	79
Feuer auf der Landstraße 1889	81
Explosionen durch Gas 1891	83
Der erste Börsebrand 1898	87
Feuer in der Remise 1898	89
Feuer im Automobillager 1905	91
Die Panik in Altlerchenfeld 1906	93
Die Explosion in der Zelluloidfabrik 1908	101
Kirchenbrände 1913 und 1917	105
Feuer im Militärmagazin 1916	107
Der Tempelbrand in der Leopoldstadt 1917	109

II. Teil:
Wien – Hauptstadt der Republik und des Bundesstaates Österreich – Katastrophen durch Feuer und Wasser

Der Brand des Justizpalastes 1927	113
Der Katastrophenwinter 1929	125
Die Rotunde brennt 1937	127

III. Teil:
Krieg und Gewaltherrschaft 1938-1945

Krieg und Gewaltherrschaft	139

IV. Teil:
Das neue Wien und alte Gefahren ab 1945

Feuer im Messepalast 1945	143
Feuer im Goldkabinett 1950	145
Die große Flut. Das Hochwasser im Sommer 1954	149
Das Grand Hotel in Flammen 1955	163
Die Börse in Flammen 1956	171
Die Straßenbahnkatastrophe von Döbling 1960	183
Die Alte Universität in Flammen 1961	193
Der Flugzeugabsturz 1964	199
Der Brand in der Kanadischen Botschaft 1969	207
Brand am Bahngelände und bei Bunzel und Biach 1976	221
Der Einsturz der Reichsbrücke 1976	233
Feuer im Parkring-Hochhaus 1977	247

Brand im Kaufhaus Gerngross 1979	255
Das Attentat im Kaufhaus Steffl 1979	263
Brand in der Nationalbank 1979	271
Brand im Hotel Augarten 1979	277
Brand im Steyr-Haus 1987	285
Der Großbrand im Bankhaus 1990	297
Der Brand in der Hofburg 1992	303
Die Jahrhunderthitze 1994	313

Epilog 315
Schlußbetrachtung 316
Quellen- und Literaturverzeichnis 319

Vorwort

Macht des Schicksals?

Natürlich hätten wir das Fragezeichen zu dieser Überschrift schon auf das Buchcover setzen können. Aber dieses Buch beinhaltet leidenschafts- aber nicht emotionslose Beschreibungen von Katastrophen, wie sie Wien und jede andere Großstadt schon „heimgesucht" haben oder haben könnten, wie man sich auf sie eingestellt oder sie bekämpft hat. Sie werden überrascht sein, wie lange es gedauert hat, bis Katastrophen nicht mehr als schicksalhafte Strafe Gottes, des Teufels oder auch nur von Dämonen vielfältiger Art angesehen wurden, und werden mitempfinden, wie schwer es den Menschen gefallen ist, sich in dieser Richtung zum Verursacherprinzip zu bekennen, ein Vorgang übrigens, der bis heute – nicht nur im Bereich der Umweltbelastung – zwar nach wie vor hochaktuell, aber noch immer nicht abgeschlossen scheint. Es wird daher an Ihnen, geschätzte Leser, liegen, nach der letzten Zeile des Buches, der gehabten oder gewonnenen Meinung entsprechend, das Fragezeichen zu setzen oder wegzulassen.

Wir jedenfalls meinen, daß es in unserer festgefügten, hochtechnisierten Welt, in der wir in der Lage sind, viele Urgewalten zu zähmen, Materie in Atome und noch kleinere Bestandteile zu zerlegen, auch machbar sein sollte, Katastrophen zu vermeiden oder, wenn dies absolut nicht möglich ist, wenigstens in ihren Auswirkungen zu beherrschen und damit zu minimieren. Nun, tatsächlich ist es so, daß wir nach wie vor nicht in der Lage sind, zum Beispiel die Entstehung eines Taifuns oder den Ausbruch eines Vulkans zu verhindern, und ich glaube, wir sollten uns auch gar nicht bemühen, so weit in die Naturgewalten einzugreifen. Da jedoch bisher in Wien – und auch in Zukunft ist das nach der gegenwärtigen Lage nicht anzunehmen – weder ein Taifun entstanden noch ein Vulkanausbruch geschehen ist, haben wir uns auf die (meist „hausgemachten") Katastrophen in unserem mitteleuropäischen Bereich beschränkt. Diese Katastrophen, die in der Vergangenheit viele Menschenleben gefordert und große Sachwerte vernichtet haben, wären nach unserer Ansicht weitgehendst vermeidbar oder doch zumindest in den vorerwähnten Auswirkungen einschränkbar gewesen. Und so spannen wir quasi zur Dokumentation dieser Erkenntnis aus Polizeiprotokollen, aus Feuerwehraufzeichnungen und sonstigen Berichten von Zeitzeugen einen historischen Bogen über die Ursachen und die Wirkung von Katastrophen, deren Bekämpfung je nach der mentalen Einstellung der Menschen in dieser oder jener Zeit und den ihnen damals und heute zur Verfügung stehenden technischen Mitteln, beschreiben Mut und Übermut vor, während und nach den Ereignissen und versuchen stets herauszufinden, welche Lehren und Konsequenzen die Menschen nach jedem Ereignis für künftige grundsätzlich gleichgelagerte Fälle gezogen haben.

So wie immer steht auch in diesem Buch der Mensch im Vordergrund. Ursprünglich sehr oft hilflos den Kräften und Mythen von Naturgewalten ausgeliefert, später unter Benützung seines Verstandes bei seinen Versuchen, Katastrophen zu verhindern, ihre Folgen wenigstens in Maßen zu halten oder sonstwie zur Linderung von Not und Leid im Gefolge beizutragen. Wir werden dabei erleben, daß zunächst nur einzelne, dann immer mehr unserer Vorfahren sich nicht mehr mit der Schicksalhaftigkeit und der traditionell eingeredeten Ohnmacht bei

Vorwort

Elementarereignissen abgefunden haben, sowie erkennen, wie viele sinnvolle, aber auch untaugliche Versuche von Individualisten und Gruppen zur Abwendung es gab und wie schwer deren Weg war, den anderen Menschen klarzumachen, daß sie in ihrem Erdendasein zwar schicksalhafte Vorgaben haben, aber durchaus in der Lage sind, diesen zumindest bei den Auswirkungen flexibel gegenzusteuern. Wir werden bei diesem Thema auch etwas in die Gebiete der Metaphysik und der Esoterik vorstoßen und uns mit jenen Menschen befassen, die angeblich oder tatsächlich die Gabe haben, Dinge vorauszusehen. Dabei werden wir allerdings einen scharfen Trennstrich zu jenen ziehen, die aufgrund ihrer Naturverbundenheit oder ihrer wissenschaftlichen Ausbildung schon sehr früh in der Lage waren, Katastrophen vorauszusehen, indem sie sie unter Verwertung von Erfahrungen und Beobachtungen vorausberechneten. Letzteren verdanken wir auch weitgehendst alle jene Maßnahmen, ob Verordnungen oder Erfindungen, die uns heute in die Lage versetzen, in diesem latenten Bedrohungsgebiet der Menschheit immer wieder erfolgreich agieren zu können.

Daß wir noch immer von Naturgewalten überrascht werden, ist kein Widerspruch, stehen wir doch – wenn wir die Millionen Jahre der Entstehung unseres Planeten und die paar Jahrhunderte unserer Zivilisation zurückverfolgen – relativiert gesehen noch immer am Anfang einer (unserer) Entwicklung. Es wird an uns liegen, daß wir nicht am Ende einer Entwicklung stehen, vor allem wenn wir uns weiterhin mit Eingriffen in die Natur befassen, über deren Nützlichkeit die Autoren als technische Laien keine Aussage machen wollen und können. Wir glauben aber sicher zu sein, daß wir uns dort, wo natürliche Vorgänge umfunktioniert, manipuliert oder substituiert werden, nicht mehr lange mit der Floskel „der Zweck (Fortschritt oder/und Bequemlichkeit?) heiligt die Mittel" begnügen können, sondern müssen uns der Verantwortung, die wir Menschen mit unserem den sonstigen Lebewesen weit überlegenen Verstand übernommen haben, bewußter werden, als wir dies derzeit in vielen, vor allem ökonomischen Bereichen dokumentieren. Die Natur ist schicksalhaft im Gleichgewicht wie eine austarierte Waage. Nehme ich aus einer Schale etwas oder gebe ich etwas dazu, dann muß eben derselbe Vorgang auch auf der anderen Waagschale geschehen. Um uns dieses simplen physikalischen oder mathematischen Prinzips zu erinnern, sollten wir keine Katastrophen brauchen, die unsere diesbezüglichen Fehler verdeutlichen oder erst auf sie hinweisen.

Tatsache ist, daß die Menschen hinsichtlich der Elementargewalten Wasser (am Buchcover durch die Farbe blau angedeutet), Feuer (rot am Einband) und Seuchen (schwarz – nach der Pest als „Schwarzer Tod") viel ge- und erfunden haben, um deren ungezügelte Macht in den Griff zu bekommen oder zumindest ihre sonst verderblichen Auswirkungen abzuschwächen. Wir schließen daher den Buchteil über Vergangenheit und Gegenwart mit dieser nachweisbaren Feststellung sehr optimistisch.

Dennoch blicken wir mit einer gewissen Skepsis in die Zukunft, wenn wir uns mit kommenden Katastrophen befassen und uns fragen, ob und was wir wirklich aus vergangenen Zeitabschnitten diesbezüglich gelernt haben. Wir müssen uns die Frage stellen, ob wir tatsächlich nur aus schrecklichem Erleben, aus der Qual, aus der Not, aus dem Tod Hunderter, Tausender, ja Millionen von Menschen lernen konnten und können. Hier gab und gibt es als Faktoren neben den obangeführten Naturgewalten immer wieder Elemente in Form wahnsinniger Einzelpersonen, die als Diktatoren, also Unmenschen, Macht über Menschen ausübten und sie so ohne Elementarereignisse, sondern rein durch den Erfindungsgeist kranker Gehirne in Katastrophen stürzen. Auch hier gilt es, die Erfahrungen zu bewahren und zur Vermeidung neuer Katastrophen wachsam zu beobachten und rechtzeitig Maßnahmen zu setzen. Das gleiche gilt ja auch für die Erkenntnisse aus den Erfindungen durchaus gesunder Gehirne von Wissenschaftlern, deren Bemühungen ausschließlich darauf gerichtet waren, den Menschen zu helfen, wie z.B. zur Lösung des ewigen Energieproblems durch Kernreaktionen beizutragen. Diese Menschen waren meist Humanisten und haben sehr viel Zeit während ihrer Forschung dafür aufgewendet, dem Sicherheitsdenken bei allen ihren Spaltversuchen und nachfolgenden Kettenreaktionen absolute Priorität einzuräumen, weshalb auch im Zu-

Vorwort

ge dieser Erfindungen, solange sie im unbeeinflußten Stadium der Laborversuche geblieben bzw. gehalten waren, unmittelbare Katastrophen ausgeblieben sind. Wir sollten uns daher auch dieses Teiles ihrer Vermächtnisse bei kommerzieller oder militärischer Ausnützung ihrer Werke immer und überall (auf der Welt) bewußt bleiben – oder werden.

Um es kurz zu machen, wir sehen hier (in Österreich) und heute als im Bereich der Möglichkeit oder Wahrscheinlichkeit liegende Katastrophen der Zukunft zunächst Unfälle bei veralteten oder nicht dem höchsten Sicherheitsstandard entsprechenden Atomkraftwerken, wie sie in unserem östlichen Nahebereich aufgebaut und bis heute nicht abgeschaltet wurden. Dabei verkennen wir keinesfalls die Bemühungen der verantwortungsvollen Österreicher und sonstiger Europäer im Rahmen ihrer anscheinend oder tatsächlich gegebenen geringen Möglichkeiten, sondern wollen mit unseren Zukunftsvisionen lediglich unterstützend gegen den bei vielen Mitbürgern zu ortenden diesbezüglichen Verdrängungsmechanismus Sensibilität erzeugen.

Und so schließt das Buch eigentlich mit zwei Fragen oder besser gesagt Möglichkeiten, die wir durch unsere akribische Beschreibung von Katastrophen vergangener Jahrhunderte bis zum heutigen Tage zu beantworten bzw. entscheiden suchten: Haben wir wirklich gelernt, daß wir Menschen, wenn wir konsequent und gemeinsam unsere Erfahrungen bewahren und prophylaktisch sichernd verwerten, die Macht haben, Katastrophen – wie und von wem immer sie verursacht werden – durchaus zu verhindern oder wenigstens mit geringstmöglichen Schäden zu überstehen? Oder bleiben wir resignierend bei der primitiven, ursprünglichen Feststellung, daß das undefinierbare Schicksal eben mächtiger ist als wir – die Krone der Schöpfung – die leider so ohnmächtigen Menschen?

I. Teil: Die Kaiserstadt Wien und ihre ständige Bedrohung durch Feuer, Seuche und Wasser

Die Pest in Wien 1349, historisierende Darstellung (2. Hälfte 19. Jahrhundert)

1349
Der Schwarze Tod in Wien

Die Pest in den Jahren 1349, 1541 und 1679

URSPRÜNGLICH WOLLTEN WIR das Buch „Von Augustin bis Temelin" nennen, weil „der liebe Augustin" mit einer der tragischsten Katastrophen, die die Stadt getroffen haben, nämlich der Pest, als liebenswerter Urwiener in Geschichten, Gedichten und Liedern eng verknüpft wird.

Allerdings wurde schon das erste Auftreten der Pest im Jahre 1348 im darauffolgenden Jahr für die Stadt zur existenziellen Katastrophe ihrer Geschichte, weil sie mehr als ein Drittel der damals noch relativ geringen Bevölkerung hinwegraffte. Die Wiener standen diesem Unheil hilflos gegenüber. Ratschläge verschiedenster Art wurden gegeben und verunsicherten die Menschen noch mehr. Manche flüchteten auf das Land, andere schlossen sich Geißlerzügen an, um Buße zu üben, und nur wenige – wie rund 200 Jahre später der vorerwähnte „liebe Augustin" – blieben unbekümmert oder ergaben sich, wie ein Chronist anmerkte, „der Völlerei und der Trunksucht". Zu Pfingsten des Jahres 1349 breitete sich die Pest explosionsartig weiter aus, und im Sommer begann ein Massensterben.

Ein anderer Chronist berichtete hierüber: „Do wart der sterb in allem Oesterreich gar groz, doch besunder daz (zu) Wienn, also daß man alle Lewt, arm und reich muest legen inn den gots adker ze Sand Colman. Und sturben so vil Lewt, an ainem tag czweliff hundert leich, die gelegt wurden inn den gots adker, und wurden daselbs sechs grueb gegraben, und (bis) auf das Wasser, und man legt in die ain grueb vierzehen tausend leich [Als bei einer Stadterweiterung die Grundfesten zu Staatsoper, zum Heinrichshof und zu den Häusern an der Ringstraße gegen die Burg zu ausgehoben wurden, grub man viele Wagenladungen von Menschengebeinen, Überreste der Pestopfer, aus und überführte sie auf die nunmehrigen Friedhöfe], an (ohne) die haimleich begraben wurden in den Klöstern und inn den andern Kirchen. Wan der Herczog floch aus der Stadt gen Purchartsdorf und verbot, daz man nyemand torft gelegen auff die Freythöff überall in der Stat. Und auch fluhen viel Lewt auß der Stat, der (deren) viel auff dem Land sturben. Und auch hub sich der sterb an den Lewten als: An welchen Lewten rote Sprinkel (Flecken) oder schwarze erhuben, dy sturben all an dem dritten Tag, und auch entsprungen den Lewten drueß (Drüsen) under den ächsen (Achseln) dy sturben nahent all an dem dritten tag."

Die unwissend orientierungslose Menge brauchte für so außerordentliche Phänomene eine Erklärung und hatte zunächst die Juden als Brunnenvergifter im Visier. Besonders in Krems, Stein und Mautern ging der Pöbel auf unmenschlich grausame Art gegen die Juden vor. Albrecht II. wurde nicht zu Unrecht „der Weise" genannt und stellte sich entschlossen auf die Seite der unglücklich Verfolgten. Als die Wiener, die ebenfalls ähnliche Anstalten machten, sahen, daß sie mit einer Judenverfolgung bei ihrem Herzog nicht durchkamen, nahmen sie zu einem anderen unsinnigen Märchen Zuflucht, zur „Pestjungfrau". Unter der „Pestjungfrau" stellte man sich ein weibliches Wesen vor, welches mit einer Hand den „Schwarzen Tod", wie die Pest genannt wurde, aussäte. Die Anzeichen wurden im Detail ganz unterschiedlich geschildert. Die einen sahen ein blaues Flämmchen durch die Luft fliegen, welches plötzlich unzählbare Fünkchen warf, die in die Häuser fielen und dort die Pest einimpften. Andere wiederum erzählten von einer vielfarbigen Kugel, die vom Himmel auf die Erde gefallen, da selbst zersprungen sei und bösartige Pestilenz verbreitet habe, wodurch in der Luft giftige Insekten erzeugt wurden, welche die Pest nun vollends überall hin verbreiteten. Das einzige, womit die Wiener damals der Wahrheit nahekamen, war die im letzterwähnten Märchen enthaltene Feststellung, daß die Seuche durch Lebewesen übertragen wird. Damals wußte man noch nicht, daß die Pest eine Infektionskrankheit ist, die oft über die Ratte durch den Floh auf den Menschen übertragen wird.

Die kluge Verfügung Herzog Albrechts, die Toten außerhalb der Stadt zu begraben, wurde leider von seinem Nachfolger, Albrecht III., bei der 1387 wiederkehrenden Pest nicht übernommen. So war sicher das Begraben der Leichenmassen auf den Friedhöfen der Stadt innerhalb der Mauern unter den damaligen sanitären Verhältnissen mitbestimmend für das mehrfache Auftreten der Pest in der Folgezeit. Beim nächsten Wüten der Pest in Wien, im Jahre 1540 setzte man einen „magister sanitatis" ein, welcher eine Art Vorläufer des heutigen Stadtphysikus war und die ohnehin schwach besetzte Medizinische Fakultät entlasten sollte. Dieser „magister sanitatis" war als Seuchenarzt, der Pestkranke betreuen und als Verbindungsmann zwischen der Medizinischen Fakultät und den Behörden der Stadt beratend eingesetzt werden sollte, konzipiert. Nicht die Gefährlichkeit der Berufsausübung, sondern die ganz geringe Entlohnung war vermutlich der Anlaß dafür, daß sich erst im Jahre 1550 der erste seriöse Bewerber für dieses Amt fand.

Die Chronik des Jahres 1541 dokumentiert die Seuche folgendermaßen: „... so kame doch ein anders ubel anno 1541 über Wien und Oesterreich, nemblich ein allergrausamste Pestilentz, welche gleichwie in gantz Oesterreich, also auch in Wien den dritten Theil der Einwohner hingerissen. Sie machte den Anfang im Monat Junii und dauert hinaus biß Lichtmessen (2.2.) 1542, welcher wehrender gantzer Zeit die Schulen auf hiesiger Universität versperret gewesen."

Wenngleich man auch damals noch keine fundierten medizinischen Erkenntnisse hatte, wußte oder ahnte man doch schon, daß es sich bei der Pest um eine übertragbare Infektionskrankheit handelte, und erstellte erstmalig Infektionsordnungen, die unter anderem alle Lustbarkeiten verboten und die Errichtung von eigenen Seuchenspitälern veranlaßten.

Erst mehr als hundert Jahre später wütete die Pest wieder. Zunächst brach sie in Ungarn aus. Man war diesmal gewarnt und ergriff daher von Anfang des Jahres 1679 an in Wien Maßnahmen gegen die Übertragung, allerdings mit wenig Erfolg. Die Pestwelle im September 1679 war unvorstellbar schrecklich. Die Zahl der Toten wird von den Zeitgenossen zwar sehr abweichend beschrieben, nach neueren Schätzungen soll sich die

Das Wiener Seuchenhospital 1679

Zahl auf 50 bis 70.000 Tote belaufen haben. Das hieße, daß etwa wieder ein Drittel der Bevölkerung Wiens, eingerechnet die Vororte und Vorstädte, starb. Wer es sich leisten konnte – allen voran der Hof –, floh aufs Land. Die Ärzte und Krankenpfleger konnten nur mit Gewalt in Wien festgehalten werden. An Ein-

Der Schwarze Tod

zelbestattung war schon lange nicht mehr zu denken, und gewaltige „Pestgruben" wurden ausgehoben. Diese Pestwelle nahm ihren Ausgang in der Leopoldstadt und verbreitete sich – die Innere Stadt vorerst überspringend – dann auch in den übrigen Vorstädten. Damit verlor sie für die Verantwortlichen der Stadt einen Teil ihres Schreckens, weil man annahm, daß die Seuche nur ein Übel sei, „welches durch die Unreinlichkeit und unregelmäßige Lebensart der unteren Volksklasse entstanden" sei und daher auch nur ihre Opfer unter den armen Leuten in verschiedenen Vororten suche. Die Berichte der Ärzte aus den betroffenen Teilen der Vorstadt lauteten überdies dahingehend, daß die Krankheit weiter nichts als ein bösartiges hitziges Fieber sei, dem man mit leichter Mühe entgegenwirken könnte. Vergebens warnten einige erfahrene Ärzte vor den Folgen. Ein gewisser Schlendrian ging in den Monaten Jänner, wo nur 410, und Februar, wo nur 359 Menschen starben, unbeachtet fort. Dann kam aber der März und mit ihm eine explosionsartige Ausbreitung der Seuche. In diesem Monat starben bereits 3.797 Menschen, und vorübergehend geriet mit der Panik jede Ordnung der Stadt aus den Fugen. Und während man sich bei Hof, auf der Universität und beim Stadtrat vergeblich Gedanken über eine Eindämmung machte, starben im April 4.963 Personen, im Mai 5.727, im Juni 6.557 und im Juli 5.507 Personen. Im August zählte man lediglich die Toten der nun arg betroffenen Inneren Stadt mit 4.517, in den Vorstädten starb eine noch größere Anzahl, deren Evidenzhaltung aber nicht mehr möglich war.

Erst 1894 wurde das Pestbakterium und die Kette der Übertragungsmöglichkeiten entdeckt und wissenschaftlich verarbeitet. Die Pestkatastrophen in Wien haben jedenfalls auch mit beigetragen, daß die Wiener schon relativ frühzeitig sehr strenge Gesetze und Verordnungen zur Eindämmung von Infektionskrankheiten nicht nur schufen und beachteten, sondern bis heute auch akzeptieren.

Die Pestsäule am Wiener Graben

Am 18.10.1679 gelobte Kaiser Leopold I., nach dem Erlöschen der Pest eine Gedenksäule zu Ehren der Hl. Dreifaltigkeit zu errichten. Nachdem noch im gleichen Jahr eine provisorische, hölzerne Säule entstanden war, begannen die Arbeiten für die Dreifaltigkeitssäule aus Marmor. Durch die Türkenbelagerung 1683 wurde die Fertigstellung unterbrochen, und erst 1692 konnte die Dreifaltigkeitssäule – oder auch Pestsäule – geweiht werden.

1534
Die Feuerverordnung der Stadt Wien

Grossbrände, denen ganze Straßenzüge in der Inneren Stadt, aber auch ganze Vorstadtviertel zum Opfer fielen, waren im spätmittelalterlichen Wien fast an der Tagesordnung. So kam es in den Jahren 1193 und 1194 sowie 1275 zu Stadtbränden, in den Jahren 1252, 1258 und 1262 wüteten Großbrände in Wien. Es kam zu Kirchenbränden im Jahre 1276, ein Stadtbrand wütete 1326, und die Feuersbrünste der Jahre 1327 und 1350 zerstörten zahlreiche Objekte. In den Jahren 1344 bis 1406 gab es in Wien allein zehn Großbrände, und 1488 brannte – erstmalig – die Hofburg. Eine Feuerordnung oder eine generelle Anleitung über das Verhalten bei Ausbruch einer Katastrophe war also ein Gebot der Stunde, und so kam es im Jahre 1534 zur vermutlich ersten „Fewr Ordnung der Stadt Wien", wie sie auf dieser und den folgenden Seiten in der zeitgenössischen Originalschreibweise wiedergegeben ist. Beachtenswert ist hiebei, daß auch Maßnahmen für die Bekämpfung von Unruhen oder Tumulten beinhaltet waren. Daneben wurde auch eine Institution ins Leben gerufen, die bis 1956 bestehen bleiben sollte und in unserem Jahrhundert zu einer liebenswerten und fast skurrilen Einrichtung geworden war – der Türmer von St. Stephan.

„Fewr Ordnung der Stat Wien.

Auff römischer hungerischer vnd behamischer künigklicher Majestatetc. vnnsers aller genedigisten Herrn vnnd Irer Kü. Ma. hochloeblichen Statthalter, Canntzler, Regenten vnd Camerraetteder nideroesterreichischen Lannde vnnserer genedigisten Herrn, ernnstlich Schreyben vnnd Beuelch, haben Burgermaister, Richter vnnd Rate der Statt Wienn, die Fewr Ordnung, wie die ain zeyther gehallten worden, auch wie sich ain yeder Burgerßman, der vnd annder sachenhalb in jren Hewsern halten sollen, von newem erwegen, beratslagt vnd nach Gelegenhait der geuerlichen Lewff, so dieser Zeyt vor Augen, auff weyter Verpessrung gestellt, wie hernach volget.

Ersstlich soll ain yeder Hawßvatter auf seine Rauchfaenng vn(d)Fewrstet besonder vleysig Achtung haben vnnd Fürsehung thuen, damit dieselben Rauchfaenng vnd Fewrstet rain, sauber vnd dermassen gemacht vnnd gehallten werden, das daran khain Mangl erschein, noch dadurch oder sonst mit Khertzen oder anndern Liecht, so man in denen Hewsern zuprauchen pfligt, ainicherlay Geuerligkait des Fewrs zu sorgen sey vnd namblich das ain yeder Wiert oder Burgerßman sich zu yeder Zeyt vnd fürnemblichen zu yetzkhünfftiger trefflichen Gesamblung souil müglich befleissen solle, in seinem Hawß zunachst der lesst nider vnd vleysig Achtung zu haben damit durch das Fewr khain Verwarlosung beschehe.

Zum anndern soll ain yeder vnnder seinen Daechern mit Kruckhen zu Absstossung derselben Daecher dartzue daselbst vnd sonnst allenthalben in seinen Hauß, wo es am nützlichisten gesehen wirdet, mit Vaessern, Potingen vnd Schaeffern mit Wasser angefüllt, gefast sein, damit wo auß Vbersehen, Verwarlosung oder in annder Weeg ain Fewr angienng, das Gott der Allmaechtig verhüeten woelle, das solich Fewr von stundan getempfft, gelescht vnd mehrer Schaden verhüet werden moeg.

Die Feuerverordnung

Zum dritten wo solch Fewr vberhanndt naeme vnnd anngieng, also dz der Thurner auff Sand Steffans Thurn, oder sein Gesind oder der zwayer Wachter ainer, so daselbs bey Tag vnd Nacht inn Sonderhait darzu bestelt vnd gesoldet werden, den Glockhenstraich thuen würde. So sollen all vnd yed Zymerlewt, Mawrer, Ziegeldeckher, Schmid vnd Schlosser sambt jrem Gesind mit Hackhen, Kramppn, Hawn vnd annderm Zeug dersachen dienstlich vnuerzogenlich an das Ort, wohin der Thurner, wo es vundertags mit dem roten Fan oder wo es bey der Nacht mit dem Liecht in ainer Latern zaigen wurde, vnuerzogenlich zuelauffen vnnd sich daran nichts verhindern lassen, sonnder allda trewlich retten vnnd das Fewr zutempffen vnd zuleschen verhelffen.

Obdann auch hochernennter Kü.Ma. Hoffgesind oder annder zu Rettung vnd Abbruch des Fewers zuelauffen wurden, aber mit Zeug dartzue dienstlich nit gefasst saeren, ist durch Burgermaister, Richter vnd Rate verordnet, das man an denen Orten, wo sich das Fewer erhebt, Layttern, Fewerhaeckn, Kruckhen, Hackhen, lydren Emer vnd annders der Sachen dienstlich finden, brauchen vnd darmit mehrern Schaden verhüeten moeg. Zum vierten sollen die Pader, der noch aindliff in der Statt (vnd ir yedem zehen lydren Emer von gemainer Statt zuegestellt) sein, mit denselben Emern voll Wassers vnd jren Knechten eylends zuelauffen Wasser tragen vnnd das Fewr zueleschen verhelffen.

Zum fünfften sollen Spitlmaister, Statkamrer vn(d) Pruckhmaister, deßgleichen all Fuerleut, so vermüglich vnnd denen durch Burgermaister, Richter vnd Rate, Layt mit Wasser für vnd für zuhallten auferlegt ist, mit solchen Laytten vol Wassers bey Tag vnnd Nacht gefasst vnnd berai sein. Also das sy, wan sich ain Fewr erhüeb, auf das fürderlichist Wasser zueführn vnd welher Fuermann mit seiner Wasserlaytt der ersst ist, dem soll zu Lon geben werden ain Pfundt Pfennig, dem andern ain halb Pfundt vnd dem dritten auch nachuolgend alln andern, als offt ainer ain Layttwasser zu dem Fewr bringt, ir yedem von der Statt Guet zwen Schilling Pfenning.

So haben hochernennter Khü. Ma. hochloeblich Stathallter, Canntzler, Regenntn vnd Camerraette, bey denen Herrn Bischoue von Wienn, Abbt zum Schotten, Predigern, Sanndt Laurenntzen, Sand Jacob vnd annndern Cloestern dabey ain Vermoegen ist, auferlegt vnd beuolhen, das jr yeder oder yedes Closter gleicherweyss für vnd für mit ainer Laytt vol Wasser gefasst sey vnnd wo es wie obstett die Notturfft erueordet, von Stund an zueführen vnd sich daran nichts verhindern lassen solle.

Zum sechsten. In angezaigter Fewrßnot sol weder bey Cloestern oder andern Kirchen der Glockhenstraich beschehen, allain zu Sand Steffan vnnd zu Sannd Michel, damit das Volckh dardurch nicht verjrrt werde, noch ander Ennden verlauff, sonnder strackhs dem Fewr, wie obsteet, züezueylen wisse.

Zum sibenden. Wo man zu den Schotten anschlahen wurde, so soll menigklich wissen vnd versteen, das das Fewr ynndert in dem Teuffengraben oder am Saltzgrieß angee, dann der Thurner auf Sannd Steffans Thurn, an denselben Orthen das Fewr nit leycht ersehen khan.

Zum achten sollen die Pader zu yeder Zeyt jre Wasserkaessten vnd Graennt voll Wassers haben vnd bey jrem Gesind, souil sy des anhaimbs behallten, mügen bestellen

Die Feuerverordnung

das sy den Fuerlewten wann die in Fewrßnöten zu jnen khommen, jre Laytten vnd Vaesser furderlich angiessen, auch die Fuerlewt darjnnen nicht sawmig sein in khain Weyss.

Zum newndten. Welher Fuerman nahennt zu ainem Pad hat, der soll daselbs sein lärr Layt oder Vaß füerderlich angiessen lassen vnnd damit zu dem Fewr eylen, auch weytter auf das allernegst als er ymmer khan vmb mehr Wasser faren dasselb zu dem Fewr bringen, sich damit befürdern vnd nichts verhindern lassen.

Zum zehenden. Welher Pader, Zymerman, Mawrer, Ziegeldeckher, Schmid, Schlosser oder Fuerman vngehorsam erschinn vnd diser Ordnung auf das fürderlichist, wie obsteet, nit nachkhumen wurde, den will man straffen an seynem Leyb an alle Gnad.

Zum aindlifftn soll ain yeder Haußvatter seinen Prunn mit Kheten, Saylen vnd Emern nottürfftigklich bewarn vnd versehen, damit wannes not beschiecht daran geschepfft werden müg, welher das nit thaette, den will man schwaerlich darumben straffen.

Zum zwelfften. Welher yemanndts so Fewr leget oder machet, antzaigen vnd in Vhenckhnüß bringen wurde, dem wil man geben ainhundert Pfundt Pfenning vnd ob der Anzaiger dem Fewrleger oder Thaetter in der That verwont waere. So wil man denselben Anzaiger der Straff so er dardurch verschuldet hette, on Mittl begeben vnnd jne nichtsdestweniger die ermellten ainhundert Pfundt Pfenning zuesten lassen.

Zum dreytzehnden. Welcher ainen Dieb so bey dem Fewrstael antzaiget vnd zw Gefaencknüß bringt, dem wil man von der Stat geben zehen Pfundt Pfenning.

Zum viertzehenden. Ob man neben der angeenden Prunst zó Verhüettung mehrers Schadens ain oder mehr Hauß oder Daecher niederreyssen oder abstoessen wolt, so soll ain yeder sein Hauß oeffnen solhes beschehen lassen vnd nicht verhindern in kain Weiß bey Vermeydung schwerer Straff.

Zum fünfftzehenden. Wer Hew, Strey, Holtz, Vaesser oder annder dergleichen Sachen vnnder seynem Dach oder in seynem Hauß hat, der sol es sonnderlich diser Zeyt nach Gelegenhait seiner Behawsung vnd Notturfft an das füeglichist vnd bewarlichist Orth, daran es vor Fewr am sicheristen sein moeg, legen, vnd zu yeder Zeyt selbst, auch durch seyne Diennstpotten guet aufsehen haben, damit daran khain Verwarlosung beschehe. Wer aber solhes nit thaett vnnd bey demselben ainich Nachlaessigkhait, darauß Schaden vnd Nachtail eruolget, befunden wurde, der soll nach Gelegenhait seiner Verprechung vngestrafft nit beleyben.

Zum sechtzehenden. Wann frembd vnbekhannt Personen allhie ankomenzu Herwerg einziehen vnd sich in jrem Wanndl, Thuen, Wesen oder Hanndlungen etwas arckwenig oder verdaechtlich erzaigen oder Vrsach jres Hiesein, khain glaubwirdig Anzaigen geben oder on all Außrichtung jrer Sachen bey denen Wierten zehren vnd sich khainer Arbait gebrauchen. So soll ain yeder Wiert auf dieselben Personen sein vleissig auf merckhen und Nachfrag hallten vnd wo er in diß oder anderweg ainicherlay Arckhwon oder Verdaechtligckhait befunde, alßdann dieselb arckhwenig Person strackhs dem Burgermaister oder Richter on alle Warnung ansagen vnnd bey Vermeydung schaerer Straff nit vnderlassen, noch dajnn ainichen Vleyß sparen, auch fürnemblich solhes bey seinen Dienern zubeschehen aygentlich verordnen.

Die Feuerverordnung

Zum sibentzehenden sollen die Gastgeben vnd Wiert jre Gest sobeyjnen zu Herberg ligen, sy sein hoch oder nider Stands warnen vnd jnen von wegen gemainer Statt zuuersteen geben, das sy sich in der Herwerg enthalten vnd ir khainer wo sich Fewrßnot zuetrüeg ,zu Rettung desselben, zuelauff, noch zu dem Fewr koeme. Er seydann mit Wasser, Schaeffern, Fewrheckn, Hackhen, Sprützn oder dergleichen Notturfften zu Tempfung des Fewrs dienstlich gefast oder sonst zu Rettung genaigt, willig, geschickht vnd tewglich das er auch trewlich rett vnd mit seinem müessygsten, annder nit verhinder, bey Vermeydung der Straff, so man jme nach Gelegenhait der Sachen vnd seiner Person auflegen wurde.

Zum achtzehenden. Ob yemannds der Herrn ainem oder mehr so zu Rettung des Fewrs verordennt, vngehorsam sein wurde, der soll am Leyb schwerlich gestrafft werden.

Zum newntzehenden sollen all vnd yed Burger so dem Fewr nicht nahent gesessen, noch in jren Hewsern mit Gessten vberladen sein, oder denen von der Oberkhait in Sonderhait annders nit beuolhen ist, in angetzaigten Noeten, ir yeder seynem Haubtmann vnd Fan, nemblich die im Schottenviertl auff den Hoff, die in dem Widmerviertl auff den Graben, die im Stubmviertl an das Lügeckh vnd die im Khernerviertl an den Newenmarckht zelauffen vnd sich daselbs ennthallten, so lanng vnd vill sy von der Obrigkhait abgeuordert oder an anndere Ort beschiden werden, welher aber annderst thaette den wil man nach Vngnadn straffen.

Zum zwaintzigisten. Welhem das Fewr zu nahent, auch die so injren Hewsern mit Gessten vberladen sein, die mögen anhaimbs beleiben sich mit Wasser vnd in annder Wege versehen vnd Achtung haben, wo es jndert von Noeten, das sy auch jrem Haubtman vnd Fanzueylen, wie obsteet.

Zum ainundtzwaintzigisten. Ob mer als ain Fewr angieng, so sol die Antzal derselben Fewr auf gemelten Sannd Steffans Thurn mit der Zal der Roten Faen oder wo es bey der Nacht mit Anntzal der Latern bedewt vnd angetzaigt werden, damit sich menigklich darnach zurichten hab.

Zum zwayundtzwaintzigisten soll ain yeder in seinem Hawß mit Hanndtgeschütz, Stainen vnd dergleiychen Sachen gefasst sein, damit ob sich jnndert ain Auffrur, Eindranng oder Vberfall zuetragen wolte, das er vnd sein Gesind den Aufruerigen vnd Widerwertigen oder Vheinden mit schiessen vnd werffen durch die Fennster, oder vnnder den Daechern begegen vnd solch Aufrur, Eindranng oder Vberfall zu stillen verhelffen, wie das solhes am füeglichisten beschehen mag vnnd ain yeder nach Gelegennhait der Sachen züerdennckhen wayss.

Zum drewundtzwayntzigisten sollen die Burger denen Fewrpfannen zuegestelt sein, mit allem Vleyß Achtung haben, das sy dieselben Fewrpfannen, wo ain Fewr bey naechtlicher Weyl anngieng oder sich ain Aufrur zuetrüeg, vnuertzogenlich antzünnden, außhenckhen vnnd darinnen nicht saewmig sein bey Vermeydung schwerer Straff. Publiciert vnnd eroeffnet durch Burgermaister, Richter vnd Ratt der Stat Wienn, den achtundtzwaintzigisten Tag des Monats Aprilis, jm tausenntfünfhundertundvierunddreyssigistem Jare."

1779
Die Explosion des Pulverturmes in Nußdorf

EINE DER GEWALTIGSTEN Katastrophen im Zusammenhang mit militärischen Objekten ereignete sich in Wien am 26. Juni 1779.

Außerhalb der festungsumgürteten Stadt, in Nähe der sogenannten Nußdorferlinie (der „Linienwall" verlief etwa im Bereich des heutigen Gürtels) befand sich der „Pulverturm", ein Magazin für Munitionsvorräte der Armee. Das Problem bei derartigen Anlagen bestand darin, daß man das hochexplosive Lager aus Sicherheitsgründen nicht innerhalb der dichtverbauten Stadt beherbergen konnte, andererseits mußte das Munitionsmagazin jederzeit und schnell erreichbar sein, und auch die Bewachung mußte ordnungsgemäß gewährleistet sein. Es boten sich durch die ständige Erweiterung der Stadt jedoch immer weniger Gebiete an, die diese Voraussetzungen erfüllten.

Die Explosion des Pulverturmes

Außerhalb der Nußdorferlinie – ungefähr im Bereich der späteren Pulverturmgasse – befand sich noch so ein Gelände. Jedoch auch hier näherten sich durch die Verbauung der Vorstadt Thury und des sogenannten „Himmelpfortgrundes" – beides zu Lichtenthal gehörig – langsam die Häuser dem gefährlichen Platz des Pulverturmes. Dem alten Wiener Sprichwort „Es wird schon nix passieren" hatte man scheinbar mehr Bedeutung beigemessen als allen Warnungen vor der Gefahr einer Pulverexplosion. Es war 1779 – dem letzten Lebens- und Regierungsjahr Maria Theresias –, als in den Mittagsstunden des 26. Juni eine gewaltige Detonation die Wiener an ein Erdbeben glauben ließ. Aus Richtung Lichtenthal zog eine riesige Rauch- und Staubwolke über die Stadt, und bald pilgerte halb Wien zum Ort der Katastrophe.

Der Pulverturm war um die Mittagsstunde – vermutlich durch die Unachtsamkeit eines Wachsoldaten – in die Luft geflogen. Die Explosion war so stark, daß zahlreiche Häuser in Lichtenthal, Thury und am Himmelpfortgrund einstürzten. Sogar noch in der entlegenen „Wolfsau" – die heutige Brigittenau – wurden riesige Eichen entwurzelt.

Erst Tage nach Beginn der Aufräumungsarbeiten war das gesamte Ausmaß der Katastrophe bekannt – neben den gewaltigen Sachschäden hatten auch 92 Menschen den Tod gefunden. Zur Zeit der Explosion hatte ein mit Pferden bespannter Wagen die Nußdorferstraße Richtung stadtauswärts passiert. Es war der Prälat des Stiftes Klosterneuburg, Ambros Lorenz, der seinem Kloster zustrebte. Plötzlich stürzten die Wagenpferde tot zusammen, und die Kutsche des Abtes zerborst durch die Wucht der fernen Explosion. Der Prälat selbst blieb jedoch wie durch ein Wunder unversehrt. Ambros Lorenz stiftete aus Dank für seine Errettung einen Bildstock, der sich heute an der Ecke Althanstraße/Liechtensteinstraße befindet. Dieses „Prälatenkreuz" und die „Pulverturmgasse" sind als Erinnerung an die Katastrophe vom 26. Juni 1779 auch im heutigen Wien erhalten geblieben. Der Pulverturm wurde aber nicht mehr bei der Unglücksstelle an der Nußdorferlinie wiedererbaut. Man errichtete eine ähnliche Anlage auf der noch freien Simmeringer Haide. Auch dieses Munitionsmagazin fand ein ähnliches Ende wie der alte Pulverturm. Es flog am 30. Juli des Jahres 1862 in die Luft.

1830

Die Hochwasserkatastrophe

Die Große Schmitdgasse (heute Porzellangasse) nach dem Hochwasser 1830

DAS JAHR 1830 BRACHTE für Wien die wohl schrecklichste Naturkatastrophe, die jemals die Stadt heimgesucht hatte. Trotz aller Vorkehrungen – es hatte ja in den Jahren zuvor immer wieder Überschwemmungen gegeben – war das Ausmaß der Katastrophe dermaßen,

Die Hochwasserkatastrophe

Kaiser Franz I. überzeugt sich vom Ausmaß der Überschwemmungskatastrophe. Von der Mannschaft seiner Zille wird ein in den Fluten treibendes Kind gerettet.

daß sie mit den damals zur Verfügung gestandenen Mitteln nicht zu verhindern gewesen wäre.

Schon im Juli 1829 war über Anregung der Polizeioberdirektion eine Kommission geschaffen worden, die Vorkehrungen für den Fall des sich fast jährlich wiederholenden Hochwassers treffen sollte. So wurden für die Leopoldstadt 42 Zillen, für die Roßau 32 und für die Landstraße 17 Zillen angeschafft. Für jeden Bezirk wurde ein Schiffsmeister ernannt, dem das Kommando über die Schiffsleute übertragen wurde.

Bereits im Winter 1829-30 zeichnete sich die kommende Gefahr ab. Die ungeheure Kälte hatte zu einer Vereisung der Wiener Flüsse geführt, die teilweise – wie dies beim Donaukanal der Fall war – bis auf den Grund des Flusses ging.

Im Dezember 1829 wurden als Vorbeugemaßnahme alle vor Anker liegenden Schiffe oder sonstige im Eis steckende Hindernisse entfernt. Im Februar 1830 – die Kälte war noch immer ungebrochen – wurden für die Bevölkerung der flußnahen Bezirke ein Evakuierungsplan erstellt und sichere Notquartiere zugewiesen.

Am 27. Februar begann, von Westen kommend, Tauwetter einzusetzen. Jetzt wurden auch alle Kranken aus den betreffenden Bezirken abtransportiert und entlang aller Ufer Wachen aufgestellt. Die Gefahr war deshalb so groß, da das Tauwetter bei der von West nach Ost fließenden Donau von Passau über Linz nach Krems – also von Westen – einsetzte und in Wien die

Die Hochwasserkatastrophe

Die Jägerzeile (heute Praterstraße) in den ersten Märztagen 1830

bis in die Tiefe gefrorenen Wasserläufe eine für das fließende Wasser unüberwindbare Barriere bildeten. Am Abend des 27. Februar erreichte der erste Eisstoß auf der Großen Donau den Bereich Wiens und zerstörte teilweise die „Große Brücke". Am kommenden Tag sank jedoch der Wasserspiegel in den bereits überschwemmten Gebieten, und man konnte hoffen, daß die Gefahr vorüber war.

Nach Mitternacht meldeten jedoch die Flußwachen, daß aus dem Bereich der Brigittenau ein fürchterliches Krachen und Tosen zu hören sei, und bereits wenige Minuten später wurde die Meldung zur schrecklichen Gewißheit: Meterhohe Wassermassen wälzten sich mit einem Gewirr von Eisblöcken und Schutt durch die Straßen der Roßau und der Leopoldstadt.

Nach dieser Katastrophennacht war am Morgen des 1. März halb Wien mit ungeheuren Eismassen bedeckt. Die Strömung in den unter Wasser liegenden Straßen war so stark, daß der Einsatz von Zillen unmöglich war, und erst am 2. März

Die Hochwasserkatastrophe

*Der Eisstoß auf der Roßau,
1. März 1830*

gelang es, die über 50.000 Eingeschlossenen mit den notwendigsten Lebensmitteln zu versorgen. Am 3. März setzte wieder Frost ein, und die meisten Kanäle und Hausbrunnen zerbarsten. Langsam sank der Wasserspiegel, und es begann auch in Wien zu tauen, sodaß ab 7. März wieder einige der wichtigsten Straßen passierbar wurden. Dann erst konnte man das ganze Ausmaß der Verheerungen überblicken:

1.267 Häuser waren unter Wasser gestanden, 4.893 Familien mußten evakuiert werden, 173 Häuser wurden zerstört, und unzählige Tiere waren ertrunken.

Das aber wohl tragischste Ergebnis dieser Bilanz war, daß auch 74 Menschen den Tod in den Fluten gefunden hatten. Und noch viele Jahrzehnte sprachen die Wiener über die Schrecken des Katastrophenjahres 1830.

1862
Feuer im Mölkerhof

*Der Brand im „Mölkerhof"
in der Schottengasse,
30. Juli 1862*

DAS JAHR 1862 WAR für die Stadt Wien so etwas wie ein Katastrophenjahr. Es hatte zu Jahresanfang begonnen, als eine Hochwasserkatastrophe gewaltigen Ausmaßes – sie wird in dieser Chronik dokumentiert – die Stadt heimgesucht hatte, bei der es neben den üblichen Hochwasserschäden auch zu zahlreichen Hauseinstürzen gekommen war. In der Nacht vom 29. zum 30. Juli desselben Jahres kam es auf der Simmeringer Haide zu einer Explosionskatastrophe, die einem Soldaten das Leben kostete. In dem Gelände befand sich – wohlüberlegt auf freiem Feld – eine Fabrik zur Produktion von Patronen und Schießbaumwolle, der ein sogenanntes „Pulverlaboratorium" angeschlossen

Feuer im Mölkerhof

war. Knapp nach der Ablöse der Wachsoldaten kam es um 2 Uhr zu einer so gewaltigen Detonation, daß ein Soldat mehr als 135 Schritte von seinem Posten weggeschleudert und getötet wurde. Anstelle der Gebäude entstand ein tiefer Krater, und in manchen Vorstädten hatte man den Eindruck eines Erdbebens. Fensterstöcke und Tore brachen aus dem Mauerverbund, und es gab zahlreiche Schäden an Gebäuden, in erster Linie natürlich in Simmering. Da man bei dem getöteten Wachsoldaten eine Zigarettenspitze gefunden hat, nahm man als Ursache der Katastrophe an, der Soldat hätte entgegen dem strengen Rauchverbot eine Zigarette entzündet.

Am 30. Juli 1862 – nur einen Tag nach der Katastrophe von Simmering – kam es in der Inneren Stadt zu einer gewaltigen Feuersbrunst. Die Dächer und oberen Stockwerke des ausgedehnten Melker-Stiftshofes (damals als „Mölkerhof" bezeichnet) waren in Brand geraten. Da der Gebäudekomplex in der dichtverbauten Altstadt lag, stellte der Großbrand für die benachbarten Häuser eine immense Gefahr dar, da in diesem Stadtteil noch sehr viele Objekte mit Holzschindeln gedeckt waren. Die Sorge war nicht unbegründet, hatte doch schon einmal ein Brand im Mölkerhof eine Katastrophe ausgelöst.

Im Jahre 1488 war es in dem Gebäude zu einem Dachbrand gekommen, durch den fast 100 Häuser der näheren Umgebung ebenfalls in Flammen geraten waren. Damals hatte ein im Mölkerhof arbeitender Alchymist einen Ofen seines Laboratoriums überhitzt und so den Brand verursacht.

Am 30. Juli 1862 konnte aber das Ärgste verhindert werden. Durch den massiven Einsatz der Feuerwehr und rigorose Maßnahmen der damals noch bestehenden Militär-Polizeiwache konnte der Brand lokalisiert werden, und außer dem Melker-Stiftshof fielen keine weiteren Objekte den Flammen zum Opfer. Es kam allerdings bei den Lösch- und Rettungsmaßnahmen zu einer Reihe von schweren Unfällen. Dieser Brand führte jedoch auch zu einer Veränderung im Bild der Schottengasse: Der Wiederaufbau nach den Brandschäden führte zum Aufbau eines weiteren – des vierten – Stockwerkes. Im ganzen Schottenviertel aber pries man noch lange den erfolgreichen Einsatz der Feuerwehr.

1862
Die Überschwemmung der Donau

Einer der Höhepunkte der Hochwasserkatastrophe des Jahres 1862 war der Einsturz der Taborbrücke über einem Donauarm in Nähe des späteren Nordbahnhofes. Pettenkofen hielt die dramatische Szene im Bild fest, als am 5. Februar Kaiser Franz Joseph I. die noch bestehende Brücke betrat, um sich ein Bild vom Ausmaß der Katastrophe zu machen. Da trat der Fleischhauer Leopold Wimmer von hinten an der Kaiser heran und ersuchte den Monarchen, aufgrund der Gefahr doch den Platz zu verlassen. Der Kaiser befolgte die Warnung, und im nächsten Moment versank die Brücke in den Fluten.

Nachdem bereits 1853 der Fleischhauer Joseph Ettenreich bei dem Attentat Libenyis dem Kaiser das Leben gerettet hatte, war es 1862 wieder ein Fleischhauer, Leopold Wimmer, dem der Monarch seine Rettung verdankte. Welch Ironie des Schicksals.

Die Überschwemmung

ereignisse ausgelöst wurde. So kam es durch den ungeheuren Wasserdruck zum Einsturz von Teilen des Kanalsystems, was wieder zum Zusammenbruch zahlreicher Häuser führte. Es waren also nicht nur direkt am Wasser gelegene Gebiete betroffen, sondern auch fernere Stadtteile. So waren etwa im Stadtteil St. Ulrich besonders schwere Verheerungen auf-

Nächste Seite:
Das Hochwasser 1862
in der Brigittenau

W IE 1830 WAR AUCH das Jahr 1862 ein Katastrophenjahr, wenngleich die Gewalten der Natur nicht jenes Ausmaß erreichten, wie dies im Geburtsjahr Kaiser Franz Josephs der Fall war.

Bemerkenswert ist, daß im Februar 1862 der größte Teil der Schäden nicht durch das eigentliche Hochwasser, sondern durch Folge-

Die Überschwemmung

Die Überschwemmung

Das Hochwasser 1862 am Franz-Josephs-Kai

getreten. Die Schäden der Hochwasserkatastrophe des Jahres 1862 betrugen die gewaltige Summe von 242.633,- Gulden. Menschenleben waren in diesem Fall nicht zu beklagen, da die Vorsorgemaßnahmen der Öffentlichkeit schon eine beachtliche Effizienz erreicht hatten.

1863
Das Ende des Treumann-Theaters

AM ABEND DES 8. Juni 1863 verließ ein zufriedenes Publikum das Treumann-Theater am Franz-Josephs-Kai. Den Namen bekam das Theater von seinem Erbauer und Direktor. Man hatte an diesem Abend die Possen mit Musik „Eulenspiegel als Schnipfer" und „Zehn Mädchen und kein Mann" gegeben, und das Haus war wie immer ausverkauft gewesen. Zwar war das Theatergebäude auf der erst vor wenigen Jahren geschleiften Gonzagabastei beim Donaukanal nicht sehr aufwendig gestaltet, aber das Programm war so recht nach dem Gusto der Wiener: Possen mit Gesang und Tanz, Singspiele und Lustspiele. Das Theater war 1860 nur als Provisorium errichtet worden. Da sich Treumann über den Erfolg seines Konzeptes unsicher war und erst die Marktlage studieren wollte, wurde das Theater in kurzer Zeit als Holzbau und nicht als stabiler Steinbau aufgebaut. Der neugeschaffene Platz nach dem Abbruch

Das Ende des Treumann-Theaters

der Stadtbefestigungsanlagen am Franz-Josephs-Kai war jedoch so günstig, daß der Theatermacher auch die Kosten des Theaterprovisoriums in Kauf nahm.

Da die Feuergefährlichkeit von Holzbauten für Theaterzwecke natürlich bekannt war, hatte Treumann nur bis 1863 die Genehmigung zum Bespielen des Provisoriums erhalten. Nachdem er aber ab Mai 1863 mit den Vorbereitungen für einen definitiven Theaterbau begann, war die Genehmigung für das Holztheater bis 1865 verlängert worden.

So wurde eben auch an jenem 8. Juni 1863 das Haus – mit voller Genehmigung – bespielt.

Nach 22 Uhr – das Publikum hatte das Theater eben verlassen – wurde Feueralarm gegeben. Wenige Minuten später schlugen bereits Flammen aus den Fenstern, und in kurzer Zeit stand das ganze Gebäude in Brand. Wie sich später herausstellte, hatte ein geplatztes Gasrohr die Katastrophe verursacht.

Wien war um eine Bühne ärmer geworden. Der geplante Bau des definitiven Theaters unterblieb, und Direktor Treumann widmete sich anderen Aufgaben. An Stelle der Brandruine des Holztheaters aber entstand im Zuge der Vorbereitung zur Weltausstellung ein Hotelbau, der später zu trauriger Berühmtheit gelangen sollte – das Hotel „Metropol".

Der Brand des Treumann-Theaters im Jahre 1863 war nicht der erste und leider auch nicht der letzte Theaterbrand in der Geschichte Wiens. Im Jahre 1699 war das „Comoedi-Haus" ein Raub der Flammen geworden, 1761 brannte das Kärntnertortheater und 1796 das Hetztheater. 1848 zerstörte das Feuer der Revolution das Odeontheater, 1863 verbrannte – wie geschildert – das Treumann-Theater, und 1881 fanden im Ringtheater bei der wohl schrecklichsten Theaterbrandkatastrophe fast 400 Menschen den Tod in den Flammen. Bereits 1884 kam es erneut zu einem Theaterbrand in Wien – ein Großbrand vernichtete das Wiener Stadttheater auf der Seilerstätte. Im Inferno der letzten Kriegsjahre versanken Burgtheater und Oper sowie viele kleinere Bühnen in Schutt und Asche.

Wien hat in vielen Bereichen eine große Tradition. Leider auch in negativen Dingen, wie die Theaterbrandkatastrophen zeigen.

1871
Die drohende Flut

Hochwasserkatastrophen und Gegenmaßnahmen im 19. Jahrhundert

Aufgrund der vielen Überschwemmungen hat sich die „Wiener Freiwillige Rettungsgesellschaft" im Jahre 1883 ein großes Rettungsboot nach einer französischen Konstruktion von einem Wiener Zimmermeister bauen lassen. Das Boot war zur Rettung von Menschen bei Hochwasserkatastrophen gedacht und faßte insgesamt 25 Personen. Davon waren 20 Plätze für Gerettete und 5 Plätze für Matrosen vorgesehen.

AM 18. AUGUST 1872 WAR es wieder einmal soweit. Ein heftiger Platzregen war über Wien und die Umgebung niedergegangen. Die Wien, ein kleines, träges Bächlein, das über den Donaukanal die Donau versorgte, war wieder zu einem reißenden Wildbach geworden. Bäume, Pfosten und Einrichtungsgegenstände schwammen in seinen schäumenden Gischten. Der Wasserspiegel stieg fast bis an die Uferbegrenzung, und hätte der Regen nicht rechtzeitig aufgehört, wäre wohl eine der im alten Wien gar nicht so unüblichen Überschwemmungen unvermeidbar gewesen. Der Ruf nach einer Regulierung der vielen Wiener Wasserläufe wurde wieder laut. (Die Wiener schimpften allerdings ebenso heftig, als die Wien zwei Tage später wieder zum kleinen, übelriechenden, schmutzigen Abwasserkanal degenerierte.)

Schon im Jahre 1869 einigten sich die österreichische Staatsverwaltung, die Landesverwaltung von Niederösterreich und die Gemein-

Die drohende Flut

Die Wien als Wildbach.

devertretung der Hauptstadt Wien, die Kosten für die Regulierung der Donau bei Wien gemeinsam zu tragen. Der Strom mit seinen verschiedenen Armen sollte in einem einzigen geradlinigen Bett vereinigt und dadurch der Stadt bedeutend „näher- gelegt" werden. Außerdem war beabsichtigt, durch Vertiefung und entsprechende Uferbefestigung den Hochwasserschutz wesentlich zu verbessern. Die Länge des neu herzustellenden Strombettes sollte – wie man damals schrieb – 7.000 Klafter, fast zwei Meilen, betragen. (Ein Klafter entspricht nach den heutigen Maßen 1,8 m.) Zwei wesentliche „Durchstiche" waren nötig. Der Hauptdurchstich sollte sich in einer Länge von 3.500 Klaftern, zwischen dem Rollerdamm bei

Die drohende Flut

Das eiserne Sperrschiff im Donaukanal zu Wien. Originalzeichnung von J. Kirchner.

Nußdorf, der Stadlauer Brücke und der Staatseisenbahn nächst dem Lusthaus im Untern Prater erstrecken. Unterhalb der Stadlauer Brücke war ein weiterer Durchstich in der Länge von 1.350 Klaftern auszuführen.

Das „Illustrierte Wiener Extrablatt" schrieb damals: „Die Herstellung des erwähnten mittleren Durchstiches erfolgte unter sehr bedeutenden Schwierigkeiten. In launenhaften Krümmungen wanden sich schmale Stromteile zwischen dicht bewaldeten Auen dahin. Die herrliche Waldung wurde gefällt, Dampfbaggermaschinen an Ort und Stelle gebracht, provisorische Schienenwege zur raschen Wegführung des gehobenen Schottermaterials angelegt und mit Rücksicht auf die

Die drohende Flut

herzustellende Strombreite von neunhundert Fuß und die Stromtiefe von zehn Fuß eine riesige Erdmasse von 1.800.000 Kubikklafter ausgehoben."

Mai 1871. Das ausgegrabene Material wurde teils zur Verschüttung der kleinen Stromarme, teils zur Nivellierung der ausgedehnten Uferstrecken verwendet. Der Fluß führte auch danach nicht direkt durch die Stadt, aber man hatte für einige Zeit die großen Überschwemmungen in den Griff bekommen.

Dazu ein Kommentar aus dem Jahr 1875 im „Illustrierten Wiener Extrablatt": „Wenn Wien in der Regel die Kaiserstadt an der Donau genannt wird, so machte man sich durch diese Bezeichnung bis vor wenigen Tagen eigentlich einer Wahrheitswidrigkeit schuldig. Es ist nicht der mächtige Donaustrom, an dessen Ufern das Häusermeer von Wien sich ausbreitet, nur ein schmaler Arm des gewaltigen Flusses durchzieht die Stadt; der Hauptstrom aber trägt seine Wogen in der Entfernung von fast einer Meile von Wien vorüber. In alten Zeiten zwar war das anders; damals rauschte die Wassermasse sogar an der Altstadt vorbei, und heute noch erinnert die uralte Kirche zu „Maria am Gestade" mit den aus ihren Mauern ragenden eisernen Schiffsringen, dann halb verblichene Gemälde an uralten Häusern auf der Fischerstiege, ja die ganze Anlage der steil abfallenden Gäßchen an der Nordostseite der inneren Stadt an die fast schon vergessene Tatsache, daß wir hier an den ehemaligen Uferböschungen des mächtigen Stroms stehen. Doch hat der Strom im Laufe der Jahrhunderte, den durch Hochwasser verursachten Hindernissen ausweichend, seinen Weg weiter in die Ebene hineinverlegt, sich in zahlreiche Arme und Ärmchen gespalten, Sandbänke und Auen in malerischer Unordnung abgesetzt und umzog

Plan der Donauregulirung bei Wien.

Aus dieser Darstellung kann man erkennen, daß zwar die Wiener schon damals um jedes Stück Wald kämpften, andererseits aber vernünftig genug waren, Notwendigkeiten einzusehen.

Der erste Spatenstich zu dieser Donauregulierung erfolgte im

Die drohende Flut

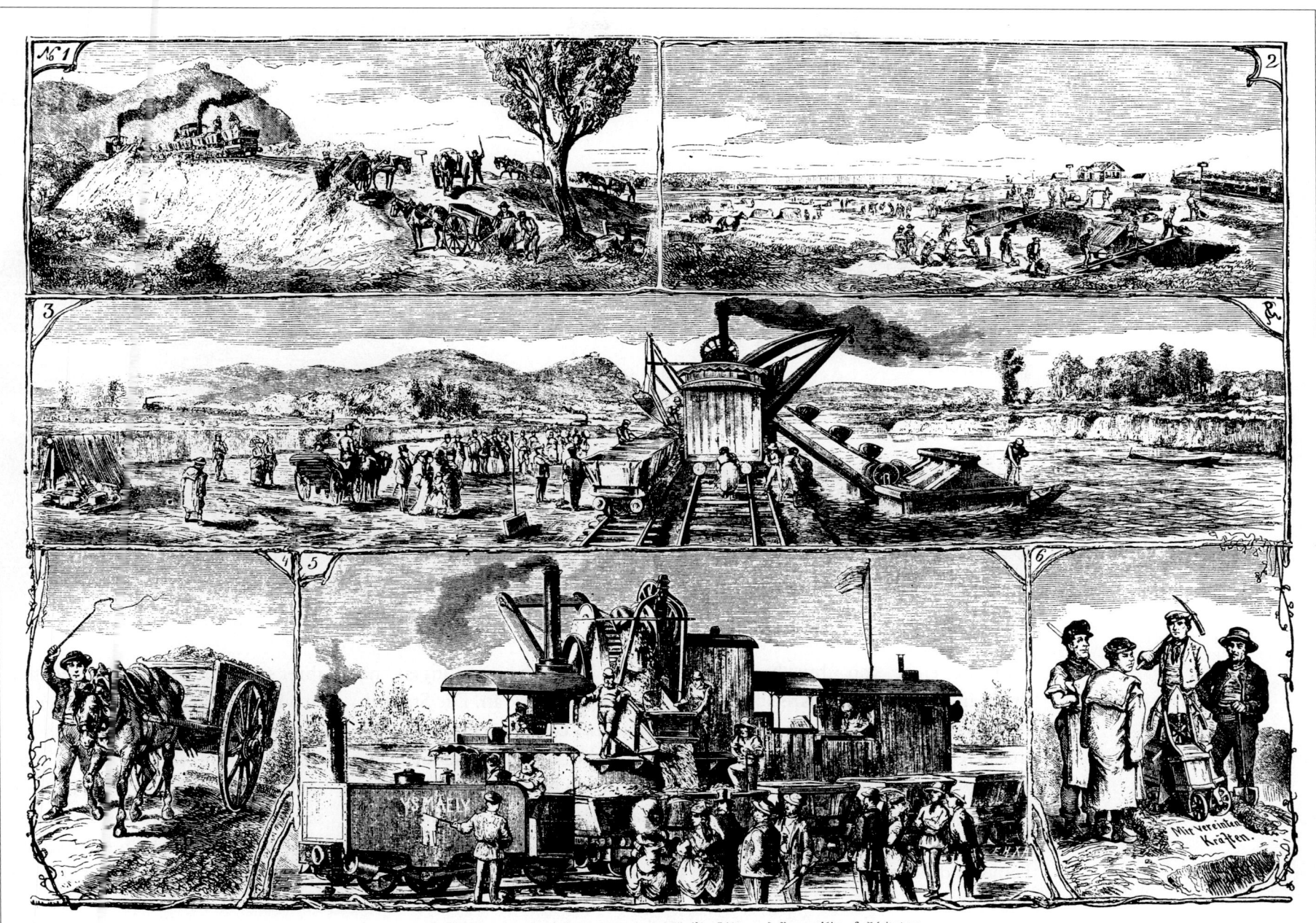

1. Dammbau. 2. Hafenanlage. 3. Graben des Bettes. 4. Italienischer Erdkarren. 5. Baggermaschine. 6. Arbeitertypen.
Die Arbeiten für das neue Donaubett bei Wien. Originalzeichnung von J. Schönberg.

Die drohende Flut

Blick auf die alte und die regulirte Donau bei Wien.

nun die einst von ihm bespülte Stadt in einem weiten Kreisbogen. Nur manchmal erinnerten sich die mächtigen Wogen des Stroms an die einstige Verbindung mit der Stadt; dann aber kamen sie nicht als Freunde, sondern als verheerender Feind und richteten, von den Hochwassern des Gebirgs gedrängt oder an der unterhalb stockenden Eismasse sich stauend, durch weitreichende Überschwemmungen namenloses Unglück an. Die Stadt ihrerseits, im Lauf der Zeiten mächtig anwachsend, fürchtete die Rache des gefährlichen Nachbars und streckte, anstatt als „Donaustadt" nach dem Strom sich hin zu erweitern, ihre Grenzen von Jahr zu Jahr weiter hinauf gegen die Abdachungen des Gebirges zu aus, im Widerspruch gegen die deutlichen Fingerzeige ihrer sprachlichen Lage, ja gegen ihre wichtigsten Lebensinteressen."

Die Donau im Bereich von Wien wurde in der Folge noch mehrfach „reguliert" und Hochwasserschutzanlagen errichtet. Aber erst jetzt scheint durch die Errichtung eines Entlastungsgerinnes und der Donauinsel ein Gespenst der Vergangenheit, die Hochwasserkatastrophen, endgültig gebannt.

1872
Die Explosion in der Marxergasse

Die Dampfrohrexplosion am 10. Oktober des Jahres 1872 im Hause Marxergasse 9 kostete vier Arbeitern das Leben und verursachte einen gewaltigen Schaden. Die zeitgenössische Illustration zeigt den Schauplatz der Verwüstung.

Die Explosion in der Marxergasse

Nicht nur gefährliche Chemikalien und neuartige Materialien, wie Zelluloid, Benzin, Schießbaumwolle oder Sprengmittel, stellten eine immense Gefahr für die mit diesen Stoffen ungeübten Menschen im alten Wien dar. Auch die technische Entwicklung brachte nicht nur ungeahnte Möglichkeiten, sie barg auch eine ständige Bedrohung in sich. Dies soll am Beispiel einer Dampfrohrexplosion am 10. Oktober 1872 im Hause Marxergasse 9 gezeigt werden, die vier Arbeitern das Leben gekostet und gewaltigen Schaden verursacht hatte.

Es darf jedoch zur weiteren Schilderung des schrecklichen Ereignisses der zeitgenössische Journalist zu Wort kommen, der am 15. Oktober 1872 im „Illustrierten Wiener Extrablatt" berichtete:

„Illustriertes Wiener Extrablatt" vom 15. Oktober 1872

Ein Bild der Zerstörung ist es, das wir heute unseren Lesern bringen; das Bild einer Zerstörung, welche Zeugniß gibt von der unbesiegbaren Kraft des Dampfes! Eine Last von über hundert Zentnern wurde mit solcher Gewalt in die Luft geschleudert, daß die unzähligen, verbindenden Eisenröhren barsten und das Dach eines Maschinenhauses zersplittert wurde, wie eine Glastafel.

Aufgerichtet, wie ein sich bäumendes Pferd steht der Kesselkoloß, an die Wand gelehnt da, ober, unter und neben ihm zeigen sich dem Auge die Bilder der Verwüstung, die er angerichtet hat.

Wenn man so auf den Trümmern des Maschinenhauses steht und bedenkt, daß die Explosion eines Rohres, des Siederohres, genügte, um das Haus niederzureißen und die Wand des Nebengebäudes durchzuschlagen, so schaudert man bei dem Gedanken: „Was wäre geschehen, wenn der Kessel selber explodirt wäre?"

Diese Katastrophe zeigt wieder recht deutlich, wie sehr gefährlich solche Etablissements in der Mitte menschlicher Wohnungen sind, da ein derartiges Unglück, wie es hier sich ereignete, trotz der größten Sorgfalt, und ohne Verschulden einer Person eintreten kann. Der Kessel war gereinigt, und von innen und außen keine Spur davon zu bemerken, daß die Heizflächen des Siederohres angegriffen, und dadurch weniger widerstandsfähig geworden seien.

Vier Menschenleben gingen zu Grunde, das Heizhaus ist total demolirt, die Wand der Werkstätte theilweise eingedrückt, die Dampfmaschine zersplittert und unbrauchbar, so zwar, daß bis zur Aufstellung einer Lokomobile die nur mit Benützung der Dampfmaschine möglichen Arbeiten ruhen müssen.

Zur leichteren Orientirung für unsere Leser rekapituliren wir das Geschehene.

Donnerstag den 10., um halb 5 Uhr Nachmittags, explodirte in der Fabrik des Herrn Karl L e n z, Landstraße, Marxergasse Nr. 9, der Bouillet des Dampfkessels; durch die Gewalt des Dampfes wurde der Kessel selbst über 40 Fuß in die Luft und zwar durch das Dach des Maschinenhauses geschleudert, vollkommen gewendet und endlich an die Wand des Hauses, in welchem die Werkstätten untergebracht sind, in einer so unglücklichen Lage geschleudert, daß die, durch das geplatzte und vollkommen aufgebogene Siederohr entstandene Oeffnung, durch welche der Dampf ausströmte, gerade gegen die Mauer zu stehen kam.

Diese wurde eingedrückt; vor der gegenüberliegenden Mauer häufte sich der Schutt vor die einzige Ausgangsthüre desselben derart, daß diese vollkommen verbarrikadirt und daher unpraktibel wurde.

Dieser Umstand kostete vier Menschenleben, da sich die vier Arbeiter, welche in dem kleinen Zimmer beschäftigt waren, nicht mehr retten konnten und verbrannt wurden, so daß ihnen Haut und Fleisch in Fetzen von den Knochen hing.

In trostlosem Zustande wurden sie in das Spital gebracht und wenige Stunden nachher erlöste sie der Tod von ihren gräßlichen Schmerzen.

Von dem, neben diesem kleinen Zimmer befindlichen größeren Raume wurde, da der Dampf hier nicht direkte einwirkte, nur die Thüre eingedrückt und die dort befindlichen Arbeiter nur leicht verletzt. Dieselben dürften nach dem Ausspruche der Aerzte schon in 14 Tagen wieder arbeitsfähig sein.

1876

Das Feuer in der Spiritusfabrik

Blick von der Dorfgasse auf die brennende Mauthnersche Spiritusfabrik

ZAHLLOS SIND DIE BRÄNDE in Industrieobjekten oder Fabriken, wobei es gerade im 19. Jahrhundert noch nicht gelang, die immer größer werdenden Gewerbebetriebe auch auf dem Gebiet der Sicherheitsvorkehrungen und des Brandschutzes den neuen Dimensionen anzupassen. Die industrielle Revolution wurde so in einem großen Maße auf Kosten

Das Feuer in der Spiritusfabrik

der Sicherheit der Arbeiter ausgetragen, ein Umstand, der dann in den achtziger Jahren politisch nicht ohne Folgen blieb.

So sind Industriekatastrophen des vorigen Jahrhunderts nicht nur von stadtgeschichtlichem Interesse, sie sind auch gleichsam ein Spiegel der sozialen und gesellschaftlichen Entwicklung. Der Brand in der Simmeringer Spiritusfabrik ist so nur ein Beispiel von vielen und soll stellvertretend für die zahlreichen Ereignisse dieser Art stehen.

Zum Geschehen selbst darf aber der Journalist zu Wort kommen, der am 19. September 1876 im „Illustrierten Wiener Extrablatt" die umseitige Darstellung kommentierte: „In der Nacht vom 15. zum 16. d.M. brach bekanntlich in der Mauthnerschen Spiritusfabrik in Simmering ein Feuer aus, das alsbald die riesigsten Dimensionen annahm. Der Brand war in dem Rektifizierlokal entstanden und hatte sich von dort nach dem in der Dorfgasse gelegenen Hauptgebäude verbreitet, in welchem die Komptoirelokalitäten und ein Teil der Fruchtmagazine untergebracht waren. Binnen weniger Minuten stand der Dachstuhl in seiner ganzen Ausdehnung in Flammen und glich einem Feuermeere, in welchem die Flammen, die durch die Massen der aufgestapelten Fruchvorräthe immer neue Nahrung erhielten, klafterhoch emporschlugen.

Die zahlreich erschienenen Feuerwehren konnten unter solchen Umständen gar Nichts für die Rettung dieses Theiles des Gebäudes thun und mußten sich darauf beschränken, die angrenzenden Lokalitäten vor dem Umsichgreifen des Feuers zu schützen. Die Hauptfront in der Dorfgasse, welche unser Bild darstellt, brannte deshalb total ab und wurde von den dort befindlichen Einrichtungsgegenständen und Waaren gar Nichts gerettet. Das Feuer konnte erst nach zehnstündiger angestrengter Arbeit gelöscht werden. Unter den Bewohnern von Simmering hatte das Brandunglück den größten Schrecken verursacht, da die umliegenden Häuser sämmtlich mit Holzschindeln gedeckt sind, welche im Falle einer Explosion sogleich in Brand gerathen wären. Glücklicherweise waren die Spiritusvorräthe in feuersicheren Kellern verwahrt, so daß das Hinzutreten der Flammen unmöglich war."

Dies der Bericht vom 19. September des Jahres 1876.

1878
Brandkatastrophe Am Tabor

Die Brandkatastrophe Am Tabor vom 4. März 1878. Einige Tote und 64 Verletzte waren die traurige Bilanz des von einem Tanzsaal ausgehenden Großfeuers. Hunderte Bewohner des großen Komplexes hatten außer ihrem Leben nichts retten können. Schicksale am Rande der aufblühenden Millionenstadt im Jahre 1878.

Brandkatastrophe Am Tabor

„EIN BRAND WIE er gestern am Tabor gewüthet, hat Wien seit langer Zeit nicht gesehen. Diesen Szenen voll Wirrnis und Schrecken muß man beigewohnt haben, um sich einen Begriff von der Art dieses schrecklichen Ereignisses machen zu können. Finster war die Nacht, die brennenden Holzstücke flogen wie Leuchtkäfer herum, der Wind jagte die Flammen klafterhoch empor, dazwischen das Geschrei der Frauen, die Hilferufe der Männer, das Gejammer der Kinder ..."

Mit diesen Worten beginnt ein Bericht im „Illustrierten Wiener Extrablatt" vom 5. März 1878 über den Großbrand am Tabor. 64 Verletzte und mehrere Tote sowie gewaltiger Sachschaden waren die traurige Bilanz dieser Katastrophe vom 4. März 1878 in der Wiener Leopoldstadt.

Wie es aber zu dem schrecklichen Ereignis gekommen war, wird im bereits erwähnten zeitgenössischen Bericht weiter dargestellt: „... Der Tanzsalon, in welchem das Feuer zum Ausbruch gelangt ist, befand sich an der nördlichen Seite des vor kaum vier Jahren neu aufgeführten dreistöckigen Gebäudes auf einem von einer Planke umgebenen freien, großen Platze. Die Gasthauslokalitäten selbst befinden sich im Erdgeschoße des bezeichneten dreistöckigen Hauses. Eine kleine Thür bildet die Verbindung zwischen beiden Lokalen. Als das Feuer zum Ausbruch gelangte, waren noch an hundert Gäste anwesend. Ein großer Theil der Besucher hatte sich wenige Minuten vorher entfernt und war einer Anzahl Soldaten gefolgt, die einen ihrer Kameraden, der eines Exzesses wegen arretiert worden war, befreien wollten ... Gerade um diese Zeit erscholl der Ruf: „Feuer!" und alsbald schlugen auch schon mächtige Flammen aus dem Tanzsaale empor. Der erwähnte Zwischenfall war die Veranlassung, daß nun Soldaten und Sicherheitswache auf den Brandplatz eilten, um sofort den in Lebensgefahr befindlichen Personen Hilfe zu bringen. Kaum fünf Minuten waren seit dem Ausbruch des Brandes verstrichen und schon war den Hausbewohnern jeder Weg der Rettung abgeschnitten. Der starke Wind fachte die Flammen an und trieb sie in den kaum 2m breiten Lichthof hinein und bis zum Dachgiebel hinauf... In den kleinen, von Arbeitern bewohnten Zimmern brannte alles lichterloh und an ein Entkommen über die auf die Straße führende Stiege war nicht zu denken. Aus den zertrümmerten Fenstern und aus den bereits verkohlten Eingangsthüren schlugen Feuersäulen auf die Korridors der einzelnen Stockwerke hinaus und vom Stiegenhaus bis hinauf in die letzte Etage peitschte der Wind ebenfalls die Flammen ..."

Wenn man diese Zeilen liest, wird bewußt, welch Katastrophe für alle Beteiligten so ein Brand bedeutete. Hunderte Personen wurden über Nacht nicht nur obdachlos, sie hatten auch keine Chance, in absehbarer Zeit ein neues Quartier zu finden, da sie meist ihre ganze Habe und das wenige Ersparte im Feuer verloren hatten. Dies war sogar in dieser Zeit und in diesem Falle der Öffentlichkeit bewußt.

Deshalb auch endet der Bericht mit folgenden Zeilen: „Das fürchterliche Unglück hat allenthalben das größte Mitleid für die Betroffenen hervorgerufen. Wie man uns mitteilt, haben mehrere Bürger des zweiten Bezirkes den Entschluß gefaßt, eine Sammlung zu Gunsten der Verwundeten und der durch die Katastrophe an den Bettelstab Gebrachten zu veranstalten..."

Es gab es also wirklich – das „goldene Wienerherz" Zumindest im Jahre 1878 ...

1878

Kaiser-Ebersdorf in Schutt und Asche

Da das Feuer, das den Bauernhof vernichtete, auf die benachbarten Gebäude übergegriffen hatte, mußte die zu spät eintreffende Löschmannschaft zu ihrem Schrecken erkennen, daß das halbe Dorf den Flammen bereits zum Opfer gefallen war.

BEREITS WENIGE MONATE nach dem verheerenden Großbrand Am Tabor schallten wieder die Signalhörner der Feuerwehrhornisten durch die nächtlichen Straßen der Stadt.

Diesmal war es in einem noch ländlichen Vorort Wiens, in Kaiser-Ebersdorf, wo ein bäuerliches Objekt in Brand geraten war. Und hier – aufgrund der Entfernung von den Wiener Löschmannschaften nur spät erreichbar – kam es zu jener Entwicklung der Feuersbrunst, die man seit den mittelalterlichen Stadtbränden in Wien so fürchtete – ei-

Kaiser-Ebersdorf in Schutt und Asche

nem Übergreifen der Flammen auf benachbarte Objekte. Als sich die Löschmannschaften dem Brandherd näherten, erkannte man, daß hier jede Hilfe zu spät kam. Fünf Häuser mit Nebengebäuden, also das halbe damalige Dorf, waren den Flammen zum Opfer gefallen.

Das „Illustrierte Wiener Extrablatt" vom 23. Juli 1878 berichtete in Bild und Wort über das schreckliche Ereignis. Eine deutliche Warnung vor ähnlichen Katastrophen, die von zu wenigen verstanden wurde, wie dies die noch folgenden Beiträge dieser Chronik beweisen.

Die rauchenden Trümmer von Kaiser-Ebersdorf – ein Bild der Verwüstung

1881
Der Brand des Ringtheaters

Die Komische Oper oder das Ringtheater war 1873 von Emil Förster am Wiener Schottenring 7 errichtet worden. Amtliche Unflexibilität, ungeheure Schlamperei und Nichtbeachtung aller Sicherheitsvorschriften führten am 8. Dezember 1881 zu einem Brand, welcher der größte Theaterbrand in der österreichischen Geschichte werden sollte. Fast 400 Tote waren Opfer dieser Katastrophe.

Der Brand des Ringtheaters

MIT FOLGENDEN ZEILEN beginnt das „Illustrierte Wiener Extrablatt" am 26. Jänner 1886 die Berichterstattung über die Eröffnung des kaiserlichen Stiftungshauses am Schottenring, im Volksmund „Sühnhaus" genannt:

„Hinweg ihr schwarze Schatten, schwermütige, tränenreiche, seufzerdurchbebte Schatten, entweichet – ihr dürft heut nicht um uns weilen. Weichet zurück, steigt nieder, versinkt für ewig in der Nacht der Vergessenheit, aus welcher euch heute wie schon so oft die Mutter der Vergangenheit, die Erinnerung geboren..."

Das Stiftungshaus war an jener Stelle errichtet worden, wo sich das durch die schreckliche Brandkatastrophe am 8. Dezember 1881 vernichtete Ringtheater befunden hatte. Das neugotische Prachtgebäude war aus Mitteln des Privatfonds des Kaisers gebaut worden, und die Mieteinnahmen des Objektes aus Wohnungen und Bureaus waren Wiener Wohltätigkeitsverei-

Theater von heute!

Ring-Theater.

Halb 1 Uhr Mittags:

Matinée

zu Gunsten der unter dem Protectorate des Polizei-Präsidenten Herrn Baron Marx von Marxberg stehenden Unterstützungs-Societät der Polizeibeamten Wiens für ihre Witwen und Waisen.

Abends 7 Uhr:

Offenbach's letztes Werk:

Hoffmann's Erzählungen.

Phantastische Operette in 3 Acten von J. Barbier. Musik von Jacques Offenbach.

nen bestimmt. Allerdings wurde das Haus neben der Bezeichnung „Sühnhaus" auch immer wieder im Volksmund als das „verfluchte Haus" bezeichnet, da sich in unmittelbarer Nähe der Parzelle eine der ehemaligen Wiener Richtstätten befand, und auch die Ereignisse des 8. Dezember 1881 lassen zumindest Assoziationen anklingen: War die grauenerregende Tragödie, die 384 Menschen auf schrecklichste Art den Tod brachte, nicht wie ein Fluch, insbesondere wenn man die verhängnisvollen Versäumnisse und menschlichen Fehler betrachtet, die zum Ringtheaterbrand führten? Die Komische Oper – allgemein als Ringtheater bezeichnet – war 1873 auf einer Parzelle (Schottenring 7) erbaut worden, die eigentlich viel zu klein für einen Theaterbau war. Um nun dennoch genügend Publikumsplätze unterzubringen, baute man entsprechend in die Höhe – vier Galerien wurden noch über den Logen

Das Programmblatt zur Vorstellung am Unglückstag

errichtet – allesamt nur durch ein unübersichtliches Gewirr von engen Gängen zugänglich. So schmal, daß mitunter nicht zwei Personen aneinander vorbei konnten. Auch langgedientes Personal kannte nach Jahren nicht alle Zugänge zu den verschiedenen Örtlichkeiten, so verwinkelt war die Architektur des Hauses.

Nachdem das Theater nach 1874 immer mehr in die roten Zahlen geriet, übernahm Franz Jauner – einer der spektakulärsten „Theatermacher" Wiens in jener Zeit – im Jänner 1881 die Direktion des Hauses und versprach durch seine phantasievollen Inszenierungen eine erfolgversprechende Auslastung des Theaters.

Von ihm beantragte bauliche Veränderungen zu Beginn seiner Ära scheiterten am Widerstand diverser Ämter, obwohl seit dem Theaterbrand in Nizza am 21. März 1881 die Sicherheitsvorschriften auch in Österreich verschärft waren.

Am Abend des Marienfeiertages, des 8. Dezember 1881, sollte wieder einmal ein spektakuläres Theaterereignis am Schottenring über die Bühne gehen – die Aufführung der Offenbach-Operette „Hoffmanns Erzählungen".

Am Vormittag dieses Tages – es war ein Donnerstag – hatte im Ringtheater eine Matinee des Unterstützungsinstitutes der Polizeibeamten für Witwen und Waisen stattgefunden, die Jauner selbst inszeniert hatte. Dies war auch der Grund, weshalb er dann erst wieder knapp vor der 19-Uhr-Vorstellung in das Theater kam. Vor dem Haupteingang erwartete ihn bereits eine äußerst erregte Menschenmenge, aus der immer wieder der Ruf „Das Ringtheater brennt" erscholl. Jauner eilte zum Bühneneingang, wo ihm Personal und Schauspieler – halbkostümiert – entgegenstürzten. Er kämpfte sich jedoch in das Innere des Hauses vor, bis er in den Bühnenraum sehen konnte – in ein flammendes Inferno. Gemeinsam mit dem flüchtenden Personal gelang es ihm, wieder die Straße zu erreichen, wo ihm und den leitenden Feuerwehr- und Polizeiorganen die verhängnisvolle Meldung gemacht wurde „Alles gerettet!"

Franz Jauner.

Der Brand des Ringtheaters

Direktor Jauner war der Meinung, daß tatsächlich keine Personen zu Schaden gekommen waren und er – durch den enormen Sachschaden – der einzig Betroffene wäre. Zutiefst betroffen durch das vermeintliche Ende seiner wirtschaftlichen Existenz ließ er sich nach Hause führen – nicht ahnend, was sich tatsächlich ereignet hatte:

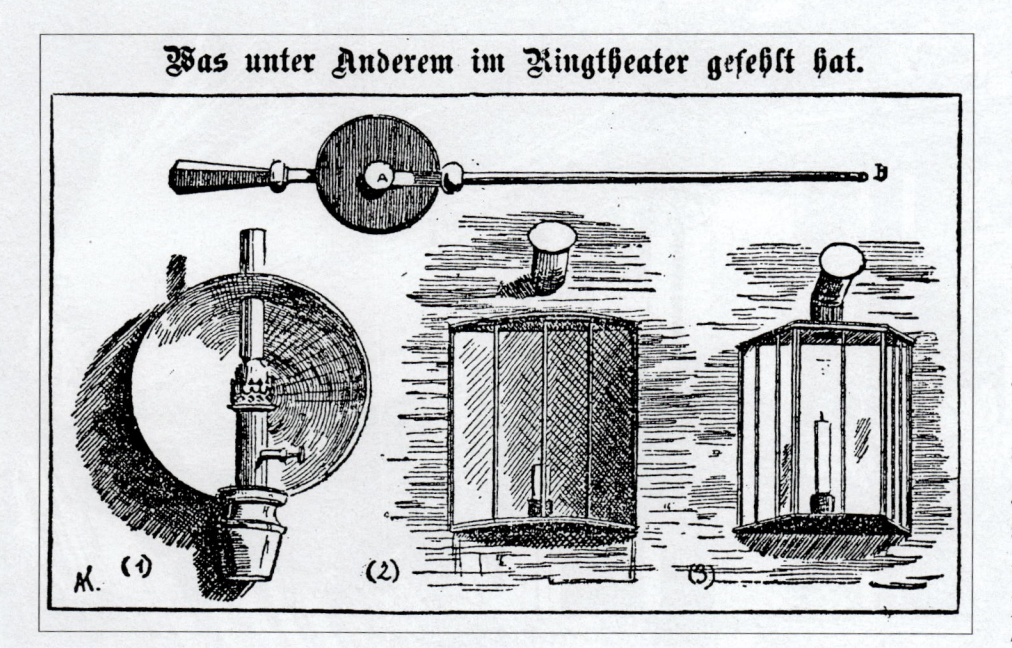

Was unter Anderem im Ringtheater gefehlt hat.

Bereits eine halbe Stunde vor der Abendvorstellung hatten sich Zuschauerraum und Galerien mit Publikum gefüllt. Das Haus war an diesem Abend ausverkauft. Lediglich die teuren Plätze waren noch leer, da zu dieser Zeit die Droschken am Ring aufgrund des starken Verkehrs nicht schnell genug vorwärts kamen.

Es war 18.45 Uhr, als die Theaterbesucher im Bereich der Bühne ein gelbrotes Licht aufleuchten sahen. Man hielt dies erst für einen neuartigen Beleuchtungseffekt – Jauner sorgte ja immer wieder für technische Überraschungen.

Plötzlich aber wurde der riesige Bühnenvorhang fast explosionsartig in den Zuschauerraum geschleudert und flammte in hellem Feuer auf. Brennende Fetzen des Stoffes erreichten die 4. Galerie, wo die vergoldeten Holzverkleidungen und Samtdraperien sofort Feuer fingen. In wenigen Minuten brannte der ganze Zuschauerraum. Unter den Besuchern brach Panik aus – alles stürzte laut schreiend zu den Ausgängen. Da erlosch das Licht. Was sich nun ereignete, kann mit Worten kaum geschildert werden: Die Menschen trampelten einander zu Tode, in den engen Gängen bildeten sich Knäuel von Leibern, die ein Fortkommen der Flüchtenden verhinderten. Beißender Qualm und sengende Hitze verkürzten das Leiden der Sterbenden. Einigen gelang es – meist durch Zufall –, die Bühne und einen der dortigen Ausgänge

Der Brand des Ringtheaters

Der Brand des Ringtheaters in Wien. Originalzeichnung von V. Katzler.

Der Brand des Ringtheaters

zu finden, und andere schafften es, die straßenseitige Brüstung zu erreichen und in eines der wenigen Sprungtücher der Feuerwehr zu springen. Einige Theaterbesucher sprangen in ihrer Verzweiflung jedoch auch ohne das rettende Sprungtuch in die Tiefe und damit meist in den Tod.

Traurige Tatsache war, daß sämtliche Sicherheitsvorkehrungen versagt hatten. Die Feuerwehr traf viel zu spät und mit völlig ungenügendem Hilfsgerät am Brandplatz ein. Statt Menschenleben zu retten, wandte man sich zuerst der Verhinderung von Sekundärbränden zu. Auch die Sicherheitswache trug wenig zur Rettung der Eingeschlossenen bei, da die Meldung „Alles gerettet", die Polizeirat Landsteiner an Erzherzog Albrecht weitergegeben hatte, ihr Einschreiten scheinbar nicht erforderlich machte.

Die Verwirrung am Ort der Katastrophe war unvorstellbar. Eine

Pumpenwagen der Wiener Feuerwehr aus der Zeit des Ringtheaterbrandes

riesige Menschenmenge behinderte die Maßnahmen der Feuerwehr, schreiende Angehörige versuchten vorzudringen, und Helfer mußten sich mit Toten oder Sterbenden den Weg durch die Menge bahnen. Erst durch den Einsatz von Militär konnte Ordnung in das Chaos gebracht werden, wenngleich auch viel zu spät. Es dauerte lange, ehe das ganze Ausmaß der Katastrophe ermessen werden konnte. Die geborgenen Leichen wurden am darauffolgenden Tag zur Agnoszierung in das Allgemeine Krankenhaus gebracht – auch hier Szenen des Grauens. Der Todeskampf war auf den meisten Gesichtern der Erstickten noch abzulesen, während manche Opfer durch den Brand so verunstaltet waren, daß eine optische Identifizierung durch Angehörige unmöglich war. Kriminalisten des Sicherheitsbüros und Gerichtsmedizinern gelang es jedoch, durch eine erstmals angewandte Zahnbilduntersuchung

Schreckliche Szenen mußten die Feuerwehrleute miterleben – für viele Verzweifelte gab es kein Entkommen aus dem Inferno.

Der Brand des Ringtheaters

Reminiscenzen vom Ringtheater-Brande.
Der Anblick der Garderobe am 9. December.

und andere Maßnahmen den größten Teil der Brandopfer zu agnoszieren. Eine Maßnahme, die nicht nur den späteren Ruhm der „Wiener Schule der Wiener Kriminalistik" begründete, sondern auch sehr wesentlich zur ordnungsgemäßen Abwicklung für Unterstützungsmaßnahmen der Angehörigen beitrug. Bereits am Montag, dem 12. Dezember 1881, fand am Zentralfriedhof unter großem Gedränge die Beisetzungsfeier für die Opfer der Katastrophe statt. 384 Särge wurden mit dem Segen katholischer, evangelischer, griechisch-orthodoxer und israelitischer Würdenträger einem gemeinsamen Grab übergeben. Für die Hinterbliebenen, die ja oft ihren Ernährer verloren hatten, fanden Spendensammlungen statt, die hohe Beträge erbrachten. Sie wurden für eine einmalige Zahlung oder aber auch für lebenslange Renten verwendet. Allein 122 „Ringtheaterkindern" wurde so der Weg in die Zukunft durch die Spendefreudigkeit der Wiener ermöglicht.

Nächste Seite:
Der Leichentransport während des Brandes am Wiener Ringtheater. Nach der Natur gezeichnet von W. Gause

Der Brand des Ringtheaters

Der Brand des Ringtheaters

Am 24. April 1882 begann der auf mehrere Wochen anberaumte Prozeß gegen die Verantwortlichen der Katastrophe. Die Staatsanwaltschaft hatte Anklage gegen Bürgermeister Dr. Julius Ritter von

Die Leichen im Hofe der Polizei-Direction.

Newald, Theaterdirektor Franz Jauner, Maschinist Josef Nitsche, Hausinspektor Franz Gehringer, Polizeirat Anton Landsteiner und Stadtbaurat Ing. Adolf Wilhelm wegen Gefährdung der körperlichen Sicherheit erhoben.

Die Vernehmung der 226 Zeugen und Sachverständigen brachte haarsträubende Details über die Zustände im Ringtheater und die Auslösung des Unglückes zutage. So erfuhr man, daß die Beleuchtung des Theaters mit Gassofitten, von denen je 48 in einem Beleuchtungskasten zusammengefaßt waren und von einem Regulator mit Gas versorgt wurden, zu erfolgen hatte. Die Entzündung dieser Leuchten erfolgte mit einem elektronischen Funken, der alle 48 Gaslampen gleichzeitig entflammen sollte.

Am 8. Dezember 1881 versagte jedoch dieser Zündungsmechanismus im vorderen Beleuchtungskasten. Der Beleuchter hatte nun die Gaszufuhr verstärkt – anstatt abzudrehen –, und so konnte sich der ganze umliegende Raum mit Gas füllen. Dann schaltete er den Zündapparat erneut ein – und es kam zur Explosion. Die Flammen durchschlugen das Schutzgitter und griffen auf die Requisiten über, die daneben gelagert waren.

Um nun die Drahtcourtine herunterzulassen, die den Bühnenraum vom Zuschauerraum trennen sollte, fehlte die Kurbel. Sie war auf

Der Brand des Ringtheaters

Der ausgebrannte Bühnenraum des Ringtheaters

Der Brand des Ringtheaters

der anderen Seite der Bühne aufbewahrt. Zu allem Überfluß öffnete ein Bühnenarbeiter das Tor zur Pferderampe, um den entstandenen Rauch entweichen zu lassen. Die plötzlich eindringende kalte Winterluft ließ das noch kleine Feuer zu einem Orkan anschwellen, der den Bühnenvorhang nicht nur aufblähte, sondern auch in Flammen setzte. Jetzt drehten die Bühnenarbeiter die Gasversorgung des Zuschauerraumes ab, sodaß plötzlich tiefe Finsternis herrschte, die nur durch das Lodern der Flammen erhellt wurde. So kam es zu der bereits geschilderten Panik, wobei viele Menschen ihr Leben verloren. Dies auch deshalb, da die Außentore und Türen nach innen aufgingen und so durch die Nachdrängenden regelrechte Barrikaden vor den rettenden Ausgängen entstanden waren.

Die Verantwortung Jauners lautete dahingehend, daß er für die technische Leitung des Theaters lauter Virtuosen engagiert habe, auf die er sich hätte verlassen können. Einer dieser Virtuosen war der Beleuchtungsinspektor Josef Nitsche. Er hatte allerdings die Vorschrift zur Bedienung der Gasofitten nicht einmal durchgelesen und machte auch entsprechende Fehler. Außerdem hatte er die Vorschriften über Anbringung von Notlichtern nicht befolgt und von den vorhandenen 100 Not-Öllichtern nur eines angebracht gehabt. Es habe an Nägel zur Aufhängung gefehlt – so seine Verantwortung. Zuletzt hatte er auch noch die Tore der Pferderampe geöffnet und so das Übergreifen der Flammen beschleunigt. Auch der als Hausinspektor und Kommandant der Hausfeuerwehr engagierte Tischler Franz Gehringer hatte im Theater noch keine ausreichende Ortskenntnis. Er hatte die Feuerwachen weder geschult noch eingeteilt, sondern sie immer nur zu Handlangerdiensten anderwertig verwendet. Die Hydranten waren nicht besetzt, der Alarmapparat zur Verständigung der Hauptfeuerwache funktionierte nicht. Zuletzt war noch die Bedienung der Drahtcourtine von zwei Taglöhnern zu besorgen, die keine Einschulung erhielten. Die Männer verwahrten die benötigte Kurbel an der anderen Bühnenseite und waren selbst bei Ausbruch des Feuers nicht im Hause – sie waren ins Gasthaus gegangen. Die Wasserzufuhr für das Ringtheater war zwei Tage vor dem Brand gesperrt worden, da einige Rohre undicht waren – der Inhalt der vier Wasserreservoire am Dachboden war für jede Löschaktion ungenügend.

Die Sicherheitswache war bei Ausbruch des Feuers nicht anwesend und traf erst gegen 19.00 Uhr am Brandplatz ein. Wohl gelangte nach 19.00 Uhr ein Telegramm der Polizeidirektion bei der Hauptfeuerwache mit dem Inhalt „Dachfeuer nächst der Polizeidirektion" ein, doch schien dies noch immer

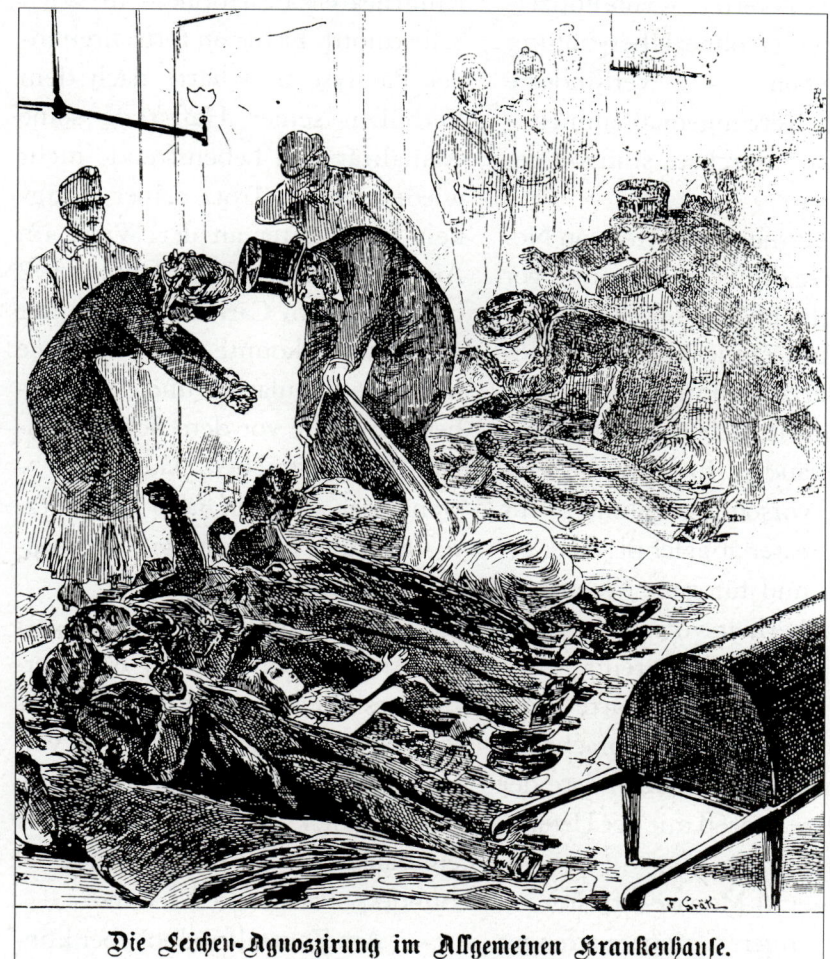

Die Leichen-Agnoszirung im Allgemeinen Krankenhause.

kein Anlaß für einen Großalarm zu sein. Es rückte zunächst nur ein Löschtrain mit einem Spritzenwagen, zwei Wasserwagen und 10

Der Brand des Ringtheaters

Mann Bedienung in Richtung Schottenring aus. Bis zum Großeinsatz vergingen nochmals fast 20 Minuten. Die verhängnisvolle Meldung „Alles gerettet" – von Polizeirat Landsteiner ohne Überprüfung weitergegeben – verhinderte schließlich Rettungsmaßnahmen – als diese noch durchaus sinnvoll gewesen wären.

Bürgermeister Ritter von Newald konnte die Verantwortung vor Gericht glaubhaft auf den Magistratsrat Karl Zinner abwälzen. Zinner war der zuständige Magistratsbeamte für die Sicherheit in öffentlichen Gebäuden. Er hatte die Verbesserungsvorschläge Jauners für das Ringtheater abgelehnt, da er einer neuen und für ganz Wien geltenden Sicherheitsvorschrift nicht in einem Einzelfall vorgreifen wollte. Für 384 Menschen hatte diese Unflexibilität den Tod gebracht.

Am 16. Mai 1882 endete der spektakuläre Prozeß mit der Urteilsverkündung:
Franz Jauner: 4 Monate Arrest;
Franz Gehringer: 4 Monate strenger Arrest;
Josef Nitsche: 8 Monate strenger Arrest;
Bürgermeister Newald, Polizeirat Landsteiner, Ing. Wilhelm und Löschmeister Heer wurden freigesprochen.

Franz Jauner beging am 23. Februar 1900 – 19 Jahre nach der Ringtheaterkatastrophe – in Wien Selbstmord. Er litt an fortschreitender Paralyse und hatte nach dem Verbüßen seiner Haftstrafe seine Genialität und Lebensfreude nicht wiedererlangt. Trotz seiner Tätigkeit im Theater an der Wien, im Ausstellungstheater des Jahres 1892 und später im Carl-Theater an der Praterstraße konnte er in Wien nie mehr die Popularität und das Ansehen der Jahre vor dem Schreckensjahr 1881 erreichen. Jauner war – wenn man so sagen kann – das letzte Opfer des brennenden Ringtheaters geworden.

Das „Sühnhaus", von dem der Volksmund sagte, es sei ein „verfluchtes Haus", wurde während des 2. Weltkrieges von Bomben fast völlig zerstört. Seit 1972 erhebt sich an jenem schicksalhaften Platz wieder ein Bauwerk – das Amtsgebäude der Bundespolizeidirektion Wien.

Am Zentralfriedhof aber kündet ein Denkmal vom Tod der 384 Menschen bei der schrecklichsten Theaterkatastrophe, die Wien jemals erlebt hatte – vom Brand des Ringtheaters am 8. 12. 1881.

Nächste Seite:
Erstickungsopfer aus dem Wiener Ringtheater,
welches vor seinem Tod dem Wahnsinn
anheimgefallen war

Der Brand des Ringtheaters

Der Wahnsinn als Erlöser.

Der Brand des Ringtheaters

Auf dem Schutte des Ringtheaters.
(Zur Verhaftung jener Schwindelnaturen, die Verwandte als verbrannt ausgaben und dem Hilfs-Comité Geld entlockten.)

— und neues Leben blüht aus den Ruinen!

Karikatur aus dem „Kikeriki", mit welcher die betrügerischen Manipulationen zur Erwerbung der Unterstützungsbeiträge für Angehörige der Ringtheaterkatastrophe angeprangert wurden

Kundmachung.

Die Effecten und Werthsachen, welche bei bisher nicht agnoscirten Leichen der bei dem Brande des Ringtheaters Verunglückten vorgefunden wurden, ferner Stücke von den Kleidern derselben, endlich die auf der Brandstätte gefundenen Effecten und Werthsachen, insoferne selbe an das k. k. Stadt-Polizei-Bezirks-Commissariat abgegeben wurden, sind von Dienstag den 13. December 12 Uhr Mittags angefangen bis 19. December d. J. während der Tagesstunden bei der Polizei-Section des Magistrates, I., Sterngasse 8 (k. k. Polizei-Gefangenhaus), zu besichtigen.

Der Eintritt ist ausschließlich nur Verwandten und Angehörigen Abgängiger gestattet, welche sich mit einem Certificate ihres Domicil-Commissariates ausweisen, und sind allfällige Erklärungen über die Provenienz dieser Effecten an die in den Ausstellungs-Zimmern anwesenden Beamten zu richten.

Von dem Magistrate der k. k. Reichshaupt- und Residenzstadt
Wien, am 12. December 1881.

Der Brand des Ringtheaters

Vorige Seite:
rechts unten: Amtsgebäude der Bundespolizeidirektion Wien, vor 1974 auf der Parzelle des kriegszerstörten „Sühnhauses" und dem Nachbargrundstück Schottenring 9 errichtet. Am Gebäude kündet eine Gedenktafel von der Ringtheaterkatastrophe, die sich an dieser Stelle ereignet hat

Das „Sühnhaus", wie das kaiserliche Stiftungshaus genannt wurde, welches man an Stelle des abgebrannten Ringtheaters errichtet hatte. Das Gebäude wurde im Zweiten Weltkrieg durch Bomben zerstört.

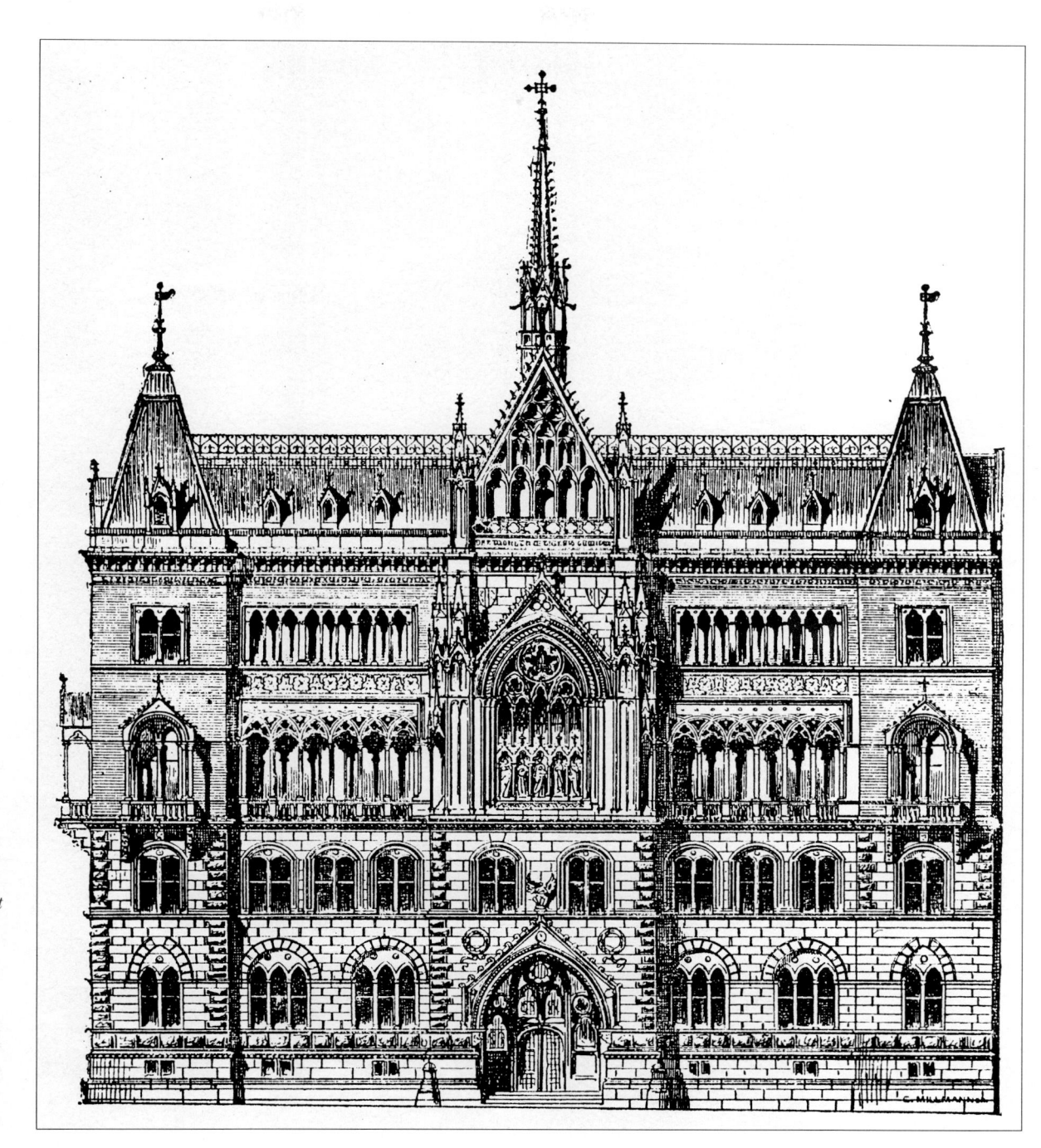

Der Brand des Ringtheaters

Denkmal über der Grabstätte der Opfer des Ringtheaterbrandes am Wiener Zentralfriedhof. Das Denkmal war 1945 durch Kriegseinwirkung schwer beschädigt, konnte jedoch in vereinfachter Form erhalten werden.

1884

Das Ende des Bärenhauses

Das Wirtshaus „Zum goldenen Bären", am Ende der Berggasse gelegen, wurde in der Nacht vom 5. zum 6. August 1884 ein Raub der Flammen. Nicht – wie befürchtet – ein anarchistischer Anschlag, sondern reine Unachtsamkeit war die Ursache der Feuersbrunst. Ein Treffpunkt der Schiffer und Flößer, der Fischer und Handwerksburschen, aber auch der Strizzis und Pülcher – eben ein Stück altes Wien – war zu Ende gegangen.

„Illustriertes Wiener Extrablatt", 7. August 1884

Das Ende des Bärenhauses

IN DER NACHT vom 5. zum 6. August des Jahres 1884 erhellte Feuerschein das Ende der steilen Berggasse. Das Haus Nummer 41, das uralte Wirtshaus „Zum goldenen Bären", war in Brand geraten und stand mit seinen Stallgebäuden und Futtervorräten in hellen Flammen. Alle Nachbarhäuser, wie die berühmte „Lampelmauth" an der Ecke zur Roßauer Lände, waren mit Holzschindeln gedeckt, und das Feuer drohte überzugreifen. Nur wenige Schritte vom Brandherd entfernt lag der „Tandlermarkt", eine kleine Stadt aus Holzbuden, für die natürlich auch größte Gefahr bestand. Dazu kam, daß die in Panik flüchtenden Bewohner des „Bärenhauses" und der Anrainerobjekte in ihrer Aufregung vergessen hatten, die Feuerwehr zu verständigen, und so kam es spät – aber glücklicherweise nicht zu spät – zum erfolgreichen Einsatz der Brandbekämpfung. Das alte Gasthaus wurde zwar weitgehend von den Flammen zerstört, das Übergreifen des Feuers war aber zu verhindern.

Der Brand in diesem Bereich der Roßau wurde deshalb mit so viel Aufmerksamkeit bedacht, da die im Bereich der nebenan liegenden „Lampelmauth" lagernden Holzvorräte mehrmals Zielpunkt anarchistischer Anschläge geworden waren. Zwar gelang es, das anarchistische Terrorkommando unter Stellmacher zu Beginn des Jahres 1884 auszuschalten, es kam jedoch immer wieder zu kleineren Aktionen und Anschlägen dieser radikalen politischen Gruppe, sodaß die Angst vor dem Wiederaufleben des Terrors nicht unbegründet war.

Bereits im Jahre 1902, also nicht einmal 20 Jahre später, änderte sich das Bild in jenem Stadtbereich ganz wesentlich. Sowohl das wiederaufgebaute „Bärenhaus" als auch die gewaltige „Lampelmauth" fielen der Spitzhacke zum Opfer, und es entstand auf dem Areal das neue Polizeigebäude, welches bereits 1904 seiner Bestimmung übergeben werden konnte.

Die traditionsreiche Adresse „Berggasse 41" – ehemals Zielpunkt für zahllose Nachtschwärmer und auch dunkle Existenzen – wird seit dieser Zeit nicht mehr so gerne und vor allem freiwillig aufgesucht, wie dies zu Zeiten des Bärenwirtshauses der Fall war – es ist heute der Sitz des Wiener Sicherheitsbüros.

Das neue Polizeigebäude, ab 1902 an Stelle des „Bärenhauses" und der „Lampelmauth" errichtet

1884
Das Stadttheater in Flammen

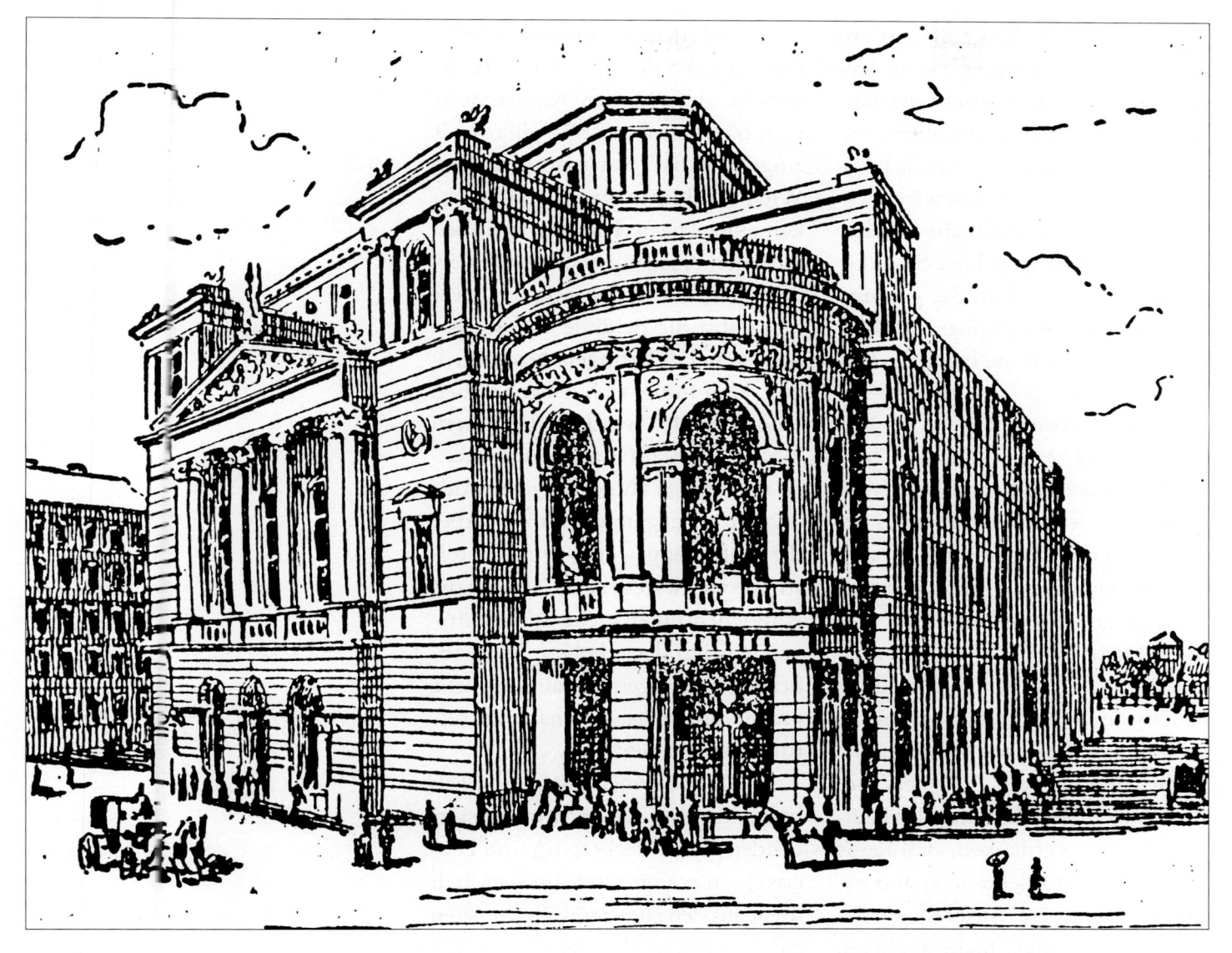

Das Wiener Stadttheater auf der Seilerstätte. In den Jahren 1871-72 von Ferdinand Fellner erbaut, wurde das prunkvolle Haus am 16. Mai 1884 – nur vier Jahre nach der Ringtheaterkatastrophe – ein Raub der Flammen. Aus der Brandruine aber entstieg ein neuer Musentempel – das „Varieté Ronacher".

Das Stadttheater in Flammen

Es war am 16. Mai 1884, als um 16 Uhr der Türmer von St. Stephan die Hauptfeuerwache verständigte, daß im Bereich des Stadttheaters auf der Seilerstätte verdächtige Rauchschwaden zu sehen wären.

Als kurz danach die Wiener Feuerwehr die angegebene Stelle erreichte, erkannte man das gesamte Ausmaß der Katastrophe: Das Wiener Stadttheater stand bereits in hellen Flammen.

Das Gebäude war in den Jahren 1871-1872 vom Wiener Theaterbaumeister Ferdinand Fellner errichtet worden. Es galt als eines der Meisterwerke des Architekten und war wegen seiner prunkvollen Innenraumgestaltung berühmt.

Nicht nur die Wiener Berufsfeuerwehr, auch die freiwilligen Feuerwehren der Vororte waren bereits kurze Zeit nach der ersten Wahrnehmung des Türmers am Brandplatz. Dem Einsatz aller Kräfte war es zu verdanken, daß keine benachbarten Objekte in Brand gerieten, das innere Ausbrennen des Theaters war aber nicht mehr zu verhindern.

Das angesehene Journal „Über Land und Meer" berichtete später über dieses Ereignis, das die Kulturwelt tief berührte:

„Seit dem furchtbaren Schrekken, welchen die entsetzliche Katastrophe des Wiener Ringtheaters vom 8. Dezember 1881 aller Welt eingeflößt hat, war man gerade in Wien beruhigter über die Möglichkeit eines Theaterbrandes, weil eben hier der Ausgangspunkt aller erdenklichen Vorsichtsmaßregeln war und selbst die Behörde den weitgehendsten Forderungen Nachdruck gab. Man fühlte sich nahezu sicher. Und deshalb wurden die ersten Nachrichten, im Stadttheater brenne es, anfangs ohne besondere Aufregung entgegengenommen. Aber die Aufregung wuchs von Viertelstunde zu Viertelstunde, als sich die Anzeichen eines nicht zu bewältigenden Brandes erhoben, und endlich ward es allgemein laut: das neue prachtvolle Schauspielhaus ist rettungslos verloren!

Der Thürmer von St. Stephan bemerkte den verdächtig aufsteigenden Rauch rechtzeitig, die Feuerwehren waren rasch und endlich sogar aus den entferntesten Vororten auf dem Platze, aber der riesigen Lohe konnte man nicht Herr werden. Es galt nur mehr, die das Gebäude (welches an einer Straßenecke steht) begrenzenden Nachbarhäuser zu schützen, sie waren in einer Gefahr,

Das Stadttheater in Flammen

welche nur durch die äußersten Anstrengungen bekämpft werden konnte. Der dichte Qualm zog sich von der sogenannten ‚Seilerstätte', in welcher die Theaterfront, zur Ringstraße heraus, darüber hinweg in den Stadtpark. Es wurden sogar hieher Brände geschleudert und endlich wurde ein kurzer, krachender Donner wahrgenommen – es war der Einsturz der Decke des Zuschauerraumes, und alle Rettungsversuche für diesen oder die Bühne waren vergeblicher Wahn. Die eiserne Courtine war der Vorschrift entsprechend herabgelassen, Bühne und Zuschauerraum waren geschieden und doch brannten sie gleichzeitig. Unter allen Vermutungen, welche man über die Ursache des Brandes ausspricht, hat jene, welche zwei arbeitende Zimmerleute und namentlich ein Individuum derselben einer Fahrlässigkeit beschuldigt, die größte Wahrscheinlichkeit. Das tückisch schleichende Feuer soll sich vom Bodenraume über dem großen Lüster, von wo es durch Fahrlässigkeit veranlaßt den Ausgang nahm, durch Lüftungsgänge durchgeschlichen und so die Logen zunächst der Bühne ergriffen haben, wodurch diese mit dem Zuschauerraume zugleich in Brand gerieth …"

Das Stadttheater in Flammen

76

links: *Evakuierung der Bewohner,
„Neuigkeits Welt Blatt", 22. Mai 1884*

oben: *Löscheinsatz am brennenden Dachgebälk*

unten: *Feuerwehreinsatz mit Dampfspritzwagen*

Das Stadttheater in Flammen

Dieser eindrucksvolle Bericht in der Sprache der Zeit vermittelt uns ein anschauliches Bild des Geschehens. Es klingt aber auch fast ungläubiges Staunen zwischen den Zeilen durch, daß in Wien, wo man seit dem Ringtheaterbrand die wohl strengsten Theatervorschriften der Welt hatte, so etwas wieder geschehen konnte.

Während das Innere des Stadttheaters durch den Brand fast völlig zerstört war, hatte die Fassade kaum nennenswerte Schäden davongetragen. Und so schien es für Anton Ronacher sinnvoll, die Ruine zu übernehmen, um ein neues Projekt damit zu verwirklichen. Er beauftragte Ferdinand Fellner – den Erbauer des abgebrannten Stadttheaters – gemeinsam mit dessen Partner Hermann Helmer mit der Wiedererrichtung des Hauses. Es sollte allerdings nicht mehr die alte Bühne wiedererstehen, ein Varietétheater mit zahlreichen Salons, Etablissements und verschwiegenen Separées sowie ein Café- und Hotelbetrieb waren die Vorgabe für die Architekten. Und wie Phönix aus der

Das Stadttheater in Flammen, „Illustriertes Wiener Extrablatt", 18. Mai 1884

Das Stadttheater in Flammen

das Ensemble des zerbombten Burgtheaters das Haus. Erst die liebevolle Restaurierung der letzten Jahre verlieh dem „Ronacher" wieder den alten Glanz und gab ihm neue kulturelle Aufgaben. Die Fassade aber hat alle Stürme der Zeit überstanden. In ihr blieb ein Stück Erinnerung an das alte, am 16. Mai 1884 abgebrannte Stadttheater bis in unsere Tage lebendig.

„Illustriertes Wiener Extrablatt", 19. Mai 1884

Asche entstieg das neue Haus den Trümmern der Brandruine. Bis zum Ersten Weltkrieg gastierten alle Weltgrößen des Varietés in dem neuen Haus, aber auch zweifelhafte Existenzen, wie die legendäre Comtesse Mizzi, wurden mit dem „Ronacher" in Verbindung gebracht. Nach dem Ersten Weltkrieg bezog die RAVAG das Varietétheater, nach dem Zweiten Weltkrieg bespielte

1888
Brand in der Mariengasse

DIE BRANDKATASTROPHE VOM 7. März des Jahres 1888 in der Mariengasse nahm das „Illustrierte Wiener Extrablatt" zum Anlaß für sein Titelblatt. Die zwei Tage später erscheinende Zeitung brachte in sensationeller Aufmachung Bilder und einen Bericht über das Unglück, der so eindrucksvoll ist, daß er unseren Lesern nicht vorenthalten werden soll:

„Eine Nacht des Schreckens liegt hinter uns. In dem brennenden Hause Am Bauernmarkt Nr. 14 waren ein halbes hundert Menschen eingeschlossen, keine Verbindung mit der Außenwelt stand ihnen frei, die Treppe war eingestürzt und es gab nur einen Ausweg durch das Fenster. Von allen Seiten züngelte die Flamme, alles was ihm in den Weg stand, mit gefräßiger Zunge wegräumend, kam das Feuer immer näher, die Feuerwehr mußte alle ihre Rettungs-Apparate in Anwendung bringen, um die so arg bedrohten Einwohner zu bergen und – das große Rettungswerk gelang, wir haben keinen Verlust an Menschenleben zu beklagen. Unsere Feuerwehr anklagen bei einer Thätigkeit, die zu den rühmenswerthesten Werken der Menschenliebe und Aufopferung gehört, ist ungerecht. Wenn

Der Brand in der Mariengasse

sie zu spät auf dem Brandplatze erschienen ist, so hat dies in der verspäteten Avisierung seinen Grund. Und von keiner Feuerwehr der Welt kann man verlangen, daß sie früher ausrückt, als ihr das Feuer bekanntgegeben wird. Unser heutiges von unserem Zeichner an Ort und Stelle aufgenommenes Bild zeigt die Schrecken dieser Nacht in ihrem vollen Umfange ... sehen wir, wie die Leute vom 4. Stockwerk in dem gegen die Kramergasse zu gelegenen Tract auf einer Leiter in das gegenüberliegende Haus über eine Brücke gelangen, ... Das schmale Bild führt uns in die Mariengasse vor Augen, wo die Leute durch das Sprungtuch gerettet werden, und die 4. Scene endlich stellt die Front auf dem Bauernmarkt dar, von der die Menschen auf dem Rutschtuche von Feuerwehrmännern in Sicherheit gebracht werden. Der Brand ist unterdrückt, kein Menschenleben ist verloren, aber die Schreckensnacht vom 7. März wird in der Chronik der Stadt Wien wol für immer verzeichnet sein."

So die Pressemeldung vom 9. März 1888 über die „Brand-Katastrophe in der Mariengasse".

1889
Feuer auf der Landstraße

Einsatz der Feuerwehrmänner und des getöteten Hornisten Rudolf Eberl, „Illustriertes Wiener Extrablatt", 30. Mai 1889

Feuer auf der Landstraße

„Gott zur Ehr, dem Nächsten zu Wehr". Dieser alte Wahlspruch der Feuerwehr begleitet die zeitgenössische Berichterstattung zur Brandkatastrophe auf der Landstraße, wo ein Feuerwehrmann ums Leben kam und einige andere schwer verletzt wurden. Es war am Abend des 27. Mai 1889, als es im Keller des Hauses Landstraßer Hauptstraße 30, im Materialwarenlager Leiwolf zum Ausbruch eines Brandes kam. Als die Feuerwehrmänner versuchten, zum Brandherd vorzudringen, erfolgte plötzlich eine gewaltige Explosion. Der Feuerwehrhornist Rudolf Eberl und elf Wehrmänner wurden schwer verwundet, Eberl erlag wenig später seinen Verletzungen.

Das Feuer hatte, wie sich später herausstellte, gerade in dem Moment auf ein Lager „höchst brennbarer Flüssigkeiten" – vermutlich Benzin – übergegriffen, als die vordringenden Feuerwehrmänner mit dem Löscheinsatz beginnen wollten.

Allerdings zog man aus dem tragischen Geschehen Lehren: In der Presse wurde verlangt, daß „... verhindet werden muß, daß inmitten bevölkerter Stadtteile unter der Erde große Quantitäten leicht entzündbarer und explosionsgefährlicher Flüssigkeiten und Gegenstände ohne Anwendung von außerordentlichen Vorsichtsmaßregeln aufgestapelt werden..."

Eine Forderung der Presse, die leider ungehört verhallte, wie viele kommende Beispiele in dieser Chronik zum Ausdruck bringen.

„Illustriertes Wiener Extrablatt", 29. Mai 1889

1891
Explosionen durch Gas

Die neue Gefahrenquelle am Ende des 19. Jahrhunderts (1891, 1894 und 1910)

Die Explosion in der Wollzeile, „Illustriertes Wiener Extrablatt", 25. Januar 1894

Explosionen durch Gas

IMMER WIEDER KAM es bei der Anwendung neuer Technologien oder Energiequellen zu Katastrophen und Unglücksfällen, da man die Gefahren der ansonsten hilfreichen Mittel lange Zeit nicht zur Kenntnis nehmen wollte.

Im vorigen Jahrhundert führte der Umgang mit dem ungewohnten Material Gas immer wieder zu schrecklichen Katastrophen, da man mit den damit verbundenen Gefahren noch keine ausreichende Erfahrung hatte. Hier sollen diese Vorfälle nur an einigen Beispielen dokumentiert werden, obwohl man von einer ganzen Reihe berichten könnte.

Im Bild auf der vorigen Seite wurde von einem Pressezeichner äußerst drastisch die Gasexplosion vom 22. Jänner 1894 dargestellt, die im Hause Wollzeile 9 durch ausströmendes Gas verursacht wurde. Bei dieser Explosion wurden glücklicherweise keine Menschen verletzt, es entstand jedoch ein großer Sachschaden.

Die Gasexplosion beim Schwender,
„Illustriertes Wiener Extrablatt", 14. Juni 1891

Explosionen durch Gas

Am 10. Juni 1891 kam es im berühmten Etablissement Schwender in Hernals zu einer Gasexplosion, die durch undichte Gasrohre und das Hantieren mit offener Flamme ausgelöst wurde. Glücklicherweise erfolgte die Explosion in den Vormittagsstunden, wo das Etablissement nicht geöffnet war. Einige Stunden später wären mit Sicherheit in dem ständig überbesetzten Haus Menschenleben zu beklagen gewesen.

In ungemeiner Dramatik zeigt ein Zeichner des „Illustrierten Wiener Extrablattes" die Gasexplosion am 10. November 1910 in einem Kabelschacht, die zwei schwerverletzte Arbeiter forderte. Nicht nur Laien konnten mit der neuen Energiequelle noch nicht umgehen, auch Fachleute – wie in diesem Fall – waren immer wieder Opfer von Fehleinschätzungen und Arglosigkeit.

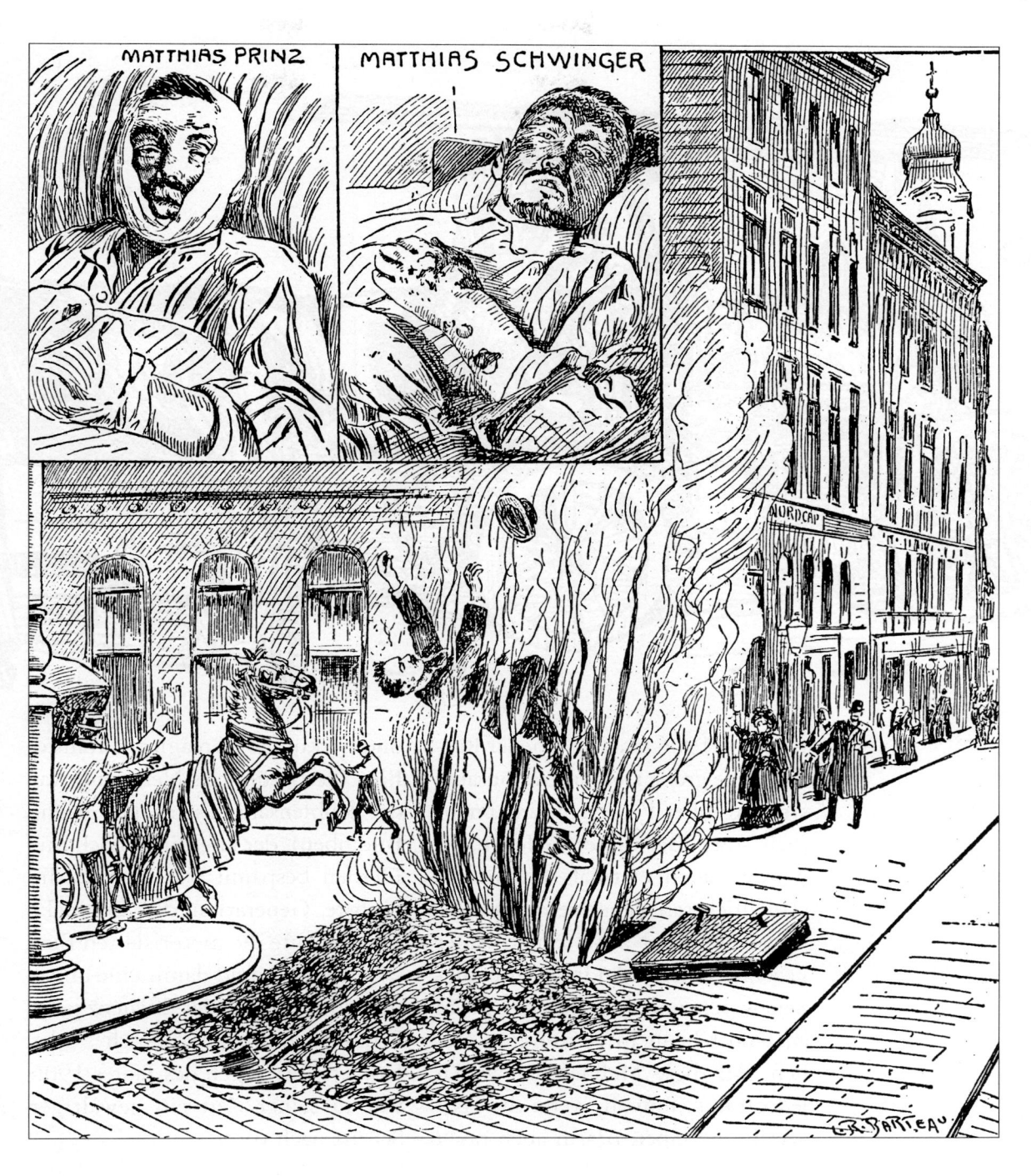

*Die Explosion im Kabelschacht,
„Illustriertes Wiener Extrablatt",
15. November 1910*

Explosionen durch Gas

Im Jahre 1906 fand im Wiener Rathaus eine große Demonstrationsausstellung über Feuerschutzmaßnahmen statt. Bei dieser Gelegenheit wurden auch erstmals die unterschiedlichsten Feuermeldeapparate vorgestellt und auch Feuermelder gezeigt, welche händisch zu bedienen waren und in ähnlicher Form auch noch heute in Verwendung stehen. All diese Maßnahmen waren jedoch nur sinnvoll, wenn die Feuerwehr auf einen Alarm auch rasch und wirkungsvoll reagieren konnte. Eine diesbezügliche Neuerung war der Kohlensäurelöschwagen (siehe Bild oben), der allerdings noch mit Pferden bespannt war. Bereits die nächste Generation der Entwicklung brachte die motorisierten Einsatzfahrzeuge und damit eine ungemeine Steigerung der Effizienz jeder Feuerbekämpfung. Auch der Kohlensäurewagen des Jahres 1906 war in seiner Zeit ein gewaltiger Schritt nach vorne.

1898
Der erste Börsebrand

WENN VOM BRAND der Börse am Wiener Schottenring die Rede ist, so nicken viele ältere Menschen beifällig, denn der Großbrand des historischen Börsengebäudes im Jahre 1956 ist noch allgemein in Erinnerung. Auch in dieser Chronik wird ausführlich auf diese Brandkatastrophe eingegangen.

Ganz anders jedoch, wenn der Brand der Wiener Börse im Jahre 1898 erwähnt wird, dieser „erste Börsebrand" ist allgemein in Vergessenheit geraten. Allerdings hatten die Wiener mit ihrer Börse auch immer wieder Probleme, und es gab – wenn man so sagen darf – kein ungetrübtes Verhältnis zu dem Bau am Schottenring. Kaum war das in den Jahren 1874 bis 1877 von Theophil Hansen errichtete Gebäude nämlich fertiggestellt, wurde der figurale Schmuck von Vinzenz Pilz und Alois Düll Zielpunkt heftiger Attacken. Das moralisch-puritanische Bürgertum glaubte in man-

Brand der Wiener Börse, „Illustriertes Wiener Extrablatt", 22. April 1898

Der erste Börsebrand

chem der Reliefs Unzucht und Pornographie zu entdecken, und auch die Wiener Presse jener Tage schloß sich den lautstarken Kritikern an.

Bereits 20 Jahre später, im April 1898 rückte ein Ereignis die Börse wieder in den Blickpunkt der Öffentlichkeit. Ein Brand drohte das ganze Gebäude zu vernichten und konnte nur unter Aufbietung aller Kräfte lokalisiert werden. Die prächtige Decke des Saales war schwer beschädigt worden, und die Westflügel hatten gewaltig unter dem Feuer gelitten. Die Börse, das von den Wienern so ungeliebte Gebäude, war jedenfalls gerettet – ein Umstand, den unter vorgehaltener Hand manch ein Bewohner dieser Stadt bedauerte ...

*Der große Börsesaal,
Lichtbild um 1910*

1898
Feuer in der Remise

„SEIT LANGEM HAT in Wien kein Brand von solcher Ausdehnung gewütet, wie in der Nacht von Freitag auf den Samstag das Feuer in der Tramwayremise im Prater. Der Nachthimmel war von einer tiefen Röte überzogen und am Brandplatz selbst genoß der Beschauer ein Bild von schauerlicher Schönheit. In ausführlichen Berichten hat das ‚Extrablatt' dieses Lokalereignis geschildert, das Wien förmlich in Bewegung setzte, denn übertriebene Gerüchte waren in der Stadt verbreitet und Tausende pilgerten nach dem Prater zur Stätte des Brandes. ... In der Remise waren eine große Anzahl von Pferden untergebracht und es galt, die Tiere zu retten. Bekanntlich werden Tiere und beson-

Feuer in der Remise

ders Pferde durch den Anblick von Feuer wie gelähmt und wollen sich nicht vorwärts bewegen. Es kostet stets die größte Mühe, Tiere aus brennenden Baulichkeiten herauszubringen. So war es auch hier, und um die Pferde zu veranlassen, die gefährdeten Stallungen zu verlassen, mußten vielfach Gewaltmaßnahmen angewendet werden …" Mit diesen

Die Einsatzwagen auf dem Weg zum Unglücksort

Worten beschreibt das „Illustrierte Wiener Extrablatt" vom 5. Juli 1898 den Großbrand in der Prater-Tramwayremise am 1. Juli 1898.

Wäre es bei diesem Ereignis nicht gelungen, die Tramwaypferde zu retten, hätte dies katastrophale Folgen für die Aufrechterhaltung des öffentlichen Verkehrs in der Stadt gebracht, da geschulte Tramwaypferde nur in sehr beschränktem Maße zur Verfügung standen und nicht ohne Vorbereitung durch andere Pferde ersetzbar waren. Das Niederbrennen der Remise war nicht mehr zu verhindern, aber die wertvollen Pferde waren gerettet – die wirkliche Katastrophe war also glücklicherweise ausgeblieben.

Wann immer das Signal des Feuerwehr-Hornisten durch die Gassen im alten Wien tönte, verursachte dies ungemeine Aufregung. Die Frage „Wo brennt es?" war bald beantwortet, da der erste Einsatzwagen beim Ausrücken auf dem Glas seiner Laterne den Zielbezirk angegeben hatte. Sah man also „II", so wußten die Wiener, daß es in der Leopoldstadt brennen würde, war es „IV", so hatten sich die Neugierigen auf die Wieden zu begeben. Das „Feuerschauen" war – und ist leider immer noch – nicht nur ein Ausdruck des Interesses und der Anteilnahme, sondern führte – und führt – immer wieder zu schweren Behinderungen der Rettungsmaßnahmen. So ist vieles gleich geblieben – im alten und im neuen Wien …

1905
Feuer im Automobillager

„Österreichische Kronen Zeitung", 25. Mai 1905

WIE BEI ANDEREN Erfindungen und Entwicklungen – es soll hier nur an die Katastrophen mit Gas oder die Zelluloidexplosionen erinnert werden – war auch der Umgang mit der wohl revolutionärsten Erfindung der jüngeren Zeit – dem Automobil – mit ständigen Gefahren verbunden. Ein Umstand, der sich trotz der hundertjährigen Entwicklung der benzinbetriebenen

Feuer im Automobillager

Fahrzeuge bis heute leider nicht geändert hat, wenn man nur die Unfallstatistik unserer Tage verfolgt.

Am 24. Mai des Jahres 1905 kam es in Wien in einem „Automobillager" zu einer Katastrophe, die allerdings nur Sachschaden verursachte. Wie gefährlich ein Übergreifen der Flammen auf das Treibstofflager gewesen wäre, war aber bereits den Verantwortlichen des Jahres 1905 bewußt, wie folgende Pressemeldung zu dem Ereignis beweist:

> Im Automobillager der Firma Max (Max Laufer), Landstraße, Hauptstraße Nr. 90, kam gestern vormittags aus bisher unbekannten Ursachen ein Brand zum Ausbruche, bei dem sechs Automobile und ein Motorrad schwer beschädigt wurden. Der Lagerraum — der sportliche Fachausdruck lautet bekanntlich Garage — befindet sich im Hofe des Hauses, anstoßend an eine Wagenschmiede. Die Automobile in der Garage waren vollständig neue Maschinen und zum Verkaufe bestimmt. Im rückwärtigen Teile der Garage, welche zirka 15 Meter lang und 12 Meter breit ist, befindet sich die Benzinkammer.
>
> Um 11 Uhr vormittags bemerkte der bei der Firma Bedienstete Elektromonteur Sekra, daß aus einem im Hintergrunde der Garage stehenden Automobil plötzlich Flammen aufschlugen. Der junge Mann verließ sofort die Garage, um Hilfe zu requirieren. Inzwischen gerieten auch die anderen in der Garage befindlichen Automobile in Brand. Ein Betreten des Raumes war unmöglich, da man eine Explosion in dem Benzinlager befürchten mußte. Die Feuerwehr, welche alsbald erschien, setzte das Lokal unter Wasser. Der Plafond der Garage wurde durchbrochen und Schläuche in den Brandherd geleitet.
>
> Die Hauptaktion der Feuerwehr war darauf gerichtet, die Benzinkammer zu isolieren, was auch gelang. Nach anderthalbstündiger Löscharbeit war jede weitere Gefahr unterdrückt.
>
> Die Automobile wurden nun aus der Garage gezogen. Die Karosserie und die Pneumatiks der Wagen waren total verkohlt. Im ganzen wurden sechs Benzinautomobile und ein Elektromobil von den Flammen ergriffen. Der Schaden dürfte ungefähr 50.000 Kronen betragen. Der Firmainhaber Max Laufer ist versichert.
>
> Der Brand, bei dem niemand verletzt wurde, hätte leicht von ernsten Folgen begleitet sein können, da sich in der Benzinkammer ziemlich große Benzinvorräte befanden, die erst gestern Morgens durch ein Faß mit 180 Kilogramm Benzin eine Vermehrung erfahren hatten.

1906
Die Panik in Alt-lerchenfeld

Immer wieder kam es im alten Wien zu Tumulten und bedrohlichen Ansammlungen von Menschen bei allen nur möglichen Anlässen. Das Feiern von Festen oder auch die „Schöne Leich" – um nur zwei Extreme zu nennen – boten immer Gelegenheit zu Begegnungen etwas derberer Art. Der Zuspruch geistiger Getränke mag hier nicht ganz unschuldig an solchen Vorkommnissen sein.

Auch im Kreis von Kirchenbesuchern und in Gotteshäusern scheint die Kontrolle ab einer gewissen Anzahl von Menschen verlorenzugehen. Es wäre sonst wohl kaum möglich, daß sich nach innen gekehrte und ruhige Menschen während eines Gottesdienstes innerhalb von Sekunden in eine drängende, schlagende und stoßende Menge verwandeln. Hiefür gibt es mehrere Beispiele im alten Wien, ein besonders tragischer Fall – weil auch ein Todesopfer zu beklagen war – führt

Ansicht der in den Jahren 1847-1861 errichteten Altlerchenfelder Pfarrkirche „Zu den sieben Zufluchten" nach einer Ansicht von A. Nedelkovits, 2. Hälfte 19. Jhdt.

Panik in Altlerchenfeld

uns in das Jahr 1906. Schauplatz des Geschehens war die Pfarrkirche Altlerchenfeld. Aber es soll die Pfarrchronik dieses Jahres zu Wort kommen, die uns freundlicherweise vom r.k. Pfarramt Altlerchenfeld zur Verfügung gestellt wurde.

*„Illustrierte Kronen Zeitung",
4. Februar 1906*

Darin heißt es: „1906. KINDERPREDIGT UND PANIK BEI DERSELBEN. Freitag, den 2. Februar, Lichtmesstag, war wie jedes Jahr 4 Uhr nachmittag die Kinderpredigt. Hochw. P. Joh. Nep. Messmann, Lazarist war dazu eingeladen. Es waren etwa 2000 Erwachsene und Kinder zugegen. Eben als der hochw. Herr den Kindersegen aus dem Rituale geben wollte, stürzte eine Epileptikerin namens Karoline Medils, 20 Jahre alt, am Gürtel wohnhaft, mit gellendem Schrei zusammen, Zeugen, darunter der Pfarrer gaben an, daß gellende Pfiffe gehört wurden, daß ein Mann rückwärts „Feuer" schrie.

Alles schrie – die Erwachsenen mehr als die Kinder drängten zu den zwei offenen Thoren. Es entstand eine furchtbare Panik. Die Zeitungen berichteten, daß 14 schwerverwundete, 26 leichtverwundete Kinder von der Rettungsgesellschaft in die verschiedenen Spitäler gebracht wurden. Ein sechsjähriger Knabe – Ludwig Schuster – Sohn eines Raseur, Schüler der 1. Klasse, VII. Schottenfeldgasse 93 wohnhaft, wurde leider buchstäblich zertreten. Aus dem St. Marien-Knabenasyl wurden drei ungehorsame Knaben schwer, zwei leicht ver-

Panik in Altlerchenfeld

wundet. Den übrigen Knaben, die den Befehlen der ehrw. barmh. Schwestern gehorchten, geschah nichts. Die kirchenfeindlichen Blätter verlangten Bestrafung der Geistlichen, deren einer seit 7. October 1905 schwerkrank an Blinddarmentzündung im Bette lag. (Karl Krasa Coop.) Im Reichsrathe gab es 4, im Gemeinderat 1 Interpellation. Treffend sagte Bürgermeister Dr. Lueger bei einer Panik helfen alle Gesetze und offenen Thüren nichts. Es wurde eine gerichtliche Untersuchung eingeleitet. Ein am Montag nach dem Unglück dem Pfarramte zugehender leider anonymer Brief, der dem Untersuchungsrichter übergeben wurde, enthielt die Mitteilung, daß im neuen sozialdemokratischen Arbeiterheim im XVI. Bezirk der Plan zum Überfall beraten wurde. Erwachsene und Kinder bezeugten, daß ein junger Bursche mit einer Larve durch die Kirche zum Thore hinauseilte, einige schrien und pfiffen. „Ein wüthender Heid geht um". Wie oft fallt beim Gottesdienst jemand um und es entsteht keine Panik. Hoffentlich bringt die gerichtliche Untersuchung Klarheit – wenn man Klarheit schaffen will. Am 6. Februar 1906 wurde der kleine Ludwig

Die Panik in Neulerchenfeld, „Illustrierte Kronen Zeitung", 4. Februar 1906

Schuster feierlichst auf Kosten der Pfarre beerdigt."

Soweit der Bericht in der Altlerchenfelder Pfarrchronik zu der

Panik in Altlerchenfeld

*Bergung der Opfer,
"Illustrierte Kronen Zeitung",
4. Februar 1906*

Katastrophe. Man verspürt aber in diesen Zeilen sehr deutlich, wie sich auch der Konflikt zwischen Kirche und Sozialdemokratie langsam zugespitzt hatte, wobei sich nicht nur im kirchlichen Bericht Unterstellungen gegen die Sozialdemokraten finden – auch in der sozialdemokratischen Presse geht man mit den kirchlichen Verantwortlichen dieser Panik sehr streng ins Gericht. Unabhängige Zeitungen, wie die „Illustrierte Kronen Zeitung" jener Tage, die über das Ereignis berichteten, enthielten sich natürlich jeglicher Polemik und suchten einerseits den Hergang der Katastrophe zu rekonstruieren, und andererseits über die behördlichen Schritte zu informieren, die einem solchen Ereignis notwendigerweise zu folgen hatten.

Bei der Schilderung der Kirchenpanik wird in dem Blatt vom 4. Februar 1906 auch ein Augenzeugenbericht des Inhabers der gegenüber der Kirche liegenden Apotheke wiedergegeben, der ein anschauliches Bild des Geschehens vermittelt: „... Apotheker Riß war gerade bei der Jause, als er von der Straße her Jammern und Schreie hörte. Er sah Kinder sich über die Stiegen der Kirchentür hinabwälzen. Viele stürzten und erwachsene

Personen drängten sich darüber hinweg. ‚Ich eilte rasch auf die Straße' erzählt Herr Riß, ‚und ich rufe in die Menge, man möge die Verletzten in meine Apotheke bringen. In wenigen Minuten saßen in der Offizin und den Nebenräumen acht Verletzte. Am schlechtesten befand sich ein 14-jähriges Mädchen, das tief bewußtlos, im Gesicht blaugrau war. Die Farbe der Kleider war durch Fußtritte unkenntlich geworden. Im Verein mit dem Assistenten wusch ich sie und leitete die künstliche Atmung ein. Endlich, nach bangen Minuten ein Seufzer. Man hatte sie als tot hereingebracht, sie war gerettet.

Wir wendeten uns zur nächsten, einem 12-jährigen Mädchen, auch hier kehrte das Bewußtsein bald zurück. Während aber das erste Opfer wieder in Ohnmacht fiel, brach diese in ein markerschütterndes Geschrei aus. Ein höchstens dreijähriges Kind wird gebracht. Es hat Tritte in der Magen- und Hüftgegend, den Mund voll Schaum und droht zu ersticken, ... Fünf weitere Knaben und ein Mädchen sind leichter verletzt ... Einem Knaben war aus der Wange ein guldengroßes Stück herausgerissen. Herzzerreißend war es, wie Väter und

Vor dem Café „Brillantengrund",
„Illustrierte Kronen Zeitung",
4. Februar 1906

Nächste Seite:
Die Panik bei der Kinderpredigt
Wiener Bilder, Februar 1906

Panik in Altlerchenfeld

Mütter, ihre Kinder suchend, in die Apotheke stürzten. Eine Mutter flehte mich mit erhobenen Händen an, ihr Kind, ein neunjähriges Mädchen, zu retten ...' Mit diesen Worten schilderte der Apotheker aus seiner Sicht die schrecklichen Ereignisse nach der Kinderpredigt in Altlerchenfeld."

Das Ereignis selbst, aber auch die sehr drastische Berichterstattung in der Presse führten natürlich zu einem Handlungsbedarf der Behörden. Neben den bereits in der Pfarrchronik erwähnten parlamentarischen Anfragen kam es auch zu einer Stellungnahme des Statthalters und der von ihm angeregten Einberufung von Konferenzen, in denen weitere Maßnahmen beschlossen werden sollten. Unter Leitung des Magistratsdirektors Dr. Weißkirchner – dem späteren Bürgermeister – wurden auch seitens der Gemeinde Wien Schritte gesetzt, die vor allem Notausgänge für Kirchen vorsahen. Für kirchliche Kreise, aber natürlich in erster Linie in der Pfarre Altlerchenfeld, war die Katastrophe ein tiefer und langanhaltender Schock. Sowohl 1907 als auch 1908 unterblieb hier die traditionelle Kinderpredigt, die am 2. Feber 1906 ein so tragisches Ende gefunden hatte.

Panik in Altlerchenfeld

ALOIS ZAHADNIK.

KARLMAYER
Lerchenfelderstraße 122.
Beteiligten sich in hervorragender Weise an der Rettung der verunglückten Kinder.

„Illustrierte Kronen Zeitung",
4. Februar 1906

Panik in Altlerchenfeld

Die Pfarrkirche von Altlerchenfeld im Jahre 1994

Seitenportal der Altlerchenfelder Pfarrkirche, wo am 2. Februar 1906 das Todesopfer und die meisten Verletzten zu beklagen waren, Ansicht 1994

1908

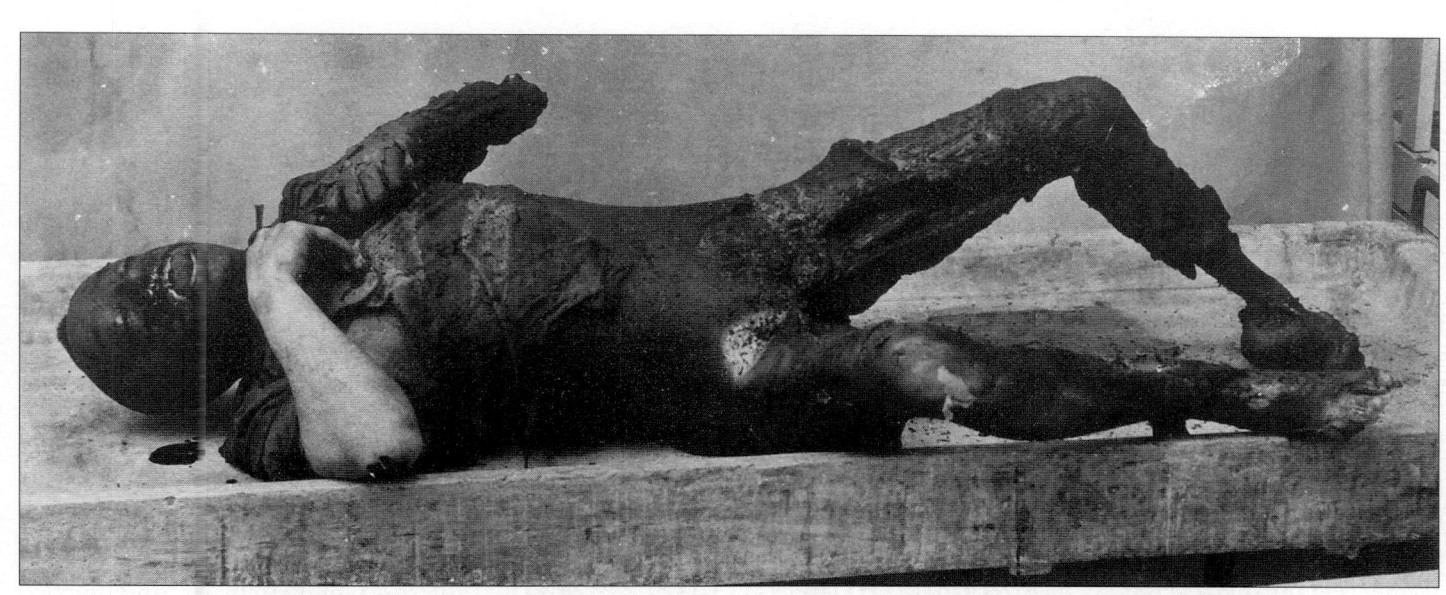

Die Explosion in der Zelluloidfabrik

Opfer der Zelluloidexplosionskatastrophe von Ottakring nach einem Lichtbild des Erkennungsamtes der k.k. Polizeidirektion Wien

MIT FOLGENDEN WORTEN wurde im Jahre 1908 im renommierten „Mayers Großes Konversations Lexikon" die Zelluloidherstellung beschrieben:

„ZELLULOID (ZELLHORN) Fabrikat aus Kollodiumbaumwolle und Kampfer. Erstere wird aus Papier, Baumwolle etc. durch Behandlung mit einem Gemisch von konzentrierter Schwefel- und Salpetersäure dargestellt, sorgfältig gewaschen, durch starkes Pressen entwässert, dann noch feucht mit 50 Prozent Kampfer und zur Modifizierung gewisser Eigenschaften nach Bedürfnis mit Farbstoff oder anderen Substanzen durch Mahlen und Walzen sehr innig gemischt und in einer

Die Explosion in der Zelluloidfabrik

hydraulischen Presse unter sehr starkem Druck auf 130 Grad erhitzt. Hiebei findet eine vollständige Durchdringung der Schießbaumwolle mit Kampfer, die Bildung des Zelluloids, statt ..."

In diesem Beitrag wurde aber auch auf die Gefährlichkeit des neuen Stoffes hingewiesen: „... Es (Zelluloid) ist leicht entzündlich und verbrennt sehr lebhaft mit rußender Flamme und unter Verbreitung von Kampfergeruch ..."

Trotz der Hinweise dieser Art auf die Gefährlichkeit und leichte Entflammbarkeit des bereits 1869 in Amerika erfundenen Materials kam es immer wieder, sowohl bei der Produktion des Stoffes als auch bei der Manipulation damit, zu Unglücksfällen und auch – wie 1908 – zu echten Katastrophen.

„Illustrierte Kronen Zeitung",
7. Juni 1908

Die Explosion in der Zelluloidfabrik

In diesem Zusammenhang muß beachtet werden, daß durch die Entwicklung und Verbreitung des Filmes ab der Jahrhundertwende ein ungeheurer Bedarf an Zelluloid bestand und natürlich auch dementsprechend Fabriken entstanden. Obwohl es bereits im Jahre 1905 in einer Zelluloidfabrik in der Wiener Gablenzgasse in Fünfhaus zu einer schweren Explosionskatastrophe gekommen war und sich immer wieder kleinere Unfälle ereigneten, wurden Produktion und Handhabung kaum verändert.

Man nahm die Gefährlichkeit des Produktes einfach nicht zur Kenntnis. Anders wäre es nicht möglich gewesen, daß es sowohl 1908 als auch 1914 zu schweren Zelluloidexplosionen kam. Allein die Katastrophe in Ottakring 1908 forderte 17 Menschenleben und verursachte ungeheuren Sachschaden.

„Illustrierte Kronen Zeitung",
10. Juni 1908

Die Explosion in der Zelluloidfabrik

13 der 17 Opfer der Ottakringer Katastrophe. Von vier der Toten konnte kein Lichtbild vom Zeichner reproduziert werden, da keines vorhanden war. Auch dies ein Zeichen der Zeit. „Illustrierte Kronen Zeitung", 9. Juni 1908

1913, 1917
Kirchenbrände

Die Minoritenkirche (1913) und die Servitenkirche (1917) werden ein Raub der Flammen

Brand in der Minoritenkirche durch Blitzschlag am 1. September 1913, „Illustrierte Kronen Zeitung", 3. September 1913

DER BRAND VON Gotteshäusern – gleichgültig welcher Konfession – war im alten Wien immer wieder ein Ereignis von besonderer Bedeutung und Dramatik. Nicht nur, daß Brände großer, meist im dicht verbauten Stadtgebiet liegender Bauwerke eine immense Gefahr für die oft noch mit Holzschindeln gedeckten Nachbarhäuser darstellten (z.B. der Dachbrand in der Minoritenkirche am 1. September 1913), ging eine Feuersbrunst in einer Kirche auch meist mit dem Verlust unersetzlicher kultureller Werte einher. Nicht zu vergessen ist aber auch der ideologische Moment für die Anhänger der jeweiligen Glau-

Kirchenbrände

bensgemeinschaft, die im Verlust ihres Gotteshauses nicht nur den materiellen Verlust sahen.

Aus dieser Sicht ist auch die Anteilnahme der Bevölkerung und der offiziellen Stellen zu verstehen, als am 8. Juli 1917 ein Großbrand einen Teil der Servitenkirche und des Klosters vernichtete. Das Feuer hatte vom Dachboden des Pfarrhauses seinen Ausgang genommen und hatte in kürzester Zeit auf das Kirchendach übergegriffen. Die trockenen, jahrhundertealten Dachstühle brannten wie Zunder, und der Einsatz der Löschmannschaften wurde schon allein durch die Tatsache erschwert, daß die durch die Hitze berstenden Dachziegel wie ein Geschoßregen in der Umgebung des Brandplatzes niedergingen. Der Aufprall der Ziegel war so stark, daß dadurch Schlauchleitungen der Feuerwehr durchtrennt wurden.

Trotzdem gelang es der Feuerwehr, mit aufgezogenen Schläuchen die Türme zu besteigen und das Feuer so von oben anzugreifen. Diesem Umstand war es zu verdanken, daß die gänzliche Zerstörung der Kirche im letzten Moment verhindert werden konnte und auch das Langhausgewölbe der Kirche nicht einstürzte. Durch Funkenflug wurde zwar eine Anzahl von benachbarten Objekten ebenfalls in Brand gesteckt, diese Brände konnten aber in kürzester Zeit unter Kontrolle gebracht werden.

Am 9. Juli 1917 konnte der Innenminister dem Kaiser das Ende der Feuerkatastrophe melden. Eine Vorgangsweise, die zeigt, welchen Stellenwert man diesem Ereignis zugesprochen hatte.

Brand in Servitenkirche und -kloster am 8. Juli 1917, „Illustriertes Wiener Extrablatt", 10. Juli 1917

1916 Feuer im Militärmagazin

„Illustriertes Wiener Extrablatt", 7. Mai 1916

B RÄNDE IN MILITÄRISCHEN – oder wie man es damals bezeichnete, in ärarischen – Anlagen stellten im alten Wien immer wieder eine besondere Bedrohung dar. Einerseits, weil auch Pulver- oder Munitionslager davon betroffen waren und dies im dichtverbauten Stadtgebiet natürlich eine ungeheure Gefahr bedeutete, andererseits weil solche Objekte auch oftmals Zielpunkt anarchistischer Anschläge waren und man eine Neuauflage der Terroranschläge der 80er Jahre befürchtete.

Wenn jedoch in einem ärarischen Objekt wie dem Militärverpflegsmagazin in der Oberen Donaustraße Feuer ausbrach und dies während des Krieges geschah, so stellte dies nicht nur eine Gefährdung der Nachbarobjekte dar, sondern wurde der Verlust der Lager-

Feuer im Militärmagazin

güter in dieser Zeit größter Lebensmittelknappheit zur echten Katastrophe. Das „Illustrierte Wiener Extrablatt" berichtete am 7. Mai 1916, daß es den Soldaten und der Feuerwehr vorrangig gelungen war, die Mehlvorräte in Sicherheit zu bringen, und sich der Schaden auf das Objekt allein beschränkte. Dieser Bericht zeigt deutlich, welchen Stellenwert man in den Hungerjahren des Ersten Weltkrieges den Versorgungsgütern zugewiesen hat.

Nicht so glimpflich wie der Brand im Militärverpflegsmagazin am 6. Mai 1916 endete die Feuerkatastrophe in der Landstraßer Hauptstraße Nr. 137 am 24. Oktober 1901. Das in Flammen geratene Heu- und Hafermagazin gegenüber der damaligen Artilleriekaserne wurde binnen kürzester Zeit bis auf die Grundmauern zerstört, und das gesamte Futtermittellager fiel dem Feuer zum Opfer. Ein hoher materieller Verlust, der aber in den satten Jahren des Friedens zu verschmerzen war. Das gleiche Ereignis 15 Jahre später wäre zu einer wirklichen Katastrophe geworden. So wandeln sich im Krieg die Wertbegriffe des Friedens.

„Illustriertes Wiener Extrablatt",
26. Oktober 1901

1917

Der Tempelbrand in der Leopoldstadt

„Illustriertes Wiener Extrablatt", 18. August 1917

EINE SYNAGOGE IN FLAMMEN. Dieses Bild erinnert unwillkürlich an die schrecklichen Ereignisse des Jahres 1938. Aber doch – welch gewaltiger Unterschied: Standen im November 1938 die jüdischen Gotteshäuser in Flammen, so geschah dies unter dem johlenden Geschrei der fanatisierten Menge, und keine Hand durfte sich bewegen, um das Inferno abzuwenden.

Nur 21 Jahre zuvor – am 17. August 1917 – war es jedoch im wahrsten Sinn des Wortes eine andere Welt. Als die Synagoge in der Tempelgasse vermutlich durch eine weggeworfene Zigarette in Brand geraten war, wurde alles erdenklich Mögliche unternommen, um das Feuer einzudämmen, und alles, was Rang und Namen im kaiserlichen Wien hatte, erschien am Brandplatz, um so seine Anteilnahme zu bekunden. Es gibt zu denken, wie sehr sich in 20 Jahren die Welt, aber auch diese Stadt verändert hatte ...

Der Tempelbrand im 2. Bezirk

Großer Schaden
Von einem schweren Brandunglück ist gestern vormittags der israelitische Tempel in der Leopoldstadt, Tempelgasse, heimgesucht worden. Die beiden linksseitigen Galerien sind durch das Brandunglück ganz vernichtet und der Tempel selbst, ein hervorragendes Meisterwerk Försters, hat schweren Schaden genommen. Es ist der zweite Brand eines Gotteshauses innerhalb kurzer Zeit. Noch steht die Servitenkirche ohne Dach da und schon hat eine Feuersbrunst den Leopoldstädter Tempel heimgesucht. Hier hat das Feuer großen künstlerischen und Bauschaden angerichtet, der in der Zeit, in welcher Arbeitskräfte und Material zum Ersatz fehlen, doppelt schwer empfunden wird. Das prachtvolle Bauwerk im maurischen Stil, das in der engen Tempelgasse kaum zur Geltung kommt, ist im Jahre 1848 vollendet und vor einigen Jahren renoviert worden. Mit seinen mächtigen Bogenfenstern, seinen zierlichen Steinrosetten, macht es einen herrlichen Eindruck. Maurische Türme krönen das Gebäude, das den Eingang in der Mitte der Hauptfassade hat. Die Decken sind mit prächtigen Wandmalereien bedeckt. In zwei Stockwerken erheben sich die mächtigen Galerien, die aus schwerem Eichenholz waren.

Gestern vormittags fand im Tempel aus Anlaß des Geburtsfestes des Kaisers ein Gottesdienst für die israelitische Mannschaft statt; er war von vielen hunderten jüdischen Soldaten besucht, begann um 9 Uhr und war um etwa 10 Uhr zu Ende. Hier, wie in den anderen Synagogen wurden die Sulzerschen Festgesänge aufgeführt. In aller Ruhe hatten sich die Soldaten aus dem Gotteshaus entfernt und die Tore waren geschlossen worden.

Rechts und links hat der Tempel zwei große Höfe, die durch mächtige Tore gegen die schmale Tempelgasse abgesperrt sind. In dem linksseitigen dieser Höfe spielte gegen 3/4 11 Uhr vormittags der 14jährige Sohn Erich des Portiers Herrn Leopold Löwy. Dieser versieht auch den Dienst in der Telephonhauszentrale der Kultusgemeinde in der Seitenstettengasse. Als der Knabe zufällig zum Tempel aufsah, sah er, wie aus einer der großen architektonischen Rosetten im ersten Stock Feuerschein sichtbar war. Der kleine Erich hatte soviel Geistesgegenwart, sogleich die Feuerwehr telefonisch zu verständigen und auch telephonisch seinem Vater Mitteilung zu machen. Herr Löwy meldete die Kunde von dem Brande dem Sekretär Engel. Die Feuerwehr war auf den Ruf sofort auf den Brandplatz geeilt und hatte auch sofort ein großes Aufgebot in die Leopoldstadt entsendet. Der Brand muß gleich nach Schluß des Gottesdienstes ausgebrochen sein und durch volle dreiviertel Stunden im Inneren der Galerie unbemerkt gewütet haben. Als die Feuerwehr kam, fand sie die Lage schon ungemein bedrohlich. Der Hof zur linken Seite war vollkommen verraucht und mit schwerem Qualm gefüllt. Durch alle Rosetten der linken Seitenfassade, deren Scheiben zersprungen waren, drang heller Feuerschein. Die Flammen wurden mit großer Wucht durch die entstandenen Löcher in den Scheiben getrieben und überspannten den Hof mit einem wahren Feuerbaldachin.

Ein Zugang in den Hof konnte im ersten Augenblick nicht erzwungen werden, weil die Hitze, die das brennende alte Gebälke verbreitete, so stark war, daß selbst die Feuerspritzmannschaften nicht vorwärts kommen konnten.

Nach dem ersten Augenblick mußten die linksseitigen Galerien als verloren gelten. Das Hauptaugenmerk der Feuerwehr war darauf gerichtet, die Galerien der rechten Seite, die Nachbarschaft und das Mittelschiff zu retten. Beherzte Männer hatten schon beim ersten Feuerruf die heiligen Laden mit den Gesetzestafeln gerettet. Auch die silbernen Tempelgerätschaften wurden in Sicherheit gebracht; hingegen ist der kunstvollendete schwere Vorhang der heiligen Lade ein Raub der Flammen geworden.

Die Löscharbeiten leitete Oberinspektor Mayer mit Oberinspektor Schifter und Inspektor Holler. Da ein Vorgehen über die Stiege zur Galerie im ersten Augenblick unmöglich war, wurde versucht, dem Feuer auf anderem Wege beizukommen. Die Flammen hatten indessen, nachdem sie den Hof zur linken Seite überquert hatten, auch an dem Wohngebäude der Gemeinde Schaden gestiftet. Wie Stichflammen hervorschießend, hatten sie längs der ganzen Fassade des Hauses geleckt und drangen auch in die Räume des gegenüberliegenden, der Gemeinde gehörigen Hauses.

Im ersten Stock sind die Räume der israelitischen theologischen Lehranstalt mit Bibliothek und Hörsälen. Die Bibliotheksräume haben vor den Fenstern Läden aus Blech. Diese haben sich bestens bewährt; während die Scheiben sprangen und das Gebälke der Fensterrahmen vom Feuer ergriffen wurde, widerstanden die Läden, so daß die kostbare und unersätzliche Bibliothek erhalten blieb.

Im zweiten Stock sind die Wohnungen des Kantors Jurberger und des Rektors der israelitisch-theologischen Lehranstalt Dr. Schwarz, der aber zurzeit auf Urlaub weilt. Die Fenster der beiden Wohnungen sind zersprungen, die Rahmen verkohlt und in die Zimmer schossen Stichflammen und zündeten Möbel an.

Im dritten Stock sind die Wohnungen zweier Diener und auch in diese Räume drangen durch die zersprungenen Fensterscheiben Flammen. An der ganzen Fassade dieses Wohnhauses ist der Verputz ganz abgefallen. Auch das Haus selbst wäre gefährdet gewesen, wenn nicht die Feuerwehr sofort nach einheitlichem Plane das Feuer bekämpft hätte.

Die Aktion der Feuerwehr

Zunächst sucht man einen Weg zu den durch Feuersglut und Rauch unzugänglichen Galerien. In ununterbrochener Folge kamen immer wieder Löschzüge und es wurde allmählich möglich, dreizehn Schlauchlinien von Hydranten und von Dampfspritzen zu leiten. Der erste Angriff geschah von der rechten Galerie aus. Er hatte auch den Zweck, die Flammen von der rechten Tempelseite abzuhalten. Im Gebäude sind Hydranten angebracht, doch stehen sie unter schwachem Drucke, so daß die Feuerwehr ausschließlich auf ihre eigenen Behelfe angewiesen war. An der Stirnseite des Gebäudes wurde zur vollen Höhe bis zu einer der beiden Turmrosetten eine pneumatische Schiebleiter hochgezogen. Feuerwehrmänner erkletterten die Höhe und richteten durch die zersprungenen Scheiben der Rosette die Strahlen in das Innere des Tempels. Auch von dem gefährdeten Gemeindehause aus wurden Strahlen in die Flammen gerichtet und die Stichflammen über den Hof hinweg bekämpft.

Durch alle acht Rosetten, deren Scheiben zersprangen, drangen Flammen. Die architektonischen Zierarten der Rosetten, die aus Sandstein bestehen, der auf Eisengebälke angebracht ist, wurden durch die Glut zersprengt und fielen in großen Stücken, die Löschmannschaft gefährdend, in den Hof. Durch den Angriff von den beiden Seiten lichtete sich das Gewölbe der schweren Rauchschwaden etwas, so daß es möglich war, die Stiege zu erreichen.

Der Tempelbrand in der Leopoldstadt

In unermeßlicher Glut,

die sonst Menschen kaum zu ertragen vermögen, bahnten sich Offiziere und Mannschaft der Feuerwehr den Weg zur linken Galeriestiege und drangen in die beiden Galerien vor. Sie sahen sich einem wahren Feuermeer gegenüber. Wie Zunder brannten die schweren Eichenbalken der Bänke, brannte der Fußboden der Galerien, brannte es bis hoch hinan unter das Dach. Die beiden Galerien mußten verloren gegeben werden. Die Ausbreitung des Brandes zur rechtsseitigen Galerie und in die Tempelmitte war aber durch das heroische Einschreiten der Löschmannschaft unmöglich geworden. Um die Mittagstunde war die Gefahr für das Gotteshaus gebannt, aber ein Blick in den Tempel zeigte noch immer das Wüten der Flammen, die alle Balken der Decke, alle Bänke in den beiden Galerien vernichtet hatten. Schwarz, morsch und verkohlt hingen die Balken an den Mauerklammern und stürzten nach und nach ein. Gegen 2 Uhr konnte ein großer Teil der Löschmannschaft einrücken. Starke Brandwachen blieben im Tempelgebäude zur völligen Dämpfung der Flammen, die erst in den Abendstunden möglich war.

Die Nachricht, daß der Tempel brenne, hatte sich wie ein Lauffeuer in Wien verbreitet. Tausende Menschen strömten in die Praterstraße. Die Tempelgasse selbst mit ihrem Schlauchgewirr war abgesperrt.

Auf dem Brandplatz hatte sich Polizeipräsident Gayer, der die Nachricht von dem Brande im Stephansdome erhalten hatte, eingefunden. Auch Bürgermeister Dr. Weiskirchner mit Obermagistratsrat Formanek fand sich im Tempel ein. Er sprach dem Gemeinderat Dr. Schwarz-Hiller das Beileid im Namen der Gemeinde Wien aus. Dann hatte sich auch Stadtkommandant GM. Ritter von Mossig eingefunden. Der Polizeibezirksleiter Polizeirat Dr. von Brandhuber leitete die Sicherheitsvorkehrungen auf der Straße.

Der Schaden ist sehr groß. Über die Entstehungsursache kann man nur Mutmaßungen hegen. Am wahrscheinlichsten ist, daß irgendjemand auf einer der mit Kokosteppichen belegten Treppe eine Zigarette angezündet und das Streichholz weggeworfen hat. Da der Tempel geschlossen war, hatte der Brand drei viertel Stunden Zeit, sich zu der ansehnlichen Mächtigkeit zu entwickeln.

Die Rettungsgesellschaft hatte eine fliegende Ambulanz unter Leitung des Inspektionsarztes Dr. Kraus errichtet. Sie leistete dem 40jährigen Löschmeister Leopold Folter, der eine Wunde am Daumen, und dem 27jährigen Telegraphisten Rupert Lukasch, der eine Quetschung des linken Handrückens erlitten hatte, erste Hilfe.

Über die Entstehungsursache des Brandes hat das Polizeikommissariat Innere Stadt erhoben. Der Tempeldiener sagte aus, daß er drei Soldaten im Erdgeschoß des Tempels vor Beginn des Gottesdienstes mit brennenden Zigaretten bemerkt habe. Er hat auch beobachtet, wie von der Galeriestiege, die ebenso wie die Gänge und die Stufen der Galerie mit Kokosläufern belegt sind, zwei Soldaten mit brennenden Zigaretten herabkommen. Er hat sie deshalb zur Rede gestellt und ihnen gesagt, daß man am heiligen Ort nicht rauchen dürfte. Nach einem anderen Gerüchte soll der Brand infolge Kurzschlusses ausgebrochen sein. Die vorläufige Instandsetzung des Tempels dürfte Ende August durchgeführt sein, so daß dann der Gottesdienst wieder aufgenommen werden können. Die Höhe des Schadens steht noch nicht fest.

„Illustriertes Wiener Extrablatt,"
18. August 1917

II. Teil: Wien – Hauptstadt der Republik und des Bundesstaates Österreich – Katastrophen durch Feuer und Wasser

Der Justizpalast in Wien:
Gründerzeitlicher Prachtbau und ab
1927 Synonym für die Tragödie
Österreichs in der Zwischenkriegszeit

1927 Der Brand des Justizpalastes

DIE KATASTROPHE DES Justizpalastes von 1927 geht weit über das Ausmaß eines Großbrandes hinaus – ja man kann das eigentliche Brandgeschehen wohl als das „kleinste Übel" dieses Ereignisses bezeichnen. Fast 100 Tote, mehr als 800 Schwerverletzte und der fast unüberbrückbare politische Keil in der österreichischen Bevölkerung wiegen wohl schwerer als die gewaltigen materiellen Schäden, die durch das Feuer am prächtigen Gründerzeitbau verursacht wurden.

Wohl kaum ein Ereignis in der jüngeren österreichischen Geschichte findet eine so unterschiedliche Beurteilung wie die Ereignisse rund um den „Schattendorfer Prozeß" und die Tragödie des 15. Juli 1927. Und wohl kaum bei einem anderen Ereignis steht so sehr die Wiener Polizei im Brennpunkt der historischen Auseinandersetzungen, wie dies hier der Fall ist. In der Frage nach Rechtmäßigkeit oder Unrechtmäßigkeit der polizeilichen Maßnahmen bei der Räumung der Plätze rund um den brennenden Justizpalast an jenem verhängnisvollen Tag scheiden sich nach wie vor die Geister. Dem soll hier nicht Rechnung getragen werden, wohl soll aber dem Leser in Kürze der Hintergrund des Geschehens in Erinnerung gerufen werden: Am 30. Jänner 1927 kommt es im burgenländischen Ort Schattendorf zu einem Zusammenstoß zwischen Mitgliedern der rechtsgerichteten „Frontkämpfervereinigung" und Angehörigen des republikanischen „Schutzbundes" der Sozialdemokraten, wobei durch Waffengebrauch der Frontkämpfer ein alter Mann und ein Kind getötet sowie elf Personen verletzt werden. Am 5. Juli beginnt in Wien das Verfahren gegen die Täter. Drei Mitglieder der „Frontkämpfervereinigung" stehen vor den Geschworenen. Erst am 14. Juli wird das Urteil gefällt: Freispruch durch die Geschworenen im Sinne der Anklage und auch Freispruch bei der Eventualanklage wegen Überschreitung der Notwehr. Ein Sturm der Entrüstung im sozialdemokratischen Lager ist die Folge. Am 15. Juli erscheint aus der Feder des Chefredakteurs Austerlitz – eines brillanten Journalisten – ein ungemein kämpferischer Artikel, in dem der Urteilsspruch kritisiert wird. Es kommt zu Arbeitsniederlegungen, und Arbeiter marschieren aus allen Bezirken Wiens in die Innenstadt. Nachdem sich die Masse der Demonstranten zuerst vor dem Parlament versammelt hat, wendet sie sich später dem Justizpalast zu. Demonstranten dringen in das Gebäude ein und setzen es in Brand. Die eintreffende Feuerwehr wird an den Löscharbeiten gehindert. Bürgermeister Seitz und Schutzbundführer Julius Deutsch versuchen verzweifelt, die außer Kontrolle geratene Menge zu beruhigen und zur Beendigung der Demonstration zu bewegen – ein erfolgloses Bemühen. Die Brandgefahr in der Innenstadt steigt. Aus dem brennenden Justizpalast werden durch den Feuersturm brennende Akten und Funken in die Luft geschleudert. Der Bundeskanzler – Dr. Ignaz Seipel – beauftragt Polizeipräsident Schober, die Demonstration aufzulösen. Die bis dahin abwartende Sicherheitswache wird mit der Räumung des Platzes beauftragt. Zahlreiche Demonstranten gehen gegen die Wache zu Pferd und zu Fuß mit Steinen, Schlagstöcken und Schüssen vor. Der Polizei wird daraufhin der Waffengebrauch erlaubt. Es kommt zu erbitterten Einzelkämpfen mit Gewalttaten auf beiden Seiten.

89 Tote und rund 1.700 Verletzte bleiben am Platz – schreckliche Ouvertüre der kommenden Bürgerkriegsstimmung in Österreich.

„Zuerst wurden im Justizpalast an der rechten Seitenfront die Scheiben eingeschlagen, worauf an der rechten Seitenfront eine Leiter in der Höhe des ersten Stockwerkes angelegt wurde, auf welcher sofort zwei junge Mädchen (eines hatte ein grünes, das andere ein gelbes Kleid) und ein Bursche in das Gebäude hineinklet-

Der Brand des Justizpalastes

Die tödlichen Schüsse vom 30. Jänner 1927 in Schattendorf waren Gegenstand der Schwurgerichtsverhandlung, die vom 5. bis 14. Juli 1927 im Großen Schwurgerichtssaal stattfand und als „Schattendorfer Prozeß" in die Geschichte eingehen sollte. Die Anklage lautete auf „Verbrechen der öffentlichen Gewalttätigkeit durch boshaftes Handeln oder Unterlassen unter besonders gefährlichen Verhältnissen". Im Verhältnis 9 zu 3 Stimmen erkennen die Geschworenen die Angeklagten für nicht schuldig, was einem Freispruch gleichkommt. Das Urteil wird von Teilen der Arbeiterschaft als Fehlentscheidung angesehen, und es kommt bereits in den Abendstunden des 14. Juli zu spontanen Protesten gegen den Gerichtsentscheid. „Nieder mit dem Schandurteil" ist die Parole des folgenden Tages – die Tragödie nimmt ihren Lauf.

Bild: „Illustrierte Kronen Zeitung"

Der Brand des Justizpalastes

Mit diesen Worten schildert die Regierungsratswitwe L. F. bei der polizeilichen Einvernahme ihre Beobachtungen am 15. Juli 1927. Zeugenaussagen dieser Art, in welchen das offensive Vorgehen der Demonstranten in den Vordergrund gestellt wird, wurden seitens der Regierung, aber auch durch die offizielle Stellungnahme der Polizeidirektion Wien (Weißbuch) immer wieder nach den Ereignissen des 15. Juli publiziert. Dies deshalb, da bei der Diskussion um die Schuldzuweisung des schrecklichen Geschehens die harte und auch teilweise brutale Vorgangsweise der Polizei wenn zwar nicht entschuldigt, so doch verständlich gemacht werden sollte.

Meldung des Sicherheitswache-Oberkommissärs A.P.: „... Bei unserem Eintreffen war der Schmerlingplatz vom Ring her von Demonstranten schon ziemlich dicht besetzt, trotzdem gelang es uns, das Auto noch ohne bemerkenswerte Behelligung – es fielen nur Pfuirufe aus der Menge – zu verlassen. Aus der Zusammensetzung der Menge, es dürfte ein großer Teil Kommunisten gewesen sein, da man vielfach den Sowjetstern bemerkte, und aus der Haltung der uns zunächst befindli-

terten und in einem dortigen Zimmer den Brand legten. Die angesammelte Menge hatte inzwischen Latten gebracht und mit diesen auf die Pferde der berittenen Wache losgeschlagen, sodaß die Reiter zu Boden stürzten. Unter den Demonstranten befanden sich sehr viele Bedienstete der städtischen Gaswerke, der Straßenbahn und Arbeiter in blauen Blusen. Auch fuhren zwei Autos mit der Aufschrift ‚Sandwerke Gemeinde Wien' zu, auf welchen sich Arbeiter mit Schaufeln befanden, die sich unter die Demonstranten mengten. An dem Einschlagen der Fenster haben sich die genannten Gasarbeiter und Straßenbahner beteiligt. Auf die Schüsse hin liefen die letzteren davon."

Der Brand des Justizpalastes

chen Leute konnte man deren große Angriffslust erkennen. Plötzlich entstand ein größeres Gedränge und Schieben gegen uns, so daß wir getrennt wurden. Gleichzeitig erschienen auf dem Platz 25 – 30 Reiter, die, als sie von Seite der Demonstranten mit allerlei Wurfgeschossen, wie Steinen etc., beworfen wurden, mit gezogenen Säbeln zur Abwehr und Räumung schritten. Plötzlich fielen auch vereinzelte Schüsse aus der Menge, wahrscheinlich gegen die Reiter. Die Menge begann nun das an dem Hause Reichsratsstraße 1 an der Hausfront des Schmerlingplatzes angebrachte Leitergerüst zu demolieren. Ich mußte hier den Nationalrat Glöckel, der unter dem Gerüst auf aufgeschlichteten Brettern stand und sich vergebens bemühte, sich bei der Menge Gehör zu verschaffen, aus bedrängter Lage befreien, wurde aber selbst mit acht provisorischen Sicherheitswachebeamten in die Reichsratsstraße gedrängt, dabei mit Wurfgeschossen aller Art, wie eiserne Haken, Klammern, Latten und einem Hagel von Steinen beworfen, so daß ich schließlich zum Schutze selbst den Säbel zog und den Waffengebrauch mit dem Säbel kommandierte.. Unterwegs wurde ich mehrfach von schweren Wurfgeschossen am Hinterkopfe und besonders im rechten Kniegelenk so getroffen, daß ich sogleich zusammenknickte und mich nur schwer fortbringen konnte."

Mit diesen Worten schilderte ein Polizeifunktionär seine Sicht der tragischen Ereignisse des 15. Juli 1927 und spricht darin auch offen von den Bemühungen des sozialde-

Wien in den Mittagsstunden des 15. Juli 1927: Die gewaltige Rauchsäule des in Flammen stehenden Justizpalastes verdunkelt den Himmel. Bundeskanzler Dr. Ignaz Seipel schrieb in den Vormittagsstunden dieses Tages in sein Tagebuch: „Ausbruch der Revolution wegen des Ausganges des Schattendorfer Prozesses". Diese Fehleinschätzung der Lage hatte wohl einen wesentlichen Anteil an der Eskalation der gegenseitigen Gewalt.

117

Der Brand des Justizpalastes

Nächste Seite:
Der Feuerwehreinsatz am brennenden Justizpalast: ankämpfend gegen die Gewalt des Großbrandes, unter stürzenden Kuppeln und berstenden Dächern. Zwischen dem Inferno der Flammen und den vorstürmenden Demonstranten, im Kugelhagel des nahen Kampfes, leistet die Wiener Feuerwehr Übermenschliches. Anfangs scheinbar auf verlorenem Posten, gelingt es doch nach Stunden, dem Feuer Herr zu werden und ein Übergreifen der Flammen zu verhindern, auch können wesentliche Bauteile des prächtigen Gebäudes gerettet werden. 15. Juli 1927 – ein schwarzer Tag in der Geschichte Österreichs, aber auch ein Ruhmesblatt in der Geschichte der Wiener Feuerwehr.

Nächste Doppelseite:
rechts: „Brand aus" – erst nach dieser Meldung der Feuerwehr war das gesamte Ausmaß der Schäden des Justizpalastbrandes erkennbar. Während die unzähligen Kanzleien und Verhandlungssäle der oberen Geschoße, mit ihren hölzernen Täfelungen und voll von Papier, völlig zerstört wurden, konnte die prunkvolle Steinarchitektur der Sockelzone – wie hier die große Halle mit der Prunkstiege – weitgehendst erhalten werden.

mokratischen Abgeordneten Otto Glöckel, die Demonstranten zur Mäßigung anzuhalten. Glöckels Versuche blieben ebenso wie die Anrufe von Julius Deutsch oder von Karl Seitz von der emotionalisierten Menge ungehört.

Nach Ende des Brandes bot der Justizpalast ein Bild der Verwüstung (siehe auch Bilder nächste Dopelseite links). Nicht nur die Zerstörung der historischen Architektur und der prunkvollen Ausgestaltung der Innenräume war zu beklagen, auch wertvollstes Archivmaterial und unersetzliche Aktenbestände waren durch Feuer und Wasser vernichtet worden. So ging das „Archiv des Inneren und der Justiz" – eine einzigartige Sammlung von historischen Archivalien zur österreichischen Justizgeschichte – fast zur Gänze verloren. Bekanntestes Dokument, welches den Flammen zum Opfer fiel, war jedoch die Erklärung Kaiser Karl I. vom 11. November 1918, in welcher er auf seine Beteiligung an den Regierungsgeschäften verzichtete und damit den Weg für die Ausrufung der Republik freigab. Auch dieses Blatt verglühte – fast symbolisch – in den Flammen der Ersten Republik.

Der Brand des Justizpalastes

Der Brand des Justizpalastes

Der Brand des Justizpalastes

Der Brand des Justizpalastes

Der Brand des Justizpalastes

Der Wiener Justizpalast, ein gründerzeitlicher Prunkbau, wurde in den Jahren 1875 – 1881 errichtet. Über Antrag des damaligen Justizministers Dr. Julius Glaser kam es mit allerhöchster Entschließung vom 4. September 1874 zur Errichtung des Bauwerkes. Es wurde ein Entwurf des Architekten Alexander Wielmann in der Bauform der deutschen Renaissance gewählt. Wielmann war ein Schüler von Friedrich von Schmidt, Siccardsburg und Van der Nüll, den bedeutendsten Architekten ihrer Zeit: In einer Publikation, die aus Anlaß der Fertigstellung des Justizpalastes erschien, wurden dem Gebäude – gleichsam als Begleitung für die Zukunft – folgende Worte mitgegeben: „Ein frischer, fröhlicher Sinn für Anmut und Zierlichkeit vereinigte sich mit dem vollsten Erfassen des Wesens und des Zwecks des Baues und ließen den Architekten jenen würdevollen und zugleich heiteren Baustil der deutschen Renaissance wählen, der wie kein anderer vermag, Würde und Anmut, reizende Zierlichkeit mit

Vorige Seite:
17. Juli 1927: Der Wiener Justizpalast –
Bilder der Zerstörung

Der Brand des Justizpalastes

großen bedeutenden Formen zu vereinigen. Und wie der Bau mit Anmut und Würde andeutet und verkündet, so wollen auch wir wünschen, daß in diesem schönen Haus in erhabenem Ernst und ansprechender Form nur das Gute geübt und das Recht gefördert werden." Solche Worte, aber auch der keine Kosten scheuende Ausbau des Prunkbaues hatten den tieferen Sinn, die Wertigkeit der Rechtssprechung im alten Österreich auch nach außen hin zu unterstreichen. Nicht in einem einfachen Amtsgebäude – in einem Palast sollte der oberste Sitz der Rechtsstaatlichkeit seinen Platz haben. Bei diesen Überlegungen gewinnt der Brand dieses Hauses am Schmerlingplatz eine ganz andere Dimension, zerstörte doch das Feuer des Unfriedens und der politischen Auseinandersetzungen in den verhängnisvollen Jahren der Ersten Republik nicht nur der Palast der Justiz, auch der Rechtsstaat selbst versank wenige Jahre später im Strudel der inneren Feindschaft.

Wenn die Ereignisse des 15. Juli 1927 in diesem Buch über vermeidbare und unvermeidbare Katastrophen Aufnahme gefunden haben, so müssen wir mit dem Ernst des Wissenden und der Weisheit der späteren Geburt gerade in diesem Kapitel die unausweichbare „Macht des Schicksals" erkennen. Trotz dem guten Glauben aller Beteiligten, das Richtige zu tun, und der tiefen Überzeugung der Pflichterfüllung, trotz aller Gespräche – auch während der tragischen Ereignisse – unter den politisch Verantwortlichen gelang es einer ganz kleinen Gruppe von fanatisierten Menschen, den Lauf der Dinge zu bestimmen. Erst vor der Bahre der Opfer, im Angesicht des sinnlosen Todes, wurde manch einem Beteiligten das wahre Ausmaß der Katastrophe bewußt. Und trotzdem ging man sehenden Auges in ein Jahr 1934 – die Gewalt hatte gesiegt, und die Flammen des brennenden Justizpalastes waren nur der Prolog des Schreckens.

1929 Der Katastrophenwinter

Wien, Eisstoss 1929

IMMER DANN, WENN in Anwesenheit älterer Menschen das Wort Katastrophe fällt, hört man unweigerlich die Worte: „Ja, ja, das war das 29er Jahr..." Und wenn ein Jüngerer in der Runde eine Frage hiezu stellt – oder es auch nicht tut –, wird ihm bereitwillig und wortreich vom Eisstoß auf der Donau, von der eisigen Kälte und vom meterhohen Schnee erzählt. Und der Abstand der Jahrzehnte läßt die Schnee- und Eisgebirge ins Gigantische wachsen und die Temperaturen in ungeahnte Abgründe sinken. Die Dramatik jener Tage findet sich in heldenhafter Euphorie und verklärender Jugend in trautem Einklang in den Erzählungen jener, denen nur mehr die Erinnerung geblieben ist.

So liebenswert solche Berichte der Zeitzeugen auch sein mögen, es soll hier auf die Realität verwiesen werden. Und hier steht uns gerade bei diesem Ereignis eine ungemein wertvolle Quelle zur Verfügung, aus der über die Winterkatastrophe des Jahres 1929 zitiert werden darf – es ist die Chronik des Wachzimmers Floridsdorferbrücke der Sicherheits-

Der Katastrophenwinter

Der Eisstoß oberhalb (am 14. 2. 1929) und unterhalb (am 2. 3. 1929) der Reichsbrücke

wacheabteilung XX der Wiener Polizei, wo unter „1929" steht:

„Im Winter 1928/29 setzte eine seit 75 Jahren nicht mehr verzeichnete Kälte ein. Speziell in den Monaten Jänner und Feber wurden die tiefsten Temperaturen, und zwar durchschnittlich -15 bis -20 Grad C, abgelesen und am 11.2.1929 sogar -26,6 Grad C. Infolge des starken Frostes bildete sich auf der Donau ein Eisstoß, der sich von Mohacz rasch vorbildete und am 11. Februar um 4 Uhr früh bei der Floridsdorferbrücke eine Stauhöhe von 2,78 m erreichte. Von hier aus baute er sich nur mehr langsam bis über Melk hinaus vor. Der Eisstoß war für die Bevölkerung von Wien ein ungewohntes Naturschauspiel, weshalb ihn sehr viele überqueren wollten. Deshalb mußten größere Bereitschaftskontingente aufgestellt werden, um die Leute vom Betreten des Eisstoßes abzuhalten. Wegen der strengen Frostperiode wurde den Sicherheitswachebeamten täglich Tee und Zucker verabreicht, die Kälteerleichterungen verdoppelt und auch sonstige Erleichterungen gewährt. Von Seite des Bundesheeres wurde eine Aktion eingeleitet, die es ermöglichte, die arme Bevölkerung zweimal täglich mit Tee und Brot zu versorgen. Starke Schneefälle behinderten den Eisenbahnverkehr derart, daß das Brennmaterial knapp wurde und sich deshalb vor den Ausgabestellen lange Schlangen bildeten, die an die Kriegsjahre erinnerten. Der Eisstoß setzte sich am 15. März um 3/4 1 Uhr nachmittags, nachdem einige Tage Tauwetter herrschte, auf der ganzen Breite des Donaustromes in Bewegung. In Greifenstein, am Nussdorfersporn und im Winterhafen türmten sich Eismassen bis zu 12 Meter Höhe auf, während der übrige Eisstoß in kleinen Intervallen abrann, ohne ernstlichen Schaden anzurichten. Die abfließenden Eisblöcke führten Platten, Badehütten, Baumstämme und Kleintiere wie Rehe, Hasen etc. mit sich. Die Donau stieg hiebei um ca. 1,30 Meter an. Um 8 Uhr abends hörte das Eisrinnen fast ganz auf. Das Schauspiel lockte viele Neugierige an, weshalb größere Absperrungen zur Sicherheit der Personen vorgenommen werden mußten. Der abrinnende Eisstoß wurde von der Schulabteilung mehrmals gefilmt."

Dieser Bericht aus dem Bereich des Wachzimmers Floridsdorferbrücke zeigt in der Sprache seiner Zeit die Situation während der Winterkatastrophe, die – noch mehr als in Wien – in den Bundesländern teils verheerende Folgen hatte. Eines wird aber deutlich: Eine wirkliche Bedrohung der dichtbesiedelten Stadtteile war durch die Regulierung der Donau nicht mehr möglich. Hatte der jährliche Eisstoß noch vor hundert Jahren das Leben und Gut unzähliger Wiener gefährdet, so hatte im Jahre 1929 die Polizei nicht mehr vorrangig die Aufgabe des Rettens und Bergens: Es galt, die Neugierigen am Betreten des vereisten Stromes zu hindern. Der Fortschritt ist unübersehbar.

1937
Die Rotunde brennt

Die Rotunde, Ausstellungspalast der Wiener Weltausstellung von 1873 im Wiener Prater, mit ihren 84 m Höhe und 180 m Spannweite einer der größten Stahlkonstruktionen der Welt, wird am 17. September 1937 ein Raub der Flammen. Zwanzig Jahre nach dem Zusammenbruch der Monarchie und ein halbes Jahr vor dem Ende der Eigenstaatlichkeit Österreichs versinkt ein Symbol des imperialen Österreich in Schutt und Asche ...

Die Rotunde des Industriepalastes der Weltausstellung 1873 in Wien.

Die Rotunde brennt

NACH DEN WELTAUSSTELLUNGEN in Paris und London will auch die Österreich-Ungarische Monarchie im Jahre 1873 Gastgeber solch einer internationalen Leistungsschau sein, wo neben 44 Nationen aus aller Welt vor allem Österreich-Ungarn Zeugnis seiner wirtschaftlich und kulturellen Entwicklung ablegen kann. Das Areal zwischen Volksprater und Lusthaus im zweiten Wiener Gemeindebezirk wird zum Standort für diese Weltausstellung bestimmt, als deren zentrales Gebäude die „Rotunde" – ein riesiger Ausstellungspalast aus Stahl und Glas – errichtet wird. Von Carl von Hasenauer entworfen und von der Duisburger Firma Harkort erbaut, wurde die Rotunde mit ihren 84 m Höhe und einer Spannweite von 180 m als Eisenkonstruktion von keinem Bauwerk der Stahlbautechnik je übertroffen.

Nach dem Ende der Weltausstellung fehlten die Mittel für die ursprünglich projektierte Abtragung des Riesenbauwerkes – ein gewaltiger Börsesturz und das Ausbleiben erhoffter Ausstellungseinnahmen erlaubten keine weiteren Investitionen auf dem Weltausstellungsgelände – und so blieb die Rotunde bestehen und wurde zum Austragungsort großer Veranstaltungen und bedeutender Ausstellungen. Die große Musik- und Theaterausstellung des Jahres 1892 oder auch die Kaiser-Jubiläums-Gewerbeausstellung 1898, die berühmte Jagdausstellung und als letztere vor dem Ersten Weltkrieg im Jahre 1914 die „Adria-Ausstellung" fanden in der Rotunde statt. Aber auch andere Veranstaltungen, wie der Auftritt des legendären „Helden des Niagara-Falles" – des Seiltänzers Blondin –, die Premiere des von Gustav Pick geschriebenen Fiakerliedes, interpretiert von Alexander Girardi, oder die feudalen Frühlings- und Wohltätigkeitsfeste der Fürstin Pauline Metternich wurden von der riesigen Glaskuppel der Rotunde beschirmt.

In der nüchtern gewordenen Zeit nach dem Ersten Weltkrieg fehlten zwar die prächtigen Feste der Vorkriegszeit, aber der Weltausstellungspalast hatte trotzdem an Bedeutung gewonnen – die inzwischen gegründete Wiener Messe hielt in der Rotunde Einzug. So sehr das große Gebäude auch für Ausstellungen geeignet war – schließlich war es ja für diese Verwendung errichtet –, so sehr hatten alle Veranstalter aber mit einem Problem zu

Die Rotunde brennt

Wiener Weltausstellung. Auf dem Dache der Rotunde. Originalzeichnung von F. Kollarz.

Die Rotunde brennt

kämpfen: der Brandgefahr. Immer wieder kam es im Laufe der Jahrzehnte zu kleinen, allerdings rasch löschbaren Brandherden. Dies deshalb, da im Inneren der Hallen fast alle Stahlkonstruktionsteile mit Holz verkleidet oder vertäfelt waren und es so eine Vielzahl unterschiedlich großer, unzugänglicher Hohlräume gab.

So war es nicht verwunderlich, daß die Wiener Brandschutztechniker die Rotunde immer als einen Gefahrenherd sahen, mußte man doch auch die gigantischen Ausmaße in Betracht ziehen. Immerhin betrug die umbaute Fläche mehr als 30.000 qm und der umbaute Raum rund 600.000 qm. In einer Dienstanweisung für den Brandsicherheitsdienst für den Zeitraum der Messen wurde deshalb verfügt: „Aufgabe der Ausbildung dieser Löschabteilungen ist es, dafür zu sorgen, daß der Kommandant und die Feuerwehrmänner den Löschbereich (1/4 der Rotunde) so genau kennen, daß sie bei einer Feueranzeige den kürzesten Weg zum Feuer finden und die Länge der Schlauchlinie richtig schätzen, die sie dorthin brauchen. Sie müssen auch die Gefahren zu erkennen trachten, die darin bestehen, daß ein Feuer in einer

Die Rotunde brennt

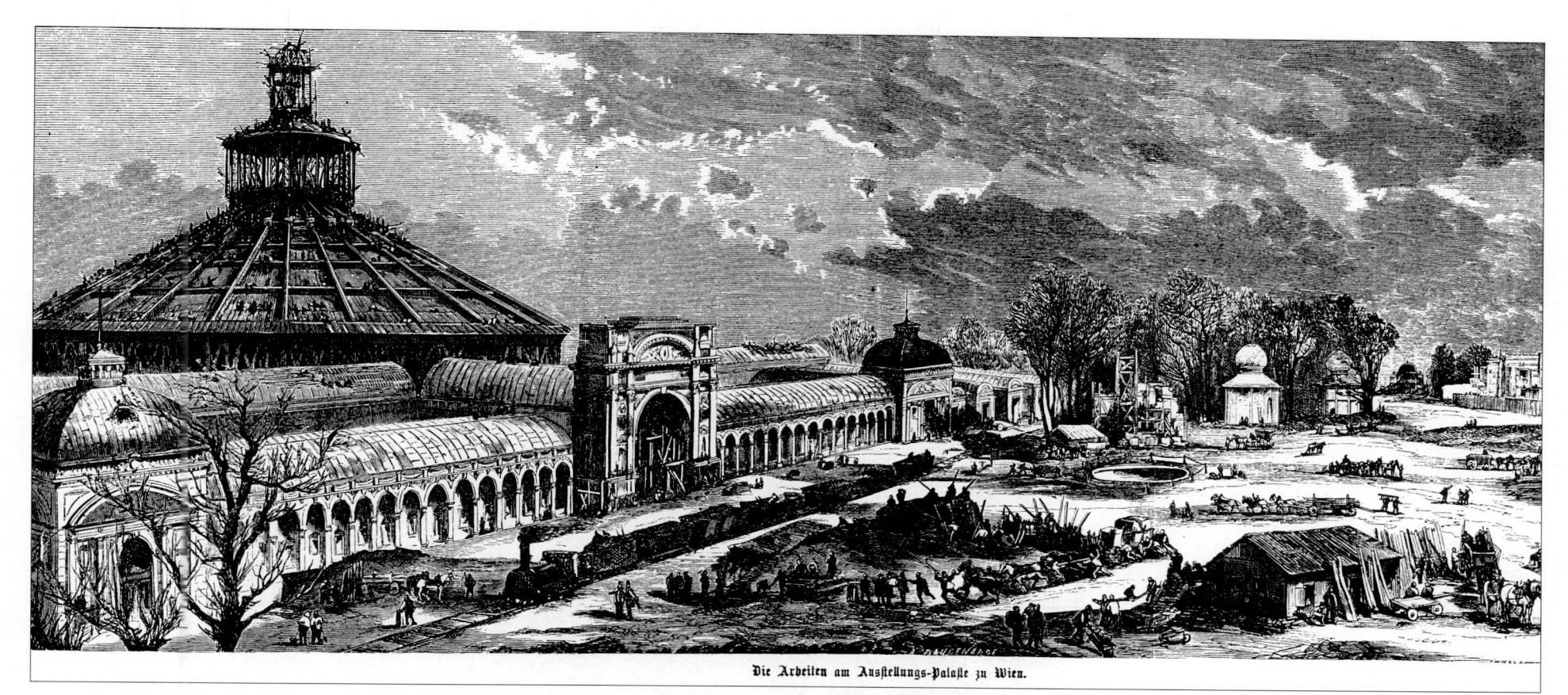

Die Arbeiten am Ausstellungs-Palaste zu Wien.

Koje ausbricht, sich den Weg in die Holzverkleidung der Eisenkonstruktion sucht und dort unbemerkt zu einem Großfeuer wird, das die Rotunde vernichtet. Die Plätze, an denen dies möglich ist, müssen besonders beachtet werden. Von der Bereitschaft darf sich nur ein Mann (der Maschinenfahrer nicht) auf Rundgang im eigenen Rayon fortbegeben. Er hat von einem Meldetaster zum anderen zu gehen und stets bereit zur Feueranzeige, zum persönlichen Eingreifen und zum Rückwege zu seiner Abteilung zu sein. Die Hydranten im Rayon sind aufzusuchen und die Schlauchlänge zu beurteilen, wie weit damit operiert werden kann. Während des Weges ist stets zu bedenken:

Es bricht ein Feuer aus. Wo ist der nächste Melder in der Richtung nach einem Hydranten, wo der nächste Löschapparat, wie verständi-

Groß und mächtig war die Rotunde im Prater. Der Ausstellungspalast hatte jedoch eine große Achillesferse – seine hölzerne Hohlraumkonstruktion im Inneren des Gebäudes.

Die Rotunde brennt

ge ich meine Abteilung, usw. Die Wachkommandanten haben sofort nach dem Eintreffen in diesem Sinne Schule zu halten. Auf dem Rundgang sind der Helm, ein Beil und starke Lederhandschuhe mitzunehmen, die bei kleineren Bränden als Löschgerät zu benützen sind.

„Es war am 17. September 1937 um 12.36 Uhr als in der automatisierten Brandmeldeanlage der damals bestehenden Hauptfeuerwache Donaustadt Feueralarm gegeben wurde. Es war der Melder 226/II Rotunde Westportal. Mit je einem Mannschafts- und Pumpenwagen, einer Drehleiter und verstärkt durch die Feuerwache Prater und einer Tenderpumpe der Feuerwehr Landstraße rückte die Mannschaft der Hauptfeuerwache Donaustadt zum Brandherd. Bereits um 12.37 Uhr hatte die Feuerwehr die Polizei verständigt, und um 12.38 Uhr – also zwei Minuten nach dem automatischen Alarm – meldete ein Gebäudeinspektor der Rotunde telefonisch der Nachrichtenzentrale der Feuerwehr, daß das Westportal brennen würde. Fast gleichzeitig wurde vom automatischen Brandmelder 225/II Alarm ausgelöst, diesmal vom Südportal der Rotunde. Beim Eintreffen der Feuerwehr

Die Rotunde brennt

133

Die Rotunde brennt

134

stand die Verkleidung eines 24 m hohen Pfeilers in Flammen. Messeangestellte und Arbeiter hatten bereits – allerdings vergeblich – versucht, mit kleineren Löschgeräten die Flammen unter Kontrolle zu bringen. Während die Feuerwehr nun begann, Schlauchleitungen zu legen, um das Feuer von zwei Seiten bekämpfen zu können – vor allem über das Dach –, fraßen sich die Flammen unbemerkt im Inneren der Pfeilerverkleidung in die Höhe. In der Höhe von rund 17 Metern drangen die Flammen aus der kaminartig wirkenden Holzverkleidung nach außen. Jetzt war es dem diensthabenden Brandoberkommissär Dipl.-Ing. Dufek klar, daß das Feuer mit den am Brandort vorhandenen Mitteln nicht gelöscht werden könne, und er mußte um 12.53 Uhr an die Zentrale der Feuerwehr melden: „Ersuche um Verstärkung, da das Dach beim Pfeiler zu brennen anfängt, und es ist Großfeuer gegeben".

Nun begab sich auch der damalige Hauptinspektionsoffizier der Wiener Feuerwehr, Ing. Seifert, zum Brandort und übernahm das Kommando über den weiteren Feuerwehreinsatz. Trotz nunmehriger Mobilisierung aller verfügbaren Kräfte konnte jedoch die Katastrophe nicht abgewendet werden, die sich nun geradezu blitzartig vor den Augen der Rettungsmannschaften abspielte. Während das gewaltige Dach in hellen Flammen stand, füllte sich das Innere der Kuppel und der Ausstellungskojen immer rascher mit Qualm, und ein unerträglicher Hitzestau entstand. Bald erkannte man, daß ein Großteil aller Maßnahmen nicht mehr zielführend war und man der Gewalt des Feuers freien Lauf lassen mußte. Um 13.30 Uhr ließ der Kommandant – auch um die Mannschaft nicht mehr zu gefährden – die Hornisten antreten und das Rückzugssignal blasen. Es war keinen Augenblick zu früh: Um 13.33 Uhr stürzte die Kuppel mit einer Last von 1.000 Tonnen Stahl in das Innere des Gebäudes. Die enorme Druckwelle der einstürzenden Konstruktion trieb nun das Feuer auch in die von den Flammen bisher verschont gebliebenen Galerien und Seitenflügel. Jede Maßnahme der Feuerwehr war dadurch natürlich sinnlos geworden, und man beschränkte sich nur mehr darauf, Nachbarobjekte vor einem Übergreifen der Flammen durch Funkenflug zu bewahren. Neben dem Großaufgebot der Feuerwehr,

Die Rotunde brennt

welche nunmehr das Verglühen des imperialen Gebäudes zu beobachten hatte, wurde erhöhte Bereitschaft für das gesamte Stadtgebiet verfügt. Um 18.15 Uhr konnten die Löschzüge großteils von der Rotunde abgezogen werden, nachdem auch der letzte Eckturm zwischen Ost- und Südfront niedergebrannt war.

Noch bis zum kommenden Tag, dem 18. September 1937, verblieb die Brandwache am Ort des Schreckens, und bereits am 22. September begann man die noch rauchenden Trümmer des Ausstellungspalastes zu räumen.

An diesem Tag verfaßte das Feuerwehrkommando auch seinen Abschlußbericht, der unseren Lesern nicht vorenthalten werden soll: „Der Brand, der die Rotunde vernichtete, erregte bedeutende Aufmerksamkeit. Diese erscheint dadurch gerechtfertigt, daß die Tatsache mit eindringlicher Deutlichkeit vor aller Augen trat, daß die beste Brandabwehr an einem Objekt scheitern mußte, das wie dieses dem Feuer alle, der Feuerwehr keine Chancen bot. Wie ein hohler Götze zeigte die Rotunde nach außen imponierende Ausschau, eiserne Festigkeit und steinerne Dauerhaftigkeit, während sie in ihren ungeheuren Hohlräumen aus Stroh, Jutelappen, Holz und Gips hergestellt erscheint. Alle dort mit der Brandabwehr befaßten Stellen wußten, daß der Wettlauf mit dem Feuer nur in den ersten Minuten gewonnen werden konnte. Oft und oft hat die Feuerwehr diesen Lauf gewonnen, diesmal herrschten Verhältnisse vor, die dem Feuer die Oberhand verschafften. Der Kampf wurde weder vorzeitig noch leichtfertig aufgegeben. Der Einsturz der Kuppel, die unfehlbar alle Löschpersonen getötet hätte, erfolgte nur drei Minuten nach der Zurücknahme der Kräfte und war demnach der äußerste Zeitpunkt hiezu.

Die Voraussicht des Kommenden durch die leitenden Personen, die in jeder Phase des Brandes genau über alle Erscheinungen und Zusammenhänge orientiert waren, verhütete teils jedwede Verletzung von Personen, teils jede Übertragung des Feuers auf die sehr gefährdete Umgebung, teils eine übermäßige Entblößung des anderen Schutzgebietsteiles von Löschkräften, teils die mehr als nötige Inanspruchnahme der Mannschaft und des Materials.

Die Kommandanten der Teilaktionen äußerten sich bei internen

Die Rotunde brennt

Die Rotunde brennt

derartigen Mut und Vertrauen zu ihrer Ausrüstung, daß Zurücknahmen, die aus entfernter liegenden Ursachen erfolgen mußten, nur mit großem Bedauern befolgt wurden.

Trotz des bitteren Ausganges des Kampfes um die Rotunde bleibt beim Feuerwehrkommando die Gewißheit zurück, daß die in den letzten Jahren erfolgte verstärkte technische und personelle Einwirkung auf die Angestelltenschaft außerordentlich gute Früchte getragen hat und auch bezüglich der Ausrüstung nicht nur keine Klage zu führen ist, sondern ihre Zweckmäßigkeit in allen Fällen zu Tage getreten ist."

Besprechungen mit Begeisterung über die Haltung ihrer unterstellten Organe, die ungeachtet der Gefahr, in der sie stets schwebten, vertrauensvoll alle Anordnungen ihrer Führer befolgten und sich derart elastisch verwendbar zeigten, daß einzelne Abteilungen viele ersetzten, die sonst hätten eingesetzt werden müssen. So konnte die Leitung der Feuerschutzaktion stets mit geschlossenen Abteilungen rechnen, die die Anordnung schnell und sicher ausführten, ohne frische Kräfte auf den Brandplatz führen zu müssen. Bei der Abwehr des nach dem Einsturze der Kuppel auftretenden Flugfeuers zeigte die Mannschaft

III. Teil: Krieg und Gewaltherrschaft 1938-1945

„DIESE STADT IST in meinen Augen eine Perle! Ich werde sie in jene Fassung bringen, die dieser Perle würdig ist, und sie der Obhut des ganzen Deutschen Reiches, der ganzen deutschen Nation anvertrauen. Auch diese Stadt wird eine neue Blüte erleben."

Mit diesen Worten Adolf Hitlers begann im März 1938 die Herrschaft der Nationalsozialisten, die für viele Menschen in dieser Stadt mit so vielen Hoffnungen begann

Die ausgebrannten Ruinen jüdischer Gotteshäuser nach der „Reichskristallnacht" am 9. November 1938 – die ersten Feuerzeichen einer unseligen Zeit

Krieg und Gewaltherrschaft

Die durch Bomben zerstörten und ausgebrannten Häuser am Platz Am Hof in der Wiener Innenstadt im Jahre 1945

und sieben Jahre später in so großem Leid und Elend endete.

Die politische und rassische Verfolgung und das Anzetteln des wohl schrecklichsten Krieges führten zu unzähligen Opfern an Leib und Leben und zerstörten kulturelle und wirtschaftliche Güter in bisher noch nie gekanntem Ausmaß in unserer Stadt. Es war die Katastrophe schlechthin und kann in ihrem Umfang mit nichts in diesem Buch Geschildertem verglichen werden.

Zehntausende Wiener jüdischer Abstammung wurden in die Vernichtungslager des Ostens deportiert und ermordet, tausende Regimegegner kamen in den Konzentrationslagern um, und mehr als tausend Menschen starben unter dem Fallbeil im Wiener Landesgericht.

In den 52 Luftangriffen fanden von 1943–1945 mehr als 8.000

Krieg und Gewaltherrschaft

Der Wiener Schwarzenbergplatz nach einem Luftangriff. Nach der Entwarnung strömten die Menschen aus den meist völlig ungenügenden Luftschutzkellern auf die Straße – ständig in Sorge, ob ihr Wohnhaus noch bestehen würde. Dann begann das Holzsammeln – wie hier im Bild –, die oft einzige Möglichkeit, den Winter zu überleben.

Menschen den Tod, die „Schlacht um Wien" in den letzten Kriegstagen forderte zusätzlich noch weitere 2.266 Opfer unter der Zivilbevölkerung. 47.000 Gebäude wurden in Wien zerstört oder schwer beschädigt, fast 87.000 Wohnungen wurden unbenützbar. In den Straßen lagen rund 900.000 m³ Schutt und Trümmer, bis auf zwei Brücken waren alle Donau- und Flußübergänge im Stadtbereich unpassierbar bzw. gesprengt.

Es sollte Jahrzehnte dauern, bis alle Wunden, die diese schreckliche Zeit über Wien brachte, vernarbten. Ganz können und sollen die Jahre des Schreckens jedoch nicht vergessen werden. Sie bleiben ganz sicher immer im Bewußtsein der Bevölkerung – als die wohl fürchterlichste Katastrophe, von der die Stadt an der Donau jemals heimgesucht wurde.

Krieg und Gewaltherrschaft

Der Wiener Volksgarten im Jahre 1945

Allein in den letzten Kriegstagen kamen mehr als 2.000 Zivilisten in den Kämpfen zwischen der Roten Armee und der Deutschen Wehrmacht auf den Straßen der Stadt ums Leben. Viele dieser Toten, aber auch zahlreiche Gefallene beider Seiten konnten im Inferno der brennenden Stadt und der Straßenkämpfe nicht ordnungsgemäß bestattet werden. Die Leichen wurden meist am Straßenrand oder in Parkanlagen – wie hier im Volksgarten – verscharrt. Aus den prächtigen Parks – im kaiserlichen Wien Stätten der Erbauung und Lust durchzogen von Walzerklängen und Blütenduft – wurden Friedhöfe. Auch ein Symbol für die Jahre der Katastrophe, welche über diese Stadt hinweggegangen war.

IV. Teil: Das neue Wien und alte Gefahren ab 1945

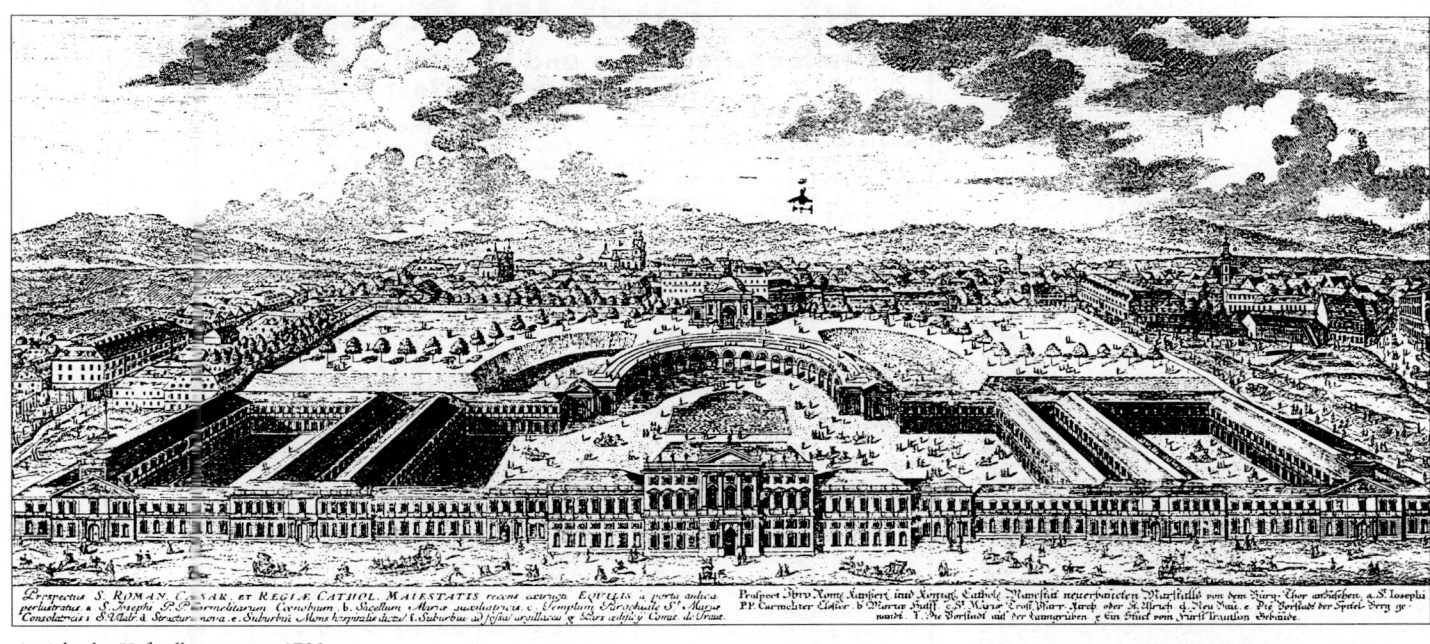

1945 Feuer im Messepalast

Ansicht der Hofstallungen um 1720.
Stich von Corvinus nach S. Kleiner.

DIE EHEMALS KAISERLICHEN Hofstallungen hatten nach dem Zusammenbruch der Monarchie eine neue Funktion bekommen: Die 1921 gegründete Wiener Messe hielt Einzug in den gewaltigen Komplex. Als Feuer und Bomben in den letzten Jahren des Zweiten Weltkrieges halb Wien in Schutt und Asche versinken ließen, blieb der barocke Prunkbau weitgehendst und wie durch ein Wunder verschont. Es ist ein Anachronismus, daß erst im November 1945 – also

Feuer im Messepalast

längst wieder im Frieden – das Gebäude in größter Gefahr war. Der Ausbruch eines Großbrandes – ausgehend von einer Messehalle in einem der Höfe – drohte das ganze Objekt zu vernichten. Die Wiener Feuerwehr und Josef Holaubek konnten die Flammen erfolgreich bekämpfen. Und so blieben die Hofstallungen – oder der Messepalast, oder – möglicherweise – das umstrittene zukünftige „Museumsquartier" auch in unseren Tagen erhalten.

Heute kündet nur mehr eine weite Fläche, die als Parkplatz Verwendung findet, von den früheren Gebäuden.

WIENER KURIER

PREIS **20 gr**

Donnerstag, 15. November 1945
Nr. 69 • 1. Jahrgang

Erscheint mit Ausnahme von Sonntag täglich in den Nachmittagsstunden

HERAUSGEGEBEN VON DEN AMERIKANISCHEN STREITKRÄFTEN FÜR DIE WIENER BEVÖLKERUNG

Großfeuer im Messepalast
Ausstellungsbaracken und Westteil abgebrannt. Schadenshöhe noch nicht feststellbar

Heute nacht ist Wien von einer schweren Brandkatastrophe heimgesucht worden, die einen großen Teil des Messepalastes vernichtet hat. Glücklicherweise ist es gelungen, den gegen die Museen gelegenen Vordertrakt, der 1723—1725 von Fischer von Erlach erbaut wurde, zu retten. Trotzdem ist ein beträchtlicher Schaden entstanden, dessen Höhe allerdings vorläufig noch nicht festgestellt werden kann.

In den heutigen Morgenstunden wurde vom Türmer von St. Stephan die Wiener Feuerwehrzentrale von einem Großbrand im Messepalast in den ehemaligen Hofstallungen verständigt. Die mit starken Kräften, unter der persönlichen Leitung von Branddirektor Holaubek ausgerückte Feuerwehr traf die im zweiten Hof der Stallung errichteten Ausstellungsbaracken in hellen Flammen an. Durch die ausstrahlende Hitze, begünstigt von dem heftigen Wind, griff der Brand auf den westlichen und mittleren Teil der Wiener Hofstallungen über. Die von der Feuerwehr gelegten zahlreichen Schlauchleitungen beanspruchten die Hydranten derart, daß der Druck des Wassers bis auf ein Minimum abnahm.

Zur Unterstützung des Branddirektors befindet sich Ing. Hawelka beim Brandherd. Die große Rauchentwicklung macht den Einsatz von Gasmasken und Sauerstoffgeräten notwendig.

Um viertel zehn Uhr gelang es den ausgerückten Kräften, den Mitteltrakt zu sichern, während der Westteil, in dem Möbel von Bombengeschädigten eingelagert sind, völlig ausbrennt. Große Umlegungen der Schlauchlinien wurden vorgenommen, um den Trakt gegen die Mariahilferstraße zu retten. Zahlreiche fliegende Ambulanzen und Rettungsstationen wurden aktiviert, um den durch abstürzende Mauern und Balken verletzten Feuerwehrleuten erste Hilfe zu geben. Auf dem Brandplatz trafen laufend Hilfsmannschaften ein. Zahlreiche hohe amerikanische und englische Offiziere unter der Führung von Captain MacDougall trafen ein.

Um dreiviertel zehn gab Branddirektor Holaubek bekannt, daß der weit ausgedehnte Brand lokalisiert war und der Brand selbst gegen die Mariahilferstraße zu gesichert erschien.

Weit über hundert Feuerwehrleute, von denen zahlreiche Verletzungen, Brandwunden und Rauchvergiftungen erlitten, bekämpften den Brand. Jede Minute wurden verletzte und schwer rauchvergiftete Feuerwehrleute zu den fliegenden Ambulanzen gebracht, wo Sauerstoffapparate eingesetzt waren.

Der Brandplatz war erfüllt von dicken Rauchschwaden und von dem Krachen zerberstender Dachsparren und Ziegeln. Vollständig abgebrannt sind die Ausstellungsbaracken im zweiten Hof, der gesamte rückwärtige Westtrakt sowie der westliche Verbindungstrakt, in dem Privatwohnungen untergebracht sind. Die Feuerwehr war mit allen Kräften bestrebt, die Lokalisation des Brandes aufrechtzuerhalten und die ergriffenen Teile völlig ausbrennen zu lassen.

Die Ursache des Brandes ist völlig ungeklärt, die Möglichkeit einer Brandstiftung ist gegeben. Ebenso kann derzeit der entstandene Schaden noch nicht festgestellt werden. Nach vorläufigen Schätzungen hat sich der Brand auf ein Gebiet von über 5500 Quadratmeter ausgebreitet. Es verblieben zahlreiche Kräfte am Brandplatz. An vielen Stellen brannten gegen elf Uhr noch kleine Feuer, die aber für die Gesamtsituation nicht mehr maßgebend waren.

1950
Feuer im Goldkabinett

ANFANG 1949 BEGANN man mit der Restaurierung des Goldkabinetts im Schloß Belvedere. Das Goldkabinett selbst hatte seinen Namen von der Innenausstattung, dem vergoldeten Wand- und Deckenschmuck. Dieser war während des Zweiten Weltkrieges sorgfältig von den Mauern und Decken gelöst und gut geschützt untergebracht worden. Im Zuge der Instandsetzung des bombardierten Schlosses begann man auch mit der Wiederherstellung der Vergoldung im genannten Raum. Aus diesem Grund waren dort kleinere Mengen von Terpentin und anderen Materialien, wie sie beim Vergolden verwendet werden, eingelagert.

Auch am 30. März 1950 war bis gegen 15.00 Uhr gearbeitet worden. In den Abendstunden wurde das Objekt von zwei Nachtwächtern bewacht, die ihre Rundgänge durchführten. Beim Rundgang um 3.00 Uhr war nichts Auffälliges

Außenansicht des Goldkabinetts im Schloß Belvedere. Den Namen bekam der Raum durch einen üppig goldenen Wand- und Deckenschmuck.

Feuer im Goldkabinett

feststellbar. Erst beim Rundgang um 4.00 Uhr sah der Nachtwächter Feuerschein aus dem Ostturm. Er unternahm sofort Löschversuche mit Handfeuerlöschern, hatte jedoch keinen Erfolg. Als er die Feuerwehr verständigen wollte, wählte er in seiner Aufregung eine falsche Nummer. Obwohl er keine Verbindung bekam, wiederholte er lange Zeit (vermutlich fast eine Stunde lang!) den Anruf bei der Feuerwehr mit der falschen Nummer. Wertvolle Zeit verging. Endlich lief er verzweifelt in den Schloßpark, wohin ihm auch sein Hund laut bellend folgte. Durch diesen Lärm wurden Personen der Nachbarschaft aufmerksam, hörten seine Hilferufe und verständigten um 5.50 Uhr die Feuerwehr.

Eine Minute später meldete auch der Türmer von St. Stephan „Flammen und Rauch sichtbar". Um 5.57 Uhr ergänzte er: „Der Osttrakt brennt." Als die Feuerwehrkräfte beim Schloß eintrafen, fanden sie einen weit fortgeschrittenen Brand vor. Das sogenannte Goldkabinett, der Makart-Saal und der Wintergarten brannten in einer Ausdehnung von fast 200 qm. Die Türen zu den anschließenden Räumen waren bereits soweit angebrannt, daß die dort gelagerten Kunstgegenstände schwerst gefährdet waren. Der Brand hatte in der Zwischenzeit durch die Decke auch auf den Dachraum übergegriffen und dort das Gebälk und die Schalung der aus Kupferblech bestehenden Eindeckung erfaßt. Die Feuerwehr, mit 14 Löschfahrzeugen ausgerückt, arbeitete sich mit 13 Rohren an den Brandherd vor und konnte das Feuer innerhalb einer Stunde löschen.

Als materieller Schaden wurde die Summe von 1,2 Millionen Schilling genannt, ein für damalige Verhältnisse ansehnlicher Betrag. Trotzdem war durch die Vernichtung ideeller Werte der Gesamtschaden in ziffernmäßiger Höhe relativ unbedeutend. Die Ursache des Brandes konnte infolge der langen Brandzeit und der dadurch entstandenen großen Verwüstungen nicht mehr exakt festgestellt werden.

Das Belvedere selbst ist ein großer Baukomplex, der aus zwei Schlössern, einigen Wirtschaftsgebäuden und einem großen Park besteht. Prinz Eugen von Savoyen kaufte 1693 das Grundstück, um ein Sommerpalais zu errichten. Er beauftragte mit dem Bau Lukas von Hildebrandt, und in den Jahren 1714 bis 1716 entstand das sogenannte „Untere Belvedere". Nach einer längeren Unterbrechung des Baues wurde zwischen 1721 und 1723 das „Obere Belvedere" erbaut. Nach dem Tod Prinz Eugens 1736 erbte seine Nichte Viktoria den Palast mit all seinen Kunstschätzen. Die später vermählte Herzogin von Sachsen-Hildburghausen verkaufte bald den ganzen Besitz mit all seinen Kunstschätzen an den Hof und zog nach Turin. Josef II. ließ 1775 bis 1777 die bis dahin in der Stallburg untergebrachte Gemäldegalerie in das Obere Belvedere bringen, von wo die Sammlung 1890 ins Kunsthistorische Museum übersiedelte, wo sie noch heute ihren Platz hat. Bis 1894 wurde das Belvedere fast nicht bewohnt, und erst Thronfolger Franz Ferdinand wählte in diesem Jahr (bis 1914) das Belvedere zu seiner Residenz. In einem Nebengebäude, dem sogenannten Kustodentrakt, wohnte aufgrund einer kaiserlichen Zuwendung der Tondichter Anton Bruckner bis zu seinem Tod im Jahr 1886 im 1. Stock des Oberen Belvederes. Dort war auch im südöstlichen Eckpavillon das sogenannte Goldkabinett, welches mit all seinen Kunstschätzen und seiner unersetzlichen Ausstat-

Feuer im Goldkabinett

147

Ein Deckenbrand im Oberen Belvedere konnte frühzeitig entdeckt und in kurzer Zeit gelöscht werden.

Feuer im Goldkabinett

tung damals den Flammen zum Opfer fiel, eingerichtet worden.

Am 13. Jänner 1971 hatte das zwischenzeitlich wieder restaurierte Obere Belvedere mehr Glück. Ein Deckenbrand wurde rechtzeitig entdeckt und in kurzer Zeit gelöscht. Es handelte sich dabei um ein sogenanntes Rauchfangfeuer im oberen Drittel des Kamines. Dadurch kam eine Mauerklampfe, die ihrerseits mit einem Dippelbaum verbunden war, zum Glühen, und es entstand ein lange glimmender Deckenbrand, der wegen der geringen Sauerstoffzufuhr nicht in Flammen ausschlug. Der Brand konnte rasch gelöscht werden. Der Egon-Schiele-Saal und der daran anschließende Klimt-Saal waren sicherheitshalber zur Vermeidung jeglicher Gefährdung der Exponate geräumt worden.

Der materielle Schaden wurde zwar mit 1,2 Millionen Schilling festgesetzt, doch angesichts des ideellen Schadens war diese Summe sogar im Jahre 1950 eher unbedeutend.

1954

Die große Flut

Das Hochwasser im Sommer 1954

Trotz des Hochwassers versuchte die Bevölkerung unter erschwerten Umständen ihren normalen Alltag aufrechtzuerhalten.

AM 27. JUNI SETZTEN über Mitteleuropa Niederschläge ein, die eine für das österreichische Donaugebiet verheerende Hochwasserkatastrophe vorbereiten sollten. Seit Juni waren nur geringe Niederschläge gemessen worden, und auch die Temperaturen waren eher unter dem sommerlichen Durchschnitt. In den letzten Junitagen nahmen die beginnenden Regenfälle zuerst an Ausdehnung, dann auch an Ergiebigkeit zu und erreichten am 1. und 2. Juli ihren vorläufigen Höhepunkt, wobei besonders die am Alpennordrand liegenden Gebiete in

Hochwasser 1954

Bayern, Tirol und Salzburg sowie letztlich auch Oberösterreich und das Salzkammergut von starken Regengüssen heimgesucht wurden. Die Bäche und kleineren Flüsse stiegen Anfang Juli rasch an, und die ersten Meldungen über kleinere Hochwasserschäden an den Donauzubringern der westlichen Bundesländer und in Bayern wurden vermerkt. Die Regenfälle ließen in der Folge leicht nach, doch genügten sie, um gemeinsam mit den Schmelzwässern aus den in über 2000 Metern liegenden Gebieten den Wasserspiegel von Bächen und Zubringern noch relativ hoch zu halten. Der Boden war jedenfalls mit Wasser vollgesogen und die Aufnahmekapazität an Wasser fast erschöpft, als am 7. Juli nach einer kurzen Regenpause neuerlich dunkle Wolken heranzogen und sich die Schleusen des Himmels nochmals gewaltig öffneten.

Glücklicherweise gingen aufgrund eines gleichzeitigen Kälteeinbruchs die Niederschläge in den hochgelegenen Regionen der Alpen zunächst als Schnee nieder, was eine Katastrophe größeren Ausmasses verhinderte. Die Wildbäche und Gebirgsflüsse der Alpentäler schwollen aus diesem Grunde auch langsamer an, als die Bäche und Flußläufe des Alpenvorlandes. Die stärksten Regenfälle gingen im Bereich der nördlichen Kalkalpen und des Alpenvorlandes, des bayrischen Isargebietes, des Inn- und Salzachgebietes, des oberen Traungebietes und besonders im bayrischen Wald nieder.

Schon am 8. und 9. Juli berichteten die Wiener Tageszeitungen über Verwüstungen durch Hochwasser in den westlichen Bundesländern. Vom 8. auf 9. Juli stieg auch in Wien der Pegelstand überproportional an, und am 9. Juli rief die Hochwasserkommission die zuständigen Behörden, somit auch die Polizeidirektion Wien, zu einer Krisensitzung ein. Zillenbesatzungen wurden zusammengestellt, der pioniertechnisch ausgebildete und ausgerüstete Führungszug der Reserveabteilung (heutige Alarmabteilung) wurde in den Dienst gestellt und für Nachteinsätze mit entsprechenden Scheinwerfern ausgestattet. In den am meisten vom Hochwasser bedrohten (damaligen) Bezirken Schwechat, Klosterneuburg und Prater wurden zusätzliche Patrouillen eingerichtet.

Tatsächlich überschritt schon am Vormittag des 9. Juli die Donau bei der (damaligen) Brücke der Ro-

Nächste Seite:
Mit Zillen wurden viele Menschen und Sachgüter vor den Fluten gerettet.

Hochwasser 1954

151

Hochwasser 1954

152

ten Armee (heutige Reichsbrücke) den Pegelstand von sechs Metern und überflutete das Überschwemmungsgebiet. Ein Fuhrwerksunternehmer, der mit seinem Lastauto im Inundationsgebiet nächst der Wolfgangbrücke Bohrgeräte abtransportieren wollte, wurde von den Fluten der Donau überrascht und konnte sein Fahrzeug nicht mehr in Sicherheit bringen. Von der Feuerwehr wurden die bereits verladenen Geräte zur Brücke aufgeseilt und das Fahrzeug geborgen. Im gesamten Donaubereich wurde der Schifffahrtsbetrieb eingestellt. Es wurden fast 100 Menschen vom Hochwasser eingeschlossen, 30 davon wurden von der Polizei gerettet und evakuiert. 60 Personen brachte die Feuerwehr aus dem gefährdeten Gebiet. Nur wenigen gelang die Flucht aus eigener Kraft.

Am 10. Juli trat die Donau auch am rechten Ufer aus und überflutete die tiefergelegenen Gebiete. Um 17.30 Uhr wurde an der Brücke der Roten Armee ein Pegelstand von 6,86 Meter und in Mannswörth von etwas über sieben Meter gemessen. Die Strandbäder in Klosterneuburg und Kritzendorf und das davor liegende Ruhegebiet in Richtung zur Rollfähre waren bereits seit den

Hochwasser 1954

Hochwasser 1954

Hochwasser 1954

Morgenstunden überflutet. Gegen 13.00 Uhr erreichte das Hochwasser beim Bahnhof Klosterneuburg/Kierling den Bahndamm. Im Strandbad Klosterneuburg wurde der Besitzer einer Feinkosthandlung mit seinen beiden Kindern eingeschlossen und mußte von der Sicherheitswache mit Booten gerettet werden. Das gleiche Schicksal widerfuhr dem Personal der Gastwirtschaft „Roter Hiasl" nahe der Lobau, welche damals noch zum Bereich des Bezirkspolizeikommissariates Groß Enzersdorf gehörte. Sicherheitswache und Feuerwehr evakuierten in diesem Bereich auch zahlreiche andere Personen.

Aber die Donau stieg noch weiter und überflutete am 11. Juli zur Gänze den Bahnkörper der Donauuferbahn und die Fahrbahn am Handelskai. Bei der heutigen Reichsbrücke wurde damals um 12.00 Uhr ein Wasserstand von 7,16 Meter gemessen. Der Zugsverkehr der Donauuferbahn war eingestellt und sämtliche Zufahrtswege von der Engerthstraße zum Handelskai für den Verkehr gesperrt worden. In den Hauskellern dieses Gebietes trat vermehrt Sickerwasser auf. Inzwischen hatten auch in Albern und im Fischerdörfl in Mannswörth Evakuierungen begonnen.

Die Sicherheitswachebeamten standen in ständiger Bereitschaft.

Das Augebiet zwischen Klosterneuburg und Kritzendorf stand bereits gänzlich unter Wasser. Zwischen Kahlenbergerdorf und Nußdorf wurde die Strandpromenade und teilweise die Kuchelauerhafenstraße überflutet.

In den Abendstunden des 11. Juli traten die ersten Dammschäden auf. Um 18.40 Uhr meldete das Kommissariat Schwechat Schadenstellen am Schutzdamm der Donau zunächst der Zaenetbrücke gegenüber dem Gasthaus Schwarzaegel in Mannswörth und am Schutzdamm des Kalten Ganges bei der Alberner Straße. Diese Dammbrüche und die Rückstauung des Schwechatbaches führten zur Überflutung des Zaenethagels bis zum Fischerdörfl in Mannswörth, wo weitere Häuser evakuiert werden mußten. Neun Züge der Wiener Berufsfeuerwehr wurden zur Instandsetzung der beschädigten Dämme eingesetzt.

Wie üblich übte das Hochwasser auf die Wiener Bevölkerung starke Anziehungskraft aus. Im Verlaufe des 11. Juli wurden an der heutigen Reichsbrücke und entlang des Handelskais bis zu 400.000(!) Schaulustige gezählt, die für die Wiener Sicherheitswache hinsichtlich Freihaltung der Zufahrtswege für Einsatzfahrzeuge eine zusätzliche Aufgabe darstellten.

Am 12. Juli stieg der Wasserstand an der heutigen Reichsbrücke auf 7,73 Meter und im Alberner Hafen auf 8 Meter. Bis 19.00 Uhr war, bedingt durch den Rückstau des Donaukanals und des Mitterbaches, der Wasserstand in Albern bereits auf 8,16 Meter gestiegen und konnte ab diesem Zeitpunkt wegen totaler Überflutung des Pegels nicht mehr abgelesen werden. In den Bezirken Döbling, Brigittenau, Floridsdorf, Groß Enzersdorf, Schwechat, Prater und Klosterneuburg war die Sicherheitswache, mit Zillen ausgestattet, zum Schutz gegen Plünderungen leerstehender Häuser in eine neue Form des Rayonsdienstes übergeführt worden. Infolge des Rückstaues stieg nun auch der Wasserspiegel des Donaukanals an der Simmeringer Lände und überflutete sieben Wohnhäuser nebst der Kaiser-Ebersdorfer-Kaserne. Einige Häuser im Bereich des Handelskais waren nur mehr über Notstege erreichbar. Die Straßenbahnlinien B und BK waren bereits eingestellt bzw. verkürzt worden. Im Bereich des Alberner Hafens traten weitere Dammbrüche auf, und diese, in Verbindung mit dem Rückstau des Donau-

Hochwasser 1954

157

Hochwasser 1954

158

kanals, führten in den Abendstunden zur Überschwemmung des Notsteges über dem Mitterbach, womit die Verbindung zwischen dem Hafengelände und Mannswörth endgültig unterbrochen war. Im Agrarspeicher und in den Silos in Albern arbeiteten Feuerwehrleute und freiwillige Helfer an der Sicherung der gefährdeten Maschinenanlagen. Am Schutzdamm in der Lobau nächst dem Bahnhof der Hafenbahn und in der Schüttau in Klosterneuburg nächst der Chemosan-Fabrik traten immer stärkere Schäden und Bruchstellen im Schutzdamm auf. Polizei und Feuerwehr mobilisierten die letzten Reserven zur Abdämmung. Die Brunnen im Bereich des unteren Praters wurden gesperrt und die Bevölkerung durch Tankwagen mit Wasser versorgt. Am 13. Juli erreichte die Donau bei weiterhin steigender Tendenz um 13.00 Uhr bei der heutigen Reichsbrücke einen Pegelstand von 8,30 Meter.

Und die Donau stieg tatsächlich noch weiter. Die Verbindung zwischen Wien und Klosterneuburg wurde durch Überflutung der Heiligenstädter Straße im Bereich des Kahlenbergerdorfes unterbrochen. Für die im Bereich von Wien gelegenen Schutzdämme und die dahin-

Hochwasser 1954

159

Hochwasser 1954

Der Bürgermeister der Stadt Krems a. d. Donau

Krems, 19. Juli 1954.

Hochgeschätzter Herr Präsident!
Lieber Freund!

Anläßlich der unsere Heimat so schwer getroffenen Hochwasserkatastrophe waren zahllose freiwillige Helfer am Werk, um das Leben und Hab und Gut unserer Mitbürger zu retten und sicherzustellen. Daß sich die einzelnen Behörden der Verwaltung ganz in den Dienst der Nächstenhilfe gestellt haben, ist selbstverständlich, doch wäre es ohne die Mitarbeit dieser freiwilligen Helfer wohl kaum möglich gewesen, in so kurzer Zeit die ärgsten Folgen dieser Katastrophe zu beseitigen. Es ist in der Natur der Sache gelegen, daß Bund, Länder und Gemeinden diesen freiwilligen Helfern eine Entschädigung in Form von geldlichen Zuwendungen oder Remunerationen nicht gewähren können, weil diese Körperschaften ohnehin zur Linderung der Not der betroffenen Mitbürger alle verfügbaren Mittel bereitstellen werden müssen.

Ich erlaube mir daher, die Anregung zu machen, für alle diese Helfer ein Katastrophenehrenzeichen zu schaffen, um in dieser Form ein sichtbares Zeichen des Dankes und der Anerkennung gewähren zu können.

Ich bitte Dich, lieber sehr geschätzter Freund, meine Anregung einer wohlwollenden Prüfung zu unterziehen und mich gelegentlich von Deinen Entschlüssen zu verständigen. Mit dem Ausdruck meiner besten Wertschätzung und herzlichen Grüßen bin ich

Dein

(Wilhelm Röder)

ter liegenden Gebiet war nunmehr höchste Gefahr gegeben. Im Bereich der Bundespolizeidirektion standen bereits über 1.000 Sicherheitswachebeamte im direkten Hochwassereinsatz oder in Bereitschaft für Dammbrüche. Tatsächlich kam es in der Folge auch zu Dammbrüchen im Gebiet des Alberner Hafens, Groß Enzersdorf, Fischamend und Klosterneuburg. Um 19.25 Uhr brach der Schutzdamm nächst dem Gasthaus Seestern und um 19.55 Uhr beim Gasthaus Amon sowie um 23.00 Uhr im Hafengebiet von Albern in Nähe des Friedhofes der Namenlosen. Allein im Bereich von Albern waren 200 Sicherheitswachebeamte im Einsatz, denen es gelang, den Damm mit Sandsäcken und durch Auflegen von Steinen abzudichten und damit eine weitere Katastrophe zu verhindern. Unter den eingesetzten Kräften befand sich auch der Autor als Angehöriger der Schulabteilung der Wiener Polizei in seinem ersten, aber leider nicht letzten Katastropheneinsatz.

Am 14. Juli, um 16.00 Uhr erreichte das Hochwasser mit einem Pegelstand von 8,6 Meter seinen Höchststand. Von den übermüdeten Beamten der Sicherheitswache, der Feuerwehr und des Bundesstrombauamtes wurden nunmehr im Dauereinsatz die Schutzdämme weitgehendst gehalten. Hiebei wurden tausende Sandsäcke gefüllt und mit Handkarren oft bis zu 500 Meter weit transportiert sowie rund 100 Tonnen Steine herangebracht. Die Nachrichtenabteilung der Sicherheitswache errichtete Nottelefonleitungen, die es den zur Beobachtung der Dämme eingesetzten Sicherheitswachebeamten ermöglichten, auftretende Risse und Sprünge an den Dämmen in Sekundenschnelle an die Zentrale zu melden. Die Evakuierungen in den bedrohten Gebieten gingen beschleunigt weiter. Wertvolle Zeit ging oft verloren, weil Familien, die ihre vom Hochwasser eingeschlossenen Häuser nicht verlassen wollten, erst in mühevollen und langen Diskussionen zum Verlassen ihrer Wohnungen überredet werden mußten. Vom Land Wien wurden der Polizei zur Überwachung der evakuierten Häuser Motorboote und Außenbordmotore für die Zillen zur Verfügung gestellt. Langsam aber sicher gingen auch die Sandsäcke aus, und die Bevölkerung mußte via Radio aufgefordert werden, leere Säcke in den Wiener Wachzimmern abzugeben. Tatsächlich konnten so in den

BÜRGERMEISTER
DER·STADT·WIEN

Wien, am 17.Juli 1954

Sehr geehrter Herr Polizeipräsident!

    Das Korps der Wiener Sicherheitspolizei hat unter Ihrer tatkräftigen und umsichtigen Führung mit vorbildlicher Hingabe zur glücklichen Abwehr der Hochwassergefahren, wie zur Rettung kostbarer Menschenleben und bedeutender Sachwerte beigetragen.
    Ich erfülle in aufrichtiger Bewunderung dieser hervorragenden Leistungen eine Ehrenschuld, indem ich Ihnen, Herr Polizeipräsident, und dem wackeren Korps der Wiener Sicherheitsbeamten im Namen der Wiener Bevölkerung aus vollem Herzen danke.
    Mit Stolz und Freude erfüllt mich das Bewußtsein, daß die Wiener Polizei ein wahrer Freund und Helfer des Volkes ist.
    In tiefer Verbundenheit grüßt Sie

Herrn
Polizeipräsident Josef Holaubek,
W i e n, 1.,
Parkring 8

Hochwasser 1954

> — 133 —
>
> # Amts- Blatt
>
> ### der Bundes-Polizeidirektion Wien
> #### Nur für den inneren Dienstbetrieb
>
> Nr. 14   Wien, am 21. Juli 1954   10. Jahrgang
>
> Unsere Republik wurde in den letzten Tagen von der schwersten Hochwasserkatastrophe seit vielen Jahrzehnten heimgesucht.
>
> Die in der Bundeshauptstadt eingesetzten Polizeibeamten, insbesondere die Sicherheitswache, haben dabei durch ihre unermüdliche und aufopfernde Tätigkeit ein eindrucksvolles Beispiel von Pflichterfüllung und Nächstenliebe gegeben.
>
> Es gereicht mir auch zur besonderen Freude und Genugtuung, das nachstehende Anerkennungsschreiben des Herrn Bundesministers für Inneres, Oskar H e l m e r, zur allgemeinen Kenntnis bringen zu können:
>
> „Die furchtbare Hochwasserkatastrophe, die in den letzten Tagen auch die Bundeshauptstadt heimgesucht hat, erforderte einen Großeinsatz der Wiener Polizei.
>
> Ich freue mich, feststellen zu können, daß die eingesetzten Beamten in tagelanger aufopferungsvoller und gefährlicher Arbeit ohne Schonung ihrer Person das Äußerste geleistet haben, um der schwer betroffenen Bevölkerung Hilfe und Beistand zu leisten. Dadurch ist es gelungen, daß in vielen Fällen Menschenleben gerettet und wertvolle Sachwerte vor der Vernichtung bewahrt werden konnten.
>
> Ich danke Ihnen, Herr Polizeipräsident, für die große Umsicht und Tatkraft, mit der Sie die Aktion vorbereitet und geleitet haben. Gleichzeitig lade ich Sie ein, allen an dem Rettungswerk beteiligten polizeilichen Stellen, ganz besonders aber den braven Beamten, die im Einsatz gestanden sind, meinen Dank und meine vollste Anerkennung auszusprechen."
>
> Der Herr Bürgermeister der Stadt Wien, Franz J o n a s, hat folgendes Schreiben an mich gerichtet:
>
> „Das Korps der Wiener Sicherheitspolizei hat unter Ihrer tatkräftigen und umsichtigen Führung mit vorbildlicher Hingabe zur glücklichen Abwehr der Hochwassergefahren, wie zur Rettung kostbarer Menschenleben und bedeutender Sachwerte beigetragen.
>
> Ich erfülle in aufrichtiger Bewunderung dieser hervorragenden Leistungen eine Ehrenschuld, indem ich Ihnen, Herr Polizeipräsident, und dem wackeren Korps der Wiener Sicherheitsbeamten im Namen der Wiener Bevölkerung aus vollem Herzen danke.
>
> Mit Stolz und Freude erfüllt mich das Bewußtsein, daß die Wiener Polizei ein wahrer Freund und Helfer des Volkes ist."
>
> Ich gebe den Inhalt dieser Schreiben gerne bekannt und danke allen Beamten der Bundes-Polizeidirektion, die in diesen schweren Tagen zur Abwendung der unserer Vaterstadt und ihren Bewohnern drohenden Gefahren beigetragen haben, für ihre vorbildliche Haltung.
>
> Holaubek

Wiener Wachzimmern 26.000 Säcke gesammelt werden, weitere 23.000 Säcke trafen etwas später aus Holland ein.

Die Geschwindigkeit der Donau betrug am Höhepunkt der Katastrophe 2,40 Meter pro Sekunde und beförderte damit 10.000 Kubikmeter Wasser. In den Folgetagen sank der Wasserspiegel langsam, aber kontinuierlich.

Vom 11. bis 19. Juli standen insgesamt 4.195 Sicherheitswachebeamte in Bereitschaft, 1.134 wurden eingesetzt. Evakuiert wurden drei Fabriken und 158 Häuser mit insgesamt 161 Bewohnern. Für den Hochwassereinsatz wurden von den 111 verwendeten polizeieigenen Lastwagen insgesamt 22.000 Kilometer gefahren. Von Polizei, Feuerwehr und anderen Dienststellen wurden 186 Personen aus akuter Lebensgefahr sowie Sachgüter im Werte von vielen Millionen Schilling vor der drohenden Zerstörung gerettet. Auch die Feuerwehr hatte in 255 Aktionen alle verfügbaren Mannschaften und Geräte im Dauereinsatz.

Der damalige Polizeipräsident Holaubek konnte mit Recht stolz auf den Einsatz und die Leistungen seiner Leute sein.

1955
Das Grand Hotel in Flammen

DER POLIZEIBERICHT LAUTET lakonisch: "Am 1.9.1945, um ca. 10.30 Uhr wurde im ‚Grand Hotel' Wien 1., Kärntner Ring 9, das derzeit vom russischen Element besetzt ist, in dem im Kellergeschoß gelegenen Parkettsaal ein Brand entdeckt, welcher die gesamte Einrichtung, weiters die aus Holz und Seidenpapier bestehende Wandverkleidung sowie den Barockplafond und außerdem einen Großteil des Mosaikfußbodens vernichtete. Durch die Rauchgase, die vom Keller in das Stiegenhaus und die Gänge einströmten, entstand unter den zahlreichen Bewohnern eine Panik. Von der Feuerwehr eingesetzte Rettungsmannschaften drangen unter Verwendung von schweren Atemschutzgeräten zu den Hilferufenden vor. Es wurden ca. 50 Personen geborgen.

Im Parkettsaal, der seit längerer Zeit als Kino benützt wird, wurde vom russischen Element aus Holz eine Bühne errichtet, die ebenfalls zur Gänze verbrannte. Weiters verbrannten alle Einrichtungsgegenstände wie Plattenspieler, Verstärkeranlage, Filmleinwand und die dazugehörigen Lautsprecher sowie

„Österreichische Illustrierte"
vom 10. September 1955

Das Grand Hotel in Flammen

Panik im brennenden Grand Hotel: Die Mütter vergaßen ihre Säuglinge / Wiener Feuerwehr hatte sieben Verletzte / Im Theatersaal nahm das Feuer seinen Ausgang / Brandursache noch ungewiß

Halb tot war dieser Sowjetsoldat schon, trotzdem war ein ausdrücklicher Befehl seines Vorgesetzten notwendig, bis er sich den helfenden Händen seiner Kameraden und österreichischer Retter anvertraute. (Bild aus „Bild Telegraf" vom 2. September 1955)

ursache konsequent durchgeführt. Der von der russischen Besatzungsmacht als Hotelverantwortlicher eingesetzte Offizier gab hiebei an, daß er sich bei Ausbruch des Brandes im Foyer des Hotels aufgehalten habe und um 10.30 Uhr einen dumpfen Knall wahrnahm, der sich wie berstendes Holz anhörte. Nach kurzer Zeit sei er von den Hausangestellten verständigt worden, daß in den unteren Räumen ein Brand ausgebrochen wäre. Zusammen mit mehreren Vorhang, der zur Abdeckung der Bühne diente. Von den 240 Klappsesseln wurde ein Teil durch den Brand vernichtet, ein Teil durch Raucheinwirkung und Löschwasser stark beschädigt."

Soweit der Bericht. Die tatsächlichen Ermittlungen der Polizei gestalteten sich sehr schwierig, weil einerseits die Kompetenzen fehlten und andererseits militärische Geheimhaltung die Recherchen stark behinderte. Dessen ungeachtet wurden die Erhebungen nach der Brand-

„Wiener Illustrierte" vom 10. September 1955

Der Ring-Hotel-Brand, der 7 Feuerwehrleute und vier Sowjetsoldaten verletzte und 40 Kindern sowjetischer Offiziersfamilien Rauchgasvergiftungen und Nervenschocks verursachte, war einen Tag lang Gesprächsthema Nummer 1 von Wien. Der von den Sowjets in ein Kino umgewandelte Bankettsaal des Grand-Hotel, sämtliche Kellerräume, die Zimmerflucht im zweiten Stock und Teile des Dachgeschosses sind völlig ausgebrannt. Russische Frauen, die auf ihren Einkaufswegen von dem Brand gehört hatten, versuchten verzweifelt, ihre in den Zimmern eingeschlossenen Kinder zu retten. Wiens Feuerwehr kam ihnen sofort zu Hilfe. Dadurch konnte der Brand noch lokalisiert werden.

Das Grand Hotel in Flammen

Das Grand Hotel in Flammen

ren Soldaten hätte er versucht, in den Saal einzudringen, doch waren die Türen verschlossen. Eine der Türen sei mittels Schlüssel geöffnet, eine zweite mit Gewalt eingedrückt worden. Wegen der starken Rauchentwicklung hätten sie sich aber samt mitgebrachten Feuerlöschapparaten zurückziehen müssen. Diese Versuche, den Brand selbst zu löschen, wären auch der Grund dafür gewesen, daß die Feuerwehr erst relativ spät, um 10.54 Uhr verständigt worden sei.

Die Realität und die Tragik dieses Brandes fanden sich jedoch in keinem Aktenvermerk. Die Feuerwehrmänner mußten nämlich nach ihrem Eintreffen in zwei Richtungen kämpfen. Zunächst einmal mußten sie versuchen, zum Brandherd vorzudringen, ein Unterfangen, das wegen der starken Rauch- und Hitzeentwicklung fast eine Stunde dauerte. In der Zwischenzeit wurde das Hauptkontingent der verfügbaren Kräfte zur Rettung von eingeschlossenen Personen eingesetzt. Dabei hatten sie fast noch größere Schwierigkeiten zu überwinden als bei der Brandbekämpfung selbst. Die Halsstarrigkeit einiger der sowjetischen Hausbewohner und die strenge Hausordnung

Das Grand Hotel in Flammen

verzögerten die Rettungsmaßnahmen. Feuerwehrleute, die beispielsweise auf einer Magirusleiter zum 4. Stock emporgeklettert waren, mußten unverrichteter Dinge zurückkehren, weil die Zimmerbewohner sie nicht in die verqualmten Räume ließen. Erst nach Verhandlungen mit höheren Offizieren konnten die Rettungs- und auch die Löscharbeiten an allen Stellen in Angriff genommen werden. Erschütternde Szenen spielten sich ab, als einige vom Einkaufen heimkehrende sowjetische Mütter den Rauch aus den Zimmern dringen sahen, in denen sie ihre Kinder zurückgelassen hatten. Feuerwehrleute hatten allerdings in der Zwischenzeit die gefährdeten Kinder in andere, mit Frischluft versorgte Räume gebracht. Dies teilten sie den Eltern mit. Was aber die Feuerwehrleute nicht wußten, war der Umstand, daß die Kinder mittlerweile von sowjetischen Soldaten, die die Rettungsmaßnahmen unterstützten, wieder in andere Zimmer gebracht worden waren. Letzten Endes entwickelte sich ein Chaos, bei dem Feuerwehr und Polizei mit weinenden und verzweifelten Müttern im Gefolge im wahrsten Sinn des Wortes im Kreise umherirrten. Von tausenden Schaulustigen wurde auch ein sowjetischer Soldat beobachtet, der zwar sichtlich gegen den mit einer Rauchgasvergiftung verbundenen Brechreiz ankämpfte und von einem Kameraden gestützt nach Luft schnappend an einem Fenster des 4. Stockwerkes lehnte. Totzdem wehrte er sich aber mit Händen und Füßen gegen die Bergung durch Feuerwehrleute über die Magirus-

Schwer verletzt mußte Feuerwehrmann Karolus abtransportiert werden: Nicht nur gegen das Flammenmeer, auch gegen die Halsstarrigkeit der Sowjets hatten die Feuerwehrleute anzukämpfen.

Bilder aus „Bild Telegraf" vom 2. September 1955

Sowjetische Soldaten bildeten eine Mauer: Noch in der Todesgefahr fürchteten sie offenbar Spione, wollten das Fotografieren verbieten und beschlagnahmten die Fotoapparate dreier Pressefotografen.

Das Grand Hotel in Flammen

Das Grand Hotel in Flammen

leiter. Erst auf intensives Zureden seines vor dem Hause wartenden Vorgesetzten ließ er sich schließlich anseilen und retten.

Sieben Feuerwehrleute erlitten Rauchgasvergiftungen, davon zwei schwererer Art. Der Feuerwehr gelang es, ein Übergreifen des Brandes auf benachbarte Objekte zu verhindern und den Sachschaden, der immerhin die für damalige Verhältnisse große Summe von (nach Angaben der Hotelleitung) 500.000 Schilling ausmachte, zu begrenzen. Die Polizei selbst war mit 200 Mann ausgerückt, wovon ein großer Teil für die großräumigen Absperrungen eingesetzt wurde. Der Rest unterstützte die Feuerwehr bei den Rettungs- und Bergungsarbeiten.

Die Brandursache konnte nie restlos geklärt werden. Ein Attentat oder eine Brandlegung konnten jedoch mit absoluter Sicherheit ausgeschlossen werden.

Die wahrscheinlichste Brandursache dürfte eine achtlos weggeworfene Zigarette auf einem Holzfußboden oder in einem Papierlager gewesen sein.

Nächste Seite:
Heute strahlt das Grand Hotel in neuem Glanz und ist eines der Top-Hotels der Bundeshauptstadt.

Das Grand Hotel in Flammen

1956
Die Börse in Flammen

Die Wiener Börse bestand seit dem unter Maria Theresias Regierungszeit am 1. August 1771 erlassenen Börsepatent als öffentliche Börse. Nach mehrmaligem Standortwechsel war ihr neues Domizil seit dem 19. März 1877 am Wiener Schottenring. Von Theophil Hansen stammt der 1868 ausgearbeitete Entwurf in klassizistischer Renaissanceform. Unter Mitarbeit von Karl Tietz wurde das Gebäude innerhalb von drei Jahren errichtet. Zwei dreigeschossige Seitenflügel mit erhöhten Eckresaliten flankierten den ebenfalls erhöhten Mittelbau, der den basilikalen Börsesaal und das Vestibül enthielt.

Das Gebäude wurde zum Zeitpunkt der Katastrophe schon seit Jahrzehnten nicht mehr im Rahmen seiner ursprünglichen Bestimmung verwendet. In den Seitentrakten waren Büros und Lagerräume verschiedener Unternehmungen untergebracht. Der große Börsesaal selbst wurde im Jahre 1951 durch eine zwei Meter hohe Holzfachwerksdecke unterteilt. Die Unterseite war mit Sigaritplatten verkleidet und diese wiederum mit einem Brandschutzmittel imprägniert. Dadurch entstanden zwei Geschoße von je 1000 qm Fläche, von

links: Die vom Wiener Gründerzeitarchitekten Theophil Hansen 1874-1877 erbaute Wiener Börse am Schottenring fand nach dem 2. Weltkrieg als Ausstellungsgebäude mit der Bezeichnung „Wiener Ring Basar" Verwendung. Das Bild zeigt die in der Bausubstanz nach dem Brand glücklicherweise erhalten gebliebene Ringstraßenfassade.

Die Börse in Flammen

denen das Erdgeschoß für eine Ausstellung und der erste Stock zu einem Bazar für Wohnungsbedarfsgegenstände umfunktioniert wurden.

Die Luft in der Nacht vom 12. zum 13. April war lauer als in den Tagen vorher. Das hektische Getriebe rund um die Börse wurde gegen Mitternacht von einer eher gemächlichen Ruhe abgelöst. Einige Nachtschwärmer fuhren mit den letzten Straßenbahnen nach Hause, und die Polizisten begannen ihre Rundgänge im nächtlichen Wien. Auch die Nachtwächter Ertl und Niederheim traten wie gewöhnlich gegen 24.00 Uhr ihren Rundgang durch das Gebäude der Börse an. Zwischen 00.15 und 00.17 Uhr näherten sie sich ihrem letzten Kontrollpunkt im Mittelgang des Souterrains und bemerkten starken Brandgeruch. Der Warmluftkanal aus Hartfaserplatten, der im Souterrain quer über den Mittelgang angebracht war und für die Zufuhr von Warmluft in das Foyer der Börse diente, brannte. Das Feuer hatte sich zu diesem Zeitpunkt bereits so weit entwickelt, daß es einen Regen von Schleuderfunken gab. Verzweifelt versuchten die Nachtwächter ein Telefon zu erreichen. Es war aber alles verschlossen, und desalb mußten

über die Prunkstiege, Ecke Ring-Börsegasse in das Büro der Austria Presse Agentur im dritten Stock laufen, um den Brand zu melden.

Um 00.20 Uhr langte die Brandmeldung in der Feuerwehrzentrale ein. Von dort rückte ein Bereitschaftszug, der noch von der Feuerwache Neubau verstärkt wurde aus und traf rund zwei bis drei Minuten später bei der Börse ein. Schon um 00.27 Uhr wurde mit dem Ablöschen der Brandstelle des in Vollbrand befindlichen Heizkanals im Keller begonnen. Gleichzeitig wurde eine Schlauchlinie in ein rechts davon gelegenes Tischlermagazin vorgetragen, da hier ein weiterer Teil des Heizkanals brannte. Kurz danach wurde ein nahegelegenes Anstreichermagazin aufgebrochen, und auch dort stand der Heizkanal in Brand. Der kommandierende Offizier der Feuerwehr reagierte sofort und forderte Verstärkung an. Vier komplette Bereitschaftszüge der Feuerüberwachen Döbling, Mariahilf und Leopoldstadt sowie einige Geräte der kleineren Feuerwachen, insgesamt 32 Fahrzeuge, darunter auch ein Gasschutzwagen und zwei Magirusleitern, wurden zur Börse geschickt. Fast zur gleichen Zeit wie in der

Nächste Seite:
links: Das Innere der Börse bot ein Bild der Verwüstung. Das Ausmaß der Katastrophe wird durch die Bilder verdeutlicht.

rechts: Einsam auf Wache, als es keine Werte mehr gab. Die Aufgabe des Beamten bestand in der Sicherung des Brandortes für die Untersuchung nach den Brandursachen.

Die Börse in Flammen

Die Börse in Flammen

Das größte Feuer in Wien seit Kriegsende
Börsengebäude – eine Brandruine!

Feueralarm um Mitternacht – Trotz Großeinsatz der Feuerwehr konnte das Gebäude nicht mehr gerettet werden – 19 Verletzte bei den Löscharbeiten – Alle Privatparteien evakuiert – Österreichs einzige Nachrichtenagentur „APA" zeitweise lahmgelegt – Noch gestern abend neuerliches Aufflackern des Brandes – Ab heute darf die Brandruine wegen Einsturzgefahr nicht mehr betreten werden

„Wiener Zeitung" vom Samstag, den 14. April 1956

Die Börse in Flammen

Feuerwehrzentrale langte auch im Polizeipräsidium über den Polizeinotruf die Verständigung ein, daß ein Brand in der Börse ausgebrochen sei. Zunächst wurden von der Funkzentrale zwei Funkstreifenwagen zur Börse beordert und via Kommissariatswachzimmer die gesamte Mannschaft vom örtlichen Wachzimmer Heinrichsgasse zur Börse entsandt. Diese ersten Einsatzkräfte und die später dazukommenden Polizeibeamten mußten zuerst neugierige Passanten vom Börsegebäude fernhalten, um die Arbeit der Feuerwehr nicht zu behindern. Dem Verantwortlichen der

rechts: Der besorgte Blick nach oben: Wird die Decke halten, oder gibt es in ihr noch Glutnester?

Die Börse in Flammen

Polizei wurde schnell klar, daß Verstärkung notwendig war. Fast gleichzeitig mit dem zusätzlichen Kontingent der Feuerwehr wurde auch der Einsatz einer Kompanie (damals etwa 150 Sicherheitswachebeamte) der Bereitschaftsabteilung, die in der Roßauer Kaserne stationiert war, angeordnet. Diese Kräfte sperrten nun die Gehsteige und Fahrbahnen rund um das Börsegebäude, während ein verstärkter Zug auf Ersuchen des Feuerwehrkommandanten in das vollkommen verqualmte Stiegenhaus Börsegasse Ecke Ring eindrang, um dort die Fenster zu öffnen oder einzuschlagen, damit der Qualm aus den Gängen abziehen konnte. Danach drang der gleiche Zug vom Seiteneingang Börsegasse Ecke Börseplatz in das Gebäude ein und begann in einer umfangreichen Aktion den Hausrat, Möbel, Warenlager und sonstige Gebrauchsgegenstände zu bergen. Ein anderer Teil der Kompanie brachte die zahlreichen in der Börsegasse auf der Seite der Börse parkenden Kraftfahrzeuge in die benachbarte Eßlinggasse oder in die Neutorgasse, um der Feuerwehr Platz zu schaffen. Da diese Fahrzeuge fast alle versperrt waren, mußten die Seitenscheiben eingeschlagen werden.

Inzwischen war auch die Kriminalpolizei nicht untätig geblieben. Im Hinblick auf den bereits erkennbaren großen Umfang des Brandes, wurden die Ermittlungsgruppe und mehrere andere Kriminalbeamte des Sicherheitsbüros zum Brandort entsandt.

Dort hatte sich nun das Feuer zum Großbrand entwickelt. Bereits gegen 00.35 Uhr hatte eine Mannschaft der Feuerwehr versucht, vom Börseplatz her durch den Vortragssaal in den großen Börsesaal mit einer Schlauchlinie vorzudringen. Sie mußte jedoch wieder umkehren, da dieser Saal so verqualmt war, daß ein Vordringen ohne schwere Atemschutzgeräte nicht möglich war. Obwohl zwischenzeitlich der Brand im Keller zu einem wesentlichen Teil schon gelöscht war, hatte sich der Brand im Souterrain bereits so weit entwickelt, daß die Feuerwehr seinen Durchbruch in den darüberliegenden Saal nicht mehr verhindern konnte. Das mit Vehemenz durchbrennende Feuer fand reiche Nahrung. Der Saal war mit leicht brennbaren Gütern, Ausstellungsgegenständen und Kojenaufbauten gefüllt und außerdem durch eine hölzerne Zwischendecke geteilt. Bald bedrohte das Feuer auch die

Nächste Seite:
Gemeinsame Lagebesprechung von Polizei und Feuerwehr in den zerstörten Räumen der Börse nach bestmöglicher Zusammenarbeit während des Brandes.

Die Börse in Flammen

Nebenräume und Seitentrakte und griff gegen 1.40 Uhr auf das Dach über.

Um die Gefährdung der umliegenden Wohnhäuser durch den starken Funkenflug unter Kontrolle zu halten, wurden die Bewohner dieser Häuser von den Sicherheitswachebeamten geweckt und die Dächer besetzt. Zu den Beamten, die sich bereits im Einsatz befanden, wurden noch 30 Polizeischüler kommandiert. In der Börse selbst wurde die bereits begonnene Bergungsaktion intensiviert und alle Kräfte, die nicht zur Absperrung benötigt wurden, dafür eingesetzt. Die Beamten bargen bei dieser Aktion unter Einsatz ihres Lebens Werte in Millionenhöhe. Ein Auszug aus den aufgelisteten Gegenständen dokumentiert die Vielfalt der bedrohten Güter: 25 Kühlschränke, 15 Schreibmaschinen, 6 Rechenmaschinen, 12 Waschmaschinen, 36 Staubsauger, 10 Telefonapparate, 279 Gemälde, 3.412 Stück Stoffballen à circa 40 bis 50 m.

Die Bergung dieser Güter erfolgte oft unter erheblichen Gefahren für die Beamten. So barg eine Gruppe, als bereits mit dem Einsturz der Dachkonstruktion des Mitteltraktes gerechnet wurde,

Die Börse in Flammen

noch wichtige Geschäftspapiere und wertvolles Inventar aus dem geräumten Objektteil. Eine andere Gruppe von Beamten mußte geborgenes Gut, das über den Flur, der bereits brannte, nicht mehr ins Freie gebracht werden konnte, über ein Glasdach schaffen. Dabei brachen vier Sicherheitswachebeamte im Glasdach ein und erlitten Schnittwunden an den Unterschenkeln und Händen. Im Obergeschoß auf der Seite des Börseplatzes wurden aus einem großen Büroraum, dessen Fußboden bereits brannte, fast sämtliche Geschäftspapiere und wichtige Geräte geborgen.

Besonders dramatisch verlief eine Lebensrettungsaktion, an der Polizeirayonsinspektor W. Weiss, Polizeioberwachmann Weizbauer und der zweite Polizeioberwachmann Islinger beteiligt waren. Um 3.35 Uhr hörten die beiden erstgenannten Beamten aus dem Mittelteil der brennenden Börse Hilferufe. Sie drangen in Richtung der Rufe in das brennende und verqualmte Gebäude ein. Eine klare Sicht war durch den dichten Rauch unmöglich, und so konnten sie sich nur nach den Rufen orientieren. Nach kurzer Zeit trafen sie den Löschmeister Meyer, der sich bemühte, einen Kollegen zu bergen, der durch den Fußboden durchgebrochen war. Die beiden Beamten hielten nun den Löschmeister an seinen Beinen fest und ließen ihn so kopfüber durch die Öffnung hinab. Dem Feuerwehrmann gelang es, den durch die Rauchgase bereits ohnmächtig gewordenen Kameraden zu ergreifen. Mit letzter Kraftanstrengung konnten die beiden von den Sicherheitswachebeamten wieder herausgezogen werden. Der Schwerverletzte wurde dann von den Beamten und dem dritten Polizisten, der später dazugekommen war, ins Freie zur Ambulanz des Rettungsdienstes gebracht. Für diesen Einsatz erhielten die Beamten später eine Extrabelohnung von 400 Schilling. Insgesamt wurden beim Einsatz der Sicherheitswache elf Beamte durch Prellungen, Hautabschürfungen, Schnitt- und Brandwunden verletzt. Das geborgene Gut wurde mit Lastkraftwagen der Polizei in die Roßauer Kaserne transportiert und dort im Laufe der nächsten Tage durch Beamte des Bezirkspolizeikommissariates Innere Stadt den geschädigten Personen und Firmen ausgefolgt, nachdem die Rechtmäßigkeit des Eigentums überprüft worden war.

Erst gegen 4.00 Uhr konnte der Brand von der Feuerwehr lokalisiert werden, und ab 5.00 Uhr früh wurden die Kräfte der Feuerwehr auf etwa die Hälfte reduziert.

In den Vormittagsstunden gegen 10.00 Uhr flammte der Brand im Trakt zur Börsegasse erneut auf. Nicht einmal zehn Minuten später stürzte die Dachkonstruktion der völlig ausgebrannten Börse in die Tiefe und brannte im glühenden Bauschutt weiter. Die im Inneren des Gebäudes tätigen Feuerwehrleute konnten sich buchstäblich im letzten Augenblick vor den herabstürzenden Trümmern des Mauerwerkes und den glühenden Traversen retten. Zu diesem Zeitpunkt waren bereits 15 Feuerwehrmänner verletzt. Vier von ihnen mußten mit Prellungen und Schnittwunden ins Krankenhaus gebracht werden. Bis in die frühen Morgenstunden des 15. April war die Feuerwehr mit der Bekämpfung der immer wieder aufflammenden Brandherde beschäftigt. Die Sicherheitswache beschränkte sich nach der Bergungsaktion auf Absperrungs- und Sicherheitsmaßnahmen. Die kriminalpolizeilichen Erhebungen zur Feststellung und Klärung der Brandursache hin-

Die Börse in Flammen

sichtlich der Möglichkeit einer strafbaren Handlung waren inzwischen voll im Gange. Zunächst galt es, Zeugen sicherzustellen, sie zu befragen und alle Wahrnehmungen, die irgendwie von Bedeutung sein konnten, festzuhalten. Im Einvernehmen mit der Staatsanwaltschaft Wien wurde vom Landesgericht für Strafsachen Wien Univ.-Prof. Dr. Grassberger als Sachverständiger bestellt. Durch sein Gutachten mußten im wesentlichen drei Fragen beantwortet werden. Zuerst mußte man die Lage des Brandherdes feststellen. Davon ausgehend konnte man weiter nach der Brandursache forschen. Zuletzt mußte noch die Ursache der Entwicklung des Brandes zum Großfeuer geklärt werden.

Laut Gutachten wurde der Brand durch einen Glimmkörper verursacht, der im Foyer durch das Abschlußgitter des Warmluftschleiers in dessen Luftkanäle gelangte. Der Brand nahm von dem Teilstück des Kanals seinen Ausgang, das im Souterrain den Mittelgang überquerte. Die Entwicklung zum Großbrand wurde begünstigt, da bei der Installierung des Warmluftschleiers ein Mauerdurchbruch im Foyer gemacht worden war. Da-

links: Bis zum letzten Augenblick und bedroht durch ein Gewirr von glühenden Konstruktionsteilen und Traversen kämpfen die Feuerwehrleute im Inferno.

Die Börse in Flammen

Bilder wie diese ließen in den Tagen nach dem verheerenden Brand
daran zweifeln, die Börse wieder optisch in
das bauliche Ringstraßenensemble einbinden zu können.

Aber glücklicherweise kam es anders, und heute ist (zumindest) für Fremde,
dank der hervorragenden Restaurierung, der Unterschied zum Original äußerlich
fast nicht erkennbar.

Die Börse in Flammen

*Drei Etagen auf einer Ebene. Ein Meisterwerk österreichischer Architektur ist
im Umfang seiner einstigen Schönheit nur mehr an den Grundmauern erkennbar.
Die Erhaltung dieses wichtigen Restes ist dem planvollen Einsatz der Wiener Berufsfeuerwehr zu danken.*

Die Börse in Flammen

durch gab es eine direkte Verbindung zwischen Souterrain und großem Saal. Weiters wurde für den Heizkanal in großem Umfang brennbares Material verwendet. Bei dessen Entzündung verqualmten die entwickelten Flammen und Brandgase den großen Saal in kürzester Zeit und griffen auf die brennbaren Einbauten und Ausstellungsgüter über. Erschwerend kam noch hinzu, daß im großen Saal eine von Hohlräumen durchsetzte Zwischendecke eingebaut worden war, wodurch ein großflächiges Feuer nicht wirksam bekämpft werden konnte.

rechts: Brand aus. Wieder einmal konnte eine Katastrophe zwar nicht verhindert, in ihren Auswirkungen aber dank hervorragender Institutionen und Kooperationen in Wien und von Wienern reduziert und minimiert werden.

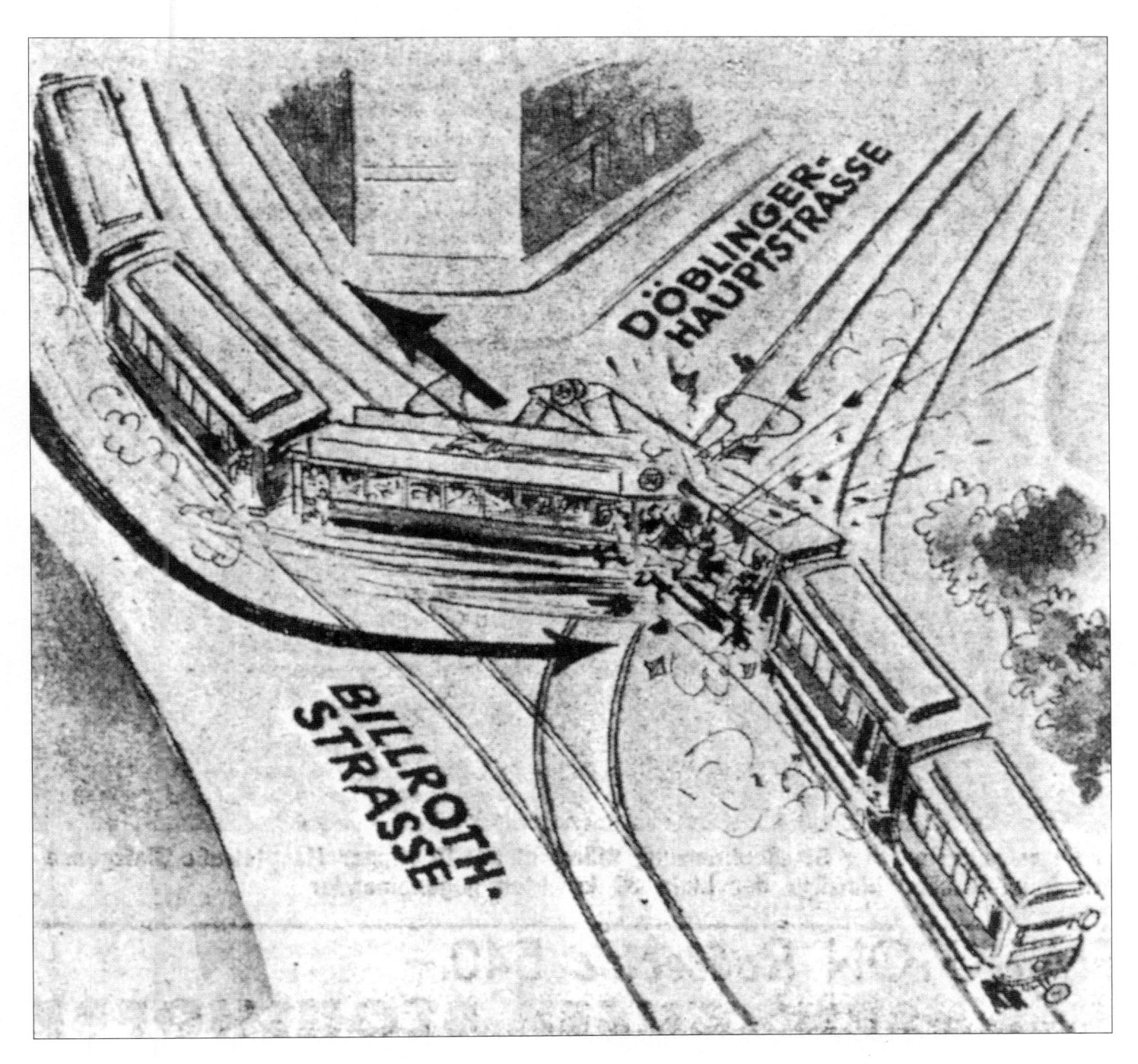

1960
Die Straßenbahnkatastrophe von Döbling

„Illustrierte Kronen Zeitung"
vom 3. August 1960

Die Straßenbahnkatastrophe von Döbling

Man kann wohl ohne Übertreibung sagen, daß die Wiener Straßenbahn, U-Bahn und Stadtbahn zu den sichersten Verkehrsmitteln der Stadt zählen. Dies liegt einerseits an der guten Selektion und Ausbildung der Bediensteten und andererseits an dem besonderen Verantwortungsbewußtsein des technischen Personals, insbesondere der Fahrer der Züge, nicht zuletzt aber auch an der technischen Ausstattung, Wartung und Kontrolle der Fahrzeuge selbst. All diese Maßnahmen bringen die Garnituren der Wiener Verkehrsbetriebe heute auf einen Sicherheitsstandard, der internationale Vergleiche nicht zu scheuen braucht. Und wenn wir in diesem Buch wiederholt die Frage gestellt und manchmal offengelassen haben, was aus Katastrophen gelernt wurde, kann man – ohne Ursachen und Schuld des bisher schwersten Unglückes seit Bestehen der Wiener Verkehrsbetriebe damit in unmittelbaren Zusammenhang zu bringen – sagen, daß die fürchterliche Katastrophe des Jahres 1960 zweifellos zu der erwähnten Entwicklung im Sicherheitsbereich wesentlich beigetragen hat.

Die Linien 38 und 39 der Wiener Straßenbahn sind den Einheimischen, aber auch vielen Fremden vor allem deswegen bekannt, weil sie eine der beiden Endstationen in Sievering und Grinzing, den wohl bekanntesten Wiener Heurigenorten, haben. Heute verkehrt noch immer die „Tramway", wie die Straßenbahn von den Wienern genannt wird, nach Grinzing, während die Linie 39 nach Sievering durch eine Busverbindung ersetzt wurde. „Die letzte Blaue", das ist jener Straßenbahnzug, der als letzte Straßenbahngarnitur stadteinwärts fährt, hat diesen Namen nicht nur allein von der Tatsache, daß die Waggons als Signal für die letzte Möglichkeit, Grinzing mit der Strassenbahn zu verlassen, eine blaue Tafel aufgesteckt erhalten, sondern hat diesen „Titel" auch dem Umstand zuzuschreiben, daß man in Wien von einem durch Alkohol animierten Menschen schlicht und einfach sagt: Der ist „blau". Und so ist die „letzte Blaue" auch meist von den letzten Heurigenbesuchern bevölkert, die in weinseliger Stimmung noch einmal Geselligkeit erleben oder die Heurigenstimmung langsam ausklingen lassen wollen. Was weniger bekannt war, ist der Umstand, daß auf den Fahrtrouten dieser Linien zu jener Zeit und in wesentlich abgeschwächter Form noch heute, viele Betriebe lagen und liegen, die von den Arbeitern und Angestellten mittels Straßenbahn bequem erreicht werden konnten. Aus diesem Grunde waren diese Linien auch tagsüber vor allem aber zu Arbeitsbeginn und Arbeitsende sehr stark frequentiert, wenngleich die Stimmung in den Waggons zu diesen Zeiten nicht mit jener um Mitternacht zu vergleichen war.

Deshalb war auch am 2. August des Jahres 1960 der stadteinwärts fahrende Zug der Linie 39 kurz nach Feierabend vieler Betriebe voll besetzt. In der leicht abschüssigen Billrothstraße wurde diese aus Trieb- und Beiwagen bestehende Garnitur aus zunächst unerklärlichen Gründen immer schneller und durchraste eine kurz vor dem Gürtel liegende starke Rechtskurve, wobei der Zug aus den Schienen sprang und auf einen gerade aus der Haltestelle ausfahrenden Gegenzug prallte. Die Folgen in den vollbesetzten Waggons, aber auch in dem geringer ausgelasteten Gegenzug waren katastrophal. Zehn Fahrgäste wurden auf der Stelle getötet, weitere acht starben in der Folge in den Spitälern an ihren bei dem Unfall erlittenen Verletzungen. Mehr als

Die Straßenbahnkatastrophe von Döbling

100 Personen wurden mit Verletzungen verschiedenen Grades in Spitäler eingeliefert oder ambulant an Ort und Stelle behandelt. Dabei klangen die ersten Meldungen, die knapp nach 16.50 Uhr in den Zentralen von Feuerwehr und Polizei einliefen, der Diktion nach gar nicht tragisch. Man sprach zunächst allgemein von einem „Verkehrsunfall mit Verletzten".

Den zwei Minuten später eingetroffenen Beamten der Hauptfeuerwache Döbling bot sich allerdings ein Bild des Grauens. An der Kreuzung Billrothstraße – Döblinger Hauptstraße lagen zu einem wuchtigen Turm ineinander verkeilt die Trümmer der umgestürzten Triebwagen. Die Beiwagen waren zwar ebenfalls entgleist, jedoch glücklicherweise nicht umgestürzt. Aus den Trümmern gellten Hilferufe und Schmerzensschreie der eingeklemmten Fahrgäste, von denen viele Todesangst litten. Die Fahrbahn selbst war schon mit Toten und Verletzten übersät, die beim Zusammenprall aus den Zügen geschleudert worden waren. Der verantwortliche Feuerwehroffizier gab daher sofort die Meldung „Verkehrskatastrophe, viele Verletzte" weiter, wodurch nunmehr sämtliche Kräfte von Feuerwehr, Polizei und Rettung alarmiert wurden. Die fast gleichzeitig mit den ersten Feuerwehrkräften eingetroffenen Besatzungen der Funkstreifenwagen begannen sofort gemeinsam mit Kollegen der Feuerwehr mit der Bergung der in den Trümmern eingeschlossenen Opfer. Und so konnte bis zum Eintreffen der alarmierten Verstärkungen um 17.00 Uhr – auch unter Mithilfe von Zivilpersonen – schon ein Großteil der Verletzten geborgen und an die mit allen verfügbaren Fahrzeugen ausgerückte Wiener Rettung übergeben werden.

Sehr schwierig gestalteten sich für die Feuerwehr die Aktionen zur Befreiung der in den Wracks der Triebwagen vollkommen eingeklemmten Personen. Die für diese Fälle mitgeführten Ausrüstungsgegenstände wie Wagenheber, Winden, hydraulische Pressen waren in den völlig zerstörten und ineinander verkeilten Fahrgestellen nicht immer optimal einsetzbar und gestalteten vor allem die Bergung von Schwerverletzten zu langwierig. Man hatte daher vorsorglich und rechtzeitig den erst vor kurzem angeschafften 15-t-Magirus-Kranwagen angefordert. Die große Ausladung des verlängerten Kranarmes erlaubte eine bestmögliche Ausnutzung des Arbeitsraumes an der Aktionsstelle und damit eine rasche Bergung der eingeklemmten Verletzten. Dies alles spielte sich in einer gespenstischen Szenerie ab. Im abgesperrten Bereich herrschte absolute Stille, die nur vom Kreischen der Winden und Eisensägen und den immer leiser werdenden Schmerzens- und Hilferufen der zu bergenden Menschen unterbrochen wurde.

Mittlerweile hatten die Besatzungen der Rettungswägen – es waren in Kürze alle verfügbaren Ambulanzen an Ort und Stelle – einen provisorischen Verbandplatz auf den Gehsteigen und sogar auf Teilen der Fahrbahn eingerichtet. Nach allfälliger notwendiger Erstversorgung wurden die Verletzten im Pendelverkehr mit Blaulicht in die Wiener Spitäler gebracht, deren Ärzteschaft ebenfalls bereits alarmiert worden war. Genau um 17.21 Uhr, also fast exakt eine halbe Stunde nach Auslösung des Erstalarmes, verließ der Rettungswagen mit dem letzten zu versorgenden Unfallopfer die Unglückskreuzung.

Das Verkehrsunfallkommando hatte in der Zwischenzeit mit der Aufnahme des Tatbestandsberichtes begonnen. Nachdem die Unfallstelle aus allen Richtungen und Blickwinkeln fotographiert worden war, entsprechende Skizzen angefertigt und die vorhandenen Zeugen befragt worden waren, konnte die Feuerwehr mit der Räumung des Unfallplatzes von den Trümmern und Wrackteilen beginnen. Nach einer Stunde konnte der Verkehr wieder provisorisch aufgenommen werden. Um 20.00 Uhr waren die Arbeiten vollständig abgeschlossen. Viele

Die Feuerwehrleute mußten sich verzweifelt, den Eingeklemmten zu helfen.

Die Straßenbahnkatastrophe von Döbling

Die Straßenbahnkatastrophe von Döbling

Die Straßenbahnkatastrophe von Döbling

Sehr schwierig gestalteten sich die Versuche, den in den Triebwagen eingeklemmten Personen zu helfen.

Die umgestürzten Triebwagen waren völlig zerstört und ineinander verkeilt.

Mit einem Kranwagen mußten die verkeilten Triebwagen angehoben werden.

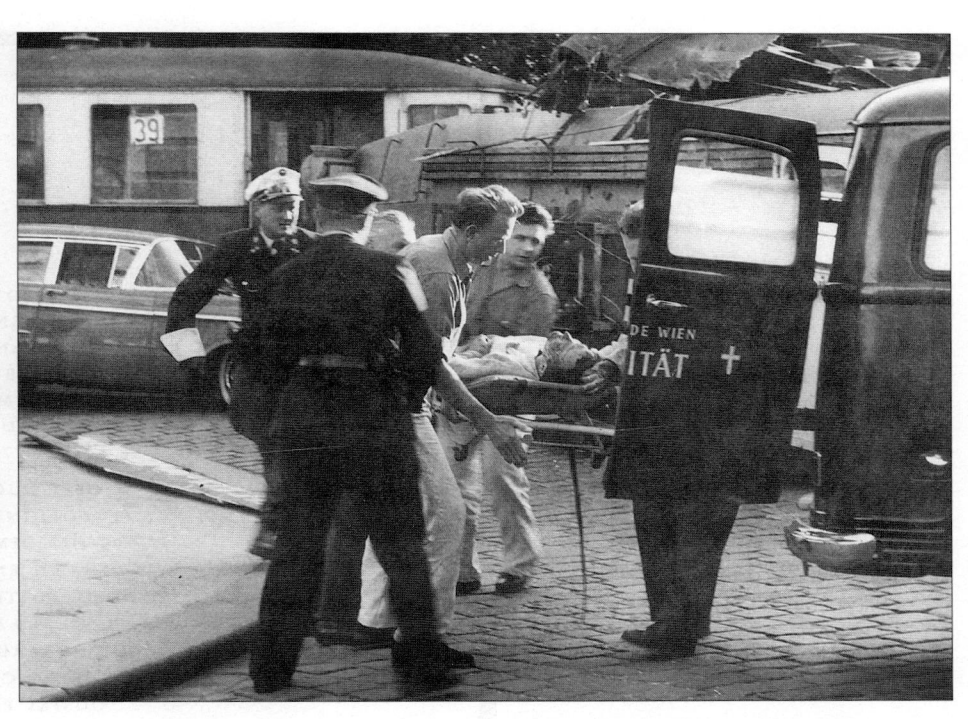

Die Straßenbahnkatastrophe von Döbling

DIE STADT WIEN
GEDENKT
DER BEI DER STRASSENBAHNKATASTROPHE
IN DÖBLING
AM DIENSTAG, DEM 2. AUGUST 1960
TÖDLICH VERUNGLÜCKTEN

JOSEF AUGUSTIN
LEOPOLDINE DAURA
VIRGINIA DIMITRIADOU
JOHANN ENGLISCH
LISELOTTE FREY
LEOPOLD KALLER
HILDEGARD KANAK
HERBERT OLLINGER
GUSTAV PIMMER
KAROLINE POHLER
THERESE SCHNEIDER
DKFM. WALTER SIMANEK
JOHANNA SOMMERLECHNER
ANNA STOCKREITER
JOHANN TRUMLER
THERESE VOLKHEIMER
EDELTRAUT WALACH
GRETE ZMUGG-WIEDENHUBER

IN EINER GEMEINSAMEN TRAUERFEIER
AM SAMSTAG, DEM 6. AUGUST 1960, UM 11 UHR
AUF DEM PLATZE VOR DEN ARKADEN
DES WIENER ZENTRALFRIEDHOFES

Bundespolizeidirektion Wien
ARCHIV

Schwerverletzte konnten, dank dem mustergültigen Zusammenwirken von Feuerwehr, Rettung, Polizei und den Ärzten in den Spitälern gerettet werden. Ohne diese beispielhafte Kooperation wäre die schreckliche Bilanz an Toten noch weitaus größer geworden. Als Unfallursache wurde menschliches Versagen festgestellt, wobei eine endgültige detaillierte Klärung des genauen Unfallherganges nicht mehr möglich war, da die für den stadteinwärts fahrenden Straßenbahnzug verantwortlichen Motorführer und Zugführer zu den Todesopfern des Unfalles gehörten.

Und noch während die Stadt Wien bei einer Trauerfeier auf dem Zentralfriedhof der Opfer des größten und schwersten Unglückes in der Geschichte der Wiener Verkehrsbetriebe gedachte, rangen in den Spitälern Wiens von den ursprünglich eingelieferten 119 Verletzten noch immer 17 mit dem Tode. Sie konnten aber dank dem Wissen und dem Engagement der Wiener Ärzteschaft in den Spitälern gerettet werden.

Schrecklich war die Bilanz des schwersten Unfalls in der Geschichte der Wiener Verkehrsbetriebe.

1961
Die Alte Universität in Flammen

Ein Platz mit südländischem Flair – heute beherbergt die Alte Universität die Akademie der Wissenschaften.

Die Alte Universität wurde von dem berühmten französischen Baumeister Jean Nicolas Jadot de Ville-Isey im Auftrag von Kaiserin Maria Theresia anstelle der Alten Universitätsbibliothek errichtet. Nach Fertigstellung diente der Bau bis 1848 der Wiener Universität als Hauptgebäude. Nach 1848 wurden die Vorlesungen teils im Theresianum, teils im Josefinum auf der Währinger Straße abgehalten. Erst 1884 erhielt die Universität ihr jetziges Gebäude, mit dessen Bau 1871 begonnen worden war. Die heutige Universität steht an jener Stelle, an der schon Rudolf IV. der Stifter, von welchem 1365 die Wie-

Die Alte Universität in Flammen

ner Universität als zweite im deutschsprachigen Raum gegründet wurde, eine eigene Universitätsstadt errichten wollte. Der Plan Rudolfs konnte aufgrund seines frühen Todes nicht realisiert werden, und 1384 begann Albrecht III. mit der Schaffung eines Universitätsviertels rund um die Dominikanerkirche. Zug um Zug entstanden dort sogenannte „Bursen" als Wohnungen für Studenten. Als letzte Erinnerung daran wäre noch heute die Rosenbursenstraße zu erwähnen. 1623 wurden die Jesuiten von Kaiser Ferdinand II. mit der Leitung der Universität betraut. Sie bauten zwischen 1627 und 1631 die Jesuitenkirche und die damit verbundenen Klostergebäude.

Das Hauptgeschoß des Baues zeigt Sockel und Attika im Hochbarock. Zwei Wandbrunnen an der Hauptfassade und das weiträumige Vestibül waren Meisterwerke der damaligen Baukunst. Von ganz besonderer Schönheit und von hohem künstlerischen Wert war der Festsaal mit einem Deckenfresko des italienischen Meisters Guglielmi, der damit die Verherrlichung der Wissenschaften darstellte.

In der Nacht vom 7. zum 8. Februar 1961, genau um 23.15 Uhr erhielt der Funkwagen „Anton" von der Leitzentrale den Einsatzbefehl, in die Bäckerstraße zu fahren, da ein parkender Kombiwagen die Fahrbahn blockierte. Die Polizisten beseitigten das Verkehrshindernis und wollten eben wieder in den Wagen einsteigen, als sie plötzlich aus dem Dach der Alten Universität – zum damaligen Zeitpunkt bereits der Akademie der Wissenschaften gewidmet – dichten Qualm aufsteigen sahen. Die Uhr in der Leitzentrale zeigte 23.23 Uhr, als der Funkwagen „Brand in der Alten Universität" meldete. Kaum eine Minute später ging der Alarm zur Feuerwehrzentrale, von der vier Wagen entsandt wurden. Von der Feuerwache Landstraße setzte sich ein weiterer Wagen in Fahrt. Zu diesem Zeitpunkt schlugen bereits grelle Flammen aus dem Dachstuhl und färbten den grauschwarzen Himmel über dem Zentrum der Stadt blutrot. Dachziegel, die durch die Hitze aus ihrer Verankerung gerissen wurden, prasselten auf den Gehsteig nieder, gefolgt von einem Regen aus glühenden und glimmenden Holzteilchen. Nun ging es Schlag auf Schlag. Die Hauptfeuerwache Leopoldstadt fuhr mit vier Wagen zur Alten Universität, die

Feuerwache Prater mit einem Wagen. Minuten später rückten auch die Hauptfeuerwachen Döbling und Favoriten mit je vier Wagen und die Feuerwachen Neustift und Margareten mit je einem Wagen zum Brandplatz aus. Von der Zentrale wurde der Atemschutzwagen der Feuerwehr mobilisiert. In den engen Gassen drängten sich hunderte Neugierige, die durch den in ganz Wien und sogar bis Baden sichtbaren Feuerschein angelockt worden waren. Schulmannschaften der Polizei mußten die Menschenmenge abdrängen, um der Feuerwehr in den engen und winkeligen Gassen entsprechenden Einsatzraum zu schaffen. Zu diesem Zweck mußten auch parkende Autos händisch auf die Gehsteige gehoben werden. Und während die Polizisten verzweifelt bemüht waren, die von Autos verstopften engen Gassen frei zu bekommen, prasselte auf sie ein Funkenregen, fielen brennende Stücke des Dachstuhles auf sie herab und verlegte Ruß und herabgedrückter Rauch ihre Lungen. Dabei bewährte sich, daß die Mannschaften der erstausgerückten Alarmabteilung mit Stahlhelmen ausgerüstet waren und so Kopfverletzungen vermieden werden konnten.

Während auf der Straße die Magirusleitern in Position gebracht wurden, kämpften sich die Feuerwehrleute im Inneren des Gebäudes mit den ersten Schlauchlinien über die Stiegen in den ersten Stock hoch. Beim Öffnen der Tür zum

Eine rauchende Ruine wurde aus dem berühmten Festsaal der Alten Universität.
„Die Presse" vom 9. Februar 1961

Festsaal sahen sie sich einem Meer von Flammen gegenüber. Die Einrichtung des Prunkraumes stand in vollen Flammen. Zu diesem Zeitpunkt brannten bereits 600 qm des mit Ziegeln, Eternit und Blech gedeckten Daches der Universität. Immer dichter wurden die Glutkaskaden, die ein stürmischer Wind aus West vom brennenden Dach hochwirbelte. Die glimmenden und brennenden Holzteile fegten durch die Luft und gefährdeten die umliegenden Häuser. Von zwei Seiten waren Magirusleitern ausgefahren, über Stützleitern versuchten Feuerwehrleute über den Balkon in der Bäckerstraße gegen das Flammenmeer vorzudringen. Die Stiegenhäuser waren mit Schlauchleitungen voll ausgelegt und das Brandzentrum damit praktisch von allen Seiten unter Wasser gesetzt. Trotzdem stürzte kurz nach Mitternacht der brennende Dachstuhl zusammen und in den Festsaal hinunter. Der Einsturz ließ die Flammen neuerlich hell auflodern. Der Föhnsturm fegte durch das Gebäude und führte den Flammen immer wieder neuen Sauerstoff zu. Weitere Einstürze folgten. Um 00.52 Uhr rückten weitere Geräte der Feuerwachen Himberg und Penzing zur Universität aus. Kurz danach wurde der Brand aber endgültig lokalisiert, und um 1.40 Uhr war die Feuersbrunst bis auf einige Glutnester gelöscht, die von der Feuerwehr weiter bekämpft wurden.

Zu diesem Zeitpunkt bestand schon für die Nebengebäude höchste Gefahr. In den Dachböden der Nachbarhäuser hatten sich Feuerwehrleute postiert, während auf den beiden Türmen der Jesuitenkirche zwei Patres Brandwache bezogen. Der Provinzial, übrigens einer der ersten, die den Brand entdeckten, hatte sie dort postiert. Tatsächlich begann auch kurz nach Mitternacht der Fensterstock des linken Turmfensters lichterloh zu brennen. Der Brand konnte jedoch dank bereitgestellter Wasserkübel sofort gelöscht werden. Um 1.40 Uhr kam auch für die Anrainer die erlösende Nachricht: „Brand aus". In der Ruine der Alten Universität blieben Brandwachen zurück, die immer wieder kleinere Glutnester und Brandherde löschen mußten. In den spärlichen Resten des Festsaales begann die Untersuchungskommission mit den ersten Erhebungen zur Feststellung der Brandursache.

In den Folgetagen gingen über Wien anhaltende Regenfälle

Die Alte Universität in Flammen

197

Gespenstisch ragten die Silhouetten der Dachbarren, hinter denen die Flammen züngelten, gegen den Nachthimmel. Inspektor Wichtl von der Funkstreife „Anton" (links unten) entdeckte als erster den Brand

„Kurier" vom 8. Februar 1961

Die Alte Universität in Flammen

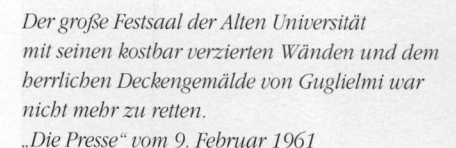

Der große Festsaal der Alten Universität mit seinen kostbar verzierten Wänden und dem herrlichen Deckengemälde von Guglielmi war nicht mehr zu retten.
„Die Presse" vom 9. Februar 1961

mit großer Heftigkeit nieder. Dadurch wurde die in den Grundmauern und der Grundsubstanz gerettete Alte Universität neuerlich gefährdet. Das Regenwasser floß ungehindert durch den eingestürzten Dachstuhl in den zerstörten Festsaal und unterwusch die durch Hitze und Löschwasser arg beschädigten Mauern des Mitteltraktes, für die nunmehr neuerlich Einsturzgefahr bestand. In der Folge wurde eiligst ein Notdach konstruiert und aufgestellt, welches vorübergehend für die Erhaltung der Bausubstanz sorgte.

Die Brandursache lag darin, daß die aus der Zeit Maria Theresias stammenden Kamine wohl in Ordnung, jedoch für Koksfeuerung nicht geeignet gewesen waren. Zur Zeit der Erbauung heizte man nämlich nur mit Holz, und die Kamine waren auch nur für die relativ geringe Hitzeentwicklung des Holzes berechnet. Zwei Tage vor dem Brand wurden jedoch die Öfen mit Koks beheizt. Dies schien in Verbindung mit den ausgetrockneten Dippelbäumen brandauslösend gewesen zu sein.

1964
Der Flug-zeugabsturz

An der Absturzstelle in der Neubaugasse spendete ein Priester die letzte Ölung.

„Neues Österreich", 17. Mai 1964

Der Flugzeugabsturz

Die Pfingstfeiertage des Jahres 1964 versprachen gutes Wetter. Der Pfingstsamstag war ein wunderschöner, warmer, wolkenloser Maitag. Am Flughafen Schwechat stand die neue, sechssitzige Rundflugmaschine mit dem Kennzeichen OE-DEF startbereit. Sie war erst vor zwei Monaten vom Bedarfsluftfahrtunternehmen Ing. Drescher für rund eine Million Schilling gekauft worden. Es handelte sich um das letzte Modell, und die Maschine war mit allen nur erdenklichen Navigationsinstrumenten ausgerüstet. Aufgrund des guten Wetters waren bereits in den Mittagsstunden zwei Rundflüge, an denen hauptsächlich Firmlinge teilnahmen, absolviert worden. Seit ihrer Auslieferung hatte die OE-DEF erst 60 Flugstunden absolviert. Kurz vor 15.00 Uhr startete die Cessna mit dem 23jährigen Piloten Helmut M. zum neuerlichen Rundflug. Zwei Männer und zwei Frauen saßen in der geräumigen Kabine. Es war für alle Passagiere der erste Flug.

Zur gleichen Zeit befand sich die kleine Piper PA-18 mit dem Kennzeichen OE-AEK mit dem Piloten Gendarmerierayonsinspektor Heinrich W. ebenfalls auf einem Rundflug. Die Erlaubnis wurde beiden Maschinen von der Flugsicherung erteilt, da ausgezeichnete Sichtbedingungen gegeben waren.

Um 15.00 Uhr war die Neubaugasse im 7. Wiener Gemeindebezirk, also fast im Zentrum der Stadt, aufgrund des idealen Ausflugswetters und des langen Wochenendes fast menschenleer. Ein städtischer Autobus verließ rumpelnd die Haltestelle in der Nähe der Mondscheingasse und verschwand langsam in Richtung Mariahilfer Straße. Das einsame Taxi am Taxistandplatz Neubaugasse – Mondscheingasse bekam endlich auch noch drei Fahrgäste, eine alte Dame mit zwei kleinen Kindern, und verließ zielstrebig die Örtlichkeit in der Gegenrichtung. Die wenigen Gäste im Café Elsahof wandten sich wieder ihrem guten Einspänner (Wiener Kaffee) zu, da es auf der Straße absolut nichts mehr zu beobachten gab. Minuten später stießen fast genau oberhalb dieser Idylle die mit zwei Personen besetzte Piper auf Ost/West-Kurs und die mit fünf Personen besetzte Cessna auf West/Ost-Kurs zusammen. Der eigentliche Berührungspunkt dürfte, wie spätere Untersuchungen ergaben, über der Stifts-

Der Flugzeugabsturz

kaserne gewesen sein. Die Folgen waren jedenfalls fürchterlich. Die Piper schlug wie eine Bombe in den Hinterhof des Hauses Josefstädter Straße 27 ein und zerschellte. Beide Insassen waren auf der Stelle tot. Die havarierte Rundflugmaschine raste ebenfalls mit unheimlicher Geschwindigkeit in die Tiefe und bohrte sich einem Geschoß gleich in die Seitenfront des Hauses Neubaugasse 34.

Den sofort zum Einsatzort entsandten Feuerwehrleuten und Polizisten sowie Angehörigen der Wiener Rettung bot sich ein grauenhafter Anblick. Auf engem Raum, an der Einmündungsstelle der Mondscheingasse in die Neubaugasse, lagen die fürchterlich verstümmelten Leichen der Insassen der Cessna. Eine riesige Stichflamme loderte aus dem geborstenen Tank gegen den Himmel. Die Cessna war in hunderte von kleinen und kleinster Teilen zerrissen wor-

Wie durch ein Wunder kam außer den Insassen der Maschine niemand zu Schaden.

Der Flugzeugabsturz

den. Auf dem Dachboden des Hauses Neubaugasse 34 fand sich ein Rad der Maschine, der Motor lag in einer Wohnung einen Stock tiefer. Es war ein Wunder, daß außer den Insassen der Maschine niemand zu Schaden kam. Wäre das Unglück an einem Wochentag passiert, an dem die Neubaugasse als Geschäftsstraße stark frequentiert war, wären die Folgen furchtbar gewesen. Die gleiche glückliche Fügung ereignete sich an der Absturzstelle der Piper. Auch dieser Hinterhof war menschenleer, und die angrenzenden Wohnungen waren fast unbeschädigt. Die Piper hatte sich zwischen den Hausmauern durchstürzend direkt in den Boden des Lichthofes gebohrt und wurde dort von dem als ersten eintreffenden Amtsarzt „wie ein Kipferl zusammengestaucht" vorgefunden. Wäre die Piper vor ihrem Absturz nur einen halben Meter höher geflogen, wäre sie nicht an den Dachfirst des Hauses Josefstädter Straße 23, sondern an das Dach des Bühnenhauses des Theaters in der Josefstadt gestoßen. Nach Meinung von Experten hätte sie dabei das Dach des Bühnenhauses des Theaters durchschlagen und wäre auf die zu diesem Zeitpunkt nicht menschenleere Bühne gestürzt. Wäre sie hingegen nur einen halben Meter niedriger geflogen, dann wäre sie mit voller Wucht in eine voll belegte Wohnung gestoßen.

Die große Gewalt des Zusammenstoßes wurde auch durch die Tatsache dokumentiert, daß man trotz ununterbrochener Räumungsarbeiten bis zum Pfingstsonntag früh noch an beiden Pfingstfeiertagen in der Josefstadt und auf dem Neubau, von der Stiftgasse bis zum Uhlplatz, verstreute Trümmer der verunglückten Flugzeuge finden konnte. Dies war auch für die in der Stadt verbliebenen Wienerinnen und Wiener, die sich schon kurz nach dem Unfall in der Gegend versammelt hatten und wie üblich (bis sie von der Sicherheitswache zurückgedrängt wurden) die Zufahrt der Rettungsmannschaften blockierten, ein Anreiz zur „Andenkensuche" als Pfingstausflug des Jahres 1964.

Über die Feiertage waren die Polizei, die Gerichtsmedizin und die Sachverständigen der für die Luftfahrt zuständigen Ämter bemüht, durch Zeugenbefragungen und Untersuchung der Wrackteile, der Absturzstelle und der fürchterlich verstümmelten Opfer Erkenntnisse über die Ursachen des Un-

Nächste Seite:
Die Piper zerschellte nach dem Zusammenstoß in der Luft im Hinterhof eines Hauses.

Der Flugzeugabsturz

203

Der Flugzeugabsturz

Jedes Unglück zieht magisch große Mengen von Schaulustigen an.

glückes zu finden. Sehr bald konnte man technisches Gebrechen an einer der beiden Maschinen ausschließen. Es blieb also nur das berühmte „menschliche Versagen" eines oder beider Piloten über. Obwohl die Aussagen der Zeugen wie üblich in Details abwichen, waren die Beobachtungen in einigen Punkten völlig einheitlich. Beide Maschinen rasten in einem ziemlich spitzen Winkel aufeinander zu. Nun gab es auch schon zu dieser Zeit genaue Vorschriften für den Fall einer direkten Begegnung zweier Fahrzeuge in der Luft: „Wenn sich zwei Luftfahrzeuge in entgegengesetzter Richtung unter ähnlichem Kurs nähern", heißt es im Gesetz, „haben beide verant-

Der Flugzeugabsturz

Der Flugzeugabsturz

wortlichen Piloten den Kurs nach rechts zu ändern, wenn die Gefahr eines Zusammenstoßes besteht". Diese Vorschrift hätte auf die beobachtete Flugsitation zugetroffen. Eine Kommunikation der beiden Piloten miteinander im direkten Wege war nicht möglich, da zwar

DIE SEKUNDE DES TODES: Um 15.16 Uhr 35 Sekunden blieb die Armbanduhr des Piper-Piloten Weiszer stehen.

Bild oben und vorige Seite:
„Neues Österreich", 17. Mai 1964

die Cessna, nicht aber die Piper mit Funk ausgerüstet war. Es kam zu einem fast frontalen Zusammenstoß mit den vorgeschilderten Folgen.

Der folgenschwere und dennoch relativ glimpflich verlaufene Unfall hat für den Bereich Wien zu einer Verschärfung der Luftraumüberwachung als auch zu „Nachbesserungen" bei den gesetzlichen Normen für das Überfliegen des Stadtgebietes geführt. Bei Beachtung der derzeit geltenden Bestimmungen und in Anbetracht der konsequenten Flugraumüberwachung ist eine Wiederholung dieses Unglückes mit privaten Flugzeugen über Wien nicht zu erwarten. Der Ausbau der zweiten Wiener Piste auf dem Flughafen Wien Schwechat hat neben vielen anderen positiven Konsequenzen auch eine weitere Anhebung des Sicherheitsstandards im Bereich der nationalen und internationalen Passagierflüge der Luftfahrtgesellschaften im Bereich Wien zur Folge. Dem grundsätzlich hohen Sicherheitslevel auf dem und für den Wiener Flughafen ist es vermutlich auch zuzuschreiben, daß wir trotz einiger Unglücksfälle in Wien im Gegensatz zu den meisten anderen Städten keine Katastrophe, die in dieses Buch gehörte, gefunden haben. Auch diese Tatsache in Verbindung mit den allgemein bekannten guten Sicherheitsverhältnissen in der Stadt wird die für unseren Fremdenverkehr Verantwortlichen freuen und ausländischen Lesern Appetit auf einen Wien-Besuch machen.

1969
Der Brand in der Kanadischen Botschaft

Schnell entwickelte sich der Brand in der Botschaft.

DER 26. AUGUST 1969 BEGANN in der Kanadischen Botschaft in Wien in der Oberen Donaustraße 49-61 wie jeder andere Tag. Es wurden von den Beamten und Angestellten Akten bearbeitet, Telefonate erledigt, und die Sonne schien schon am Vormittag heiß auf den vor dem Botschaftsgebäude träge dahinfließenden Donaukanal.

Der Chauffeur der Botschaft, Heinrich N., legte gegen 10.30 Uhr die Zeitung, die er in einer kurzen Pause zwischen zwei Fahrten gelesen hatte, zur Seite und verließ das Zimmer, um sich für seinen nächsten Auftrag Instruktionen zu holen. Sein Zimmer befand sich genau gegenüber dem Empfangsraum, den er auf diesem fast routinemäßigen

Der Brand in der Kanadischen Botschaft

Weg in das Sekretariat passieren mußte. Dabei hatte er auch freien Blick in die Bibliothek, die um diese Tageszeit meist leer war. Aber an diesem verhängnisvollen Vormittag war alles anders. N's. gewohnheitsmäßiger Blick in die Bibliothek ließ ihn im Schritt verharren. Ein ungefähr 50 Jahre alter, schlanker, großer Mann mit graumeliertem, zurückgekämmtem Haar stand im tadellosen Anzug vor den Regalen und war dabei, einen Docht, der aus einer vollgefüllten Flasche oben herausstand, zu entzünden. Auch er hatte den Chauffeur bemerkt und schleuderte sofort die brennende Flasche gegen das Bücherregal. N. ergriff einen Sessel und stürzte sich auf den Mann. In diesem Moment zog dieser aus dem Ballonseidenmantel, den er über dem Arm hängen hatte, ein Buschmesser in der Art einer Machete von einem halben Meter Länge und drang seinerseits auf N. ein. Dieser schleuderte den Sessel gegen den Mann und lief mit den Worten: „Hilfe, holt die Polizei! Ein Wahnsinniger mit einem Messer!" auf den Gang hinaus. In einem der angrenzenden Sekretärinnenzimmer fand er Zuflucht, versperrte von innen die Tür und betätigte den Notruf. Während des Telefonates hörte er noch drei Mal das Geräusch von splitterndem Glas und vermutete, daß der Täter noch mehrere Molotowcocktails warf, zumal plötzlich starker Rauch in das Büro eindrang. Als er die Tür aufriß, um gemeinsam mit einer Sekretärin das Büro zu verlassen, stand der Teppichboden am Gang schon in Flammen. Von dem Täter sah er im Qualm nichts mehr. Kurze Zeit später wurde er gemeinsam mit der Sekretärin von der Feuerwehr über eine Drehleiter durch das Fenster in Sicherheit gebracht.

Ähnlich erging es der Sekretärin Silvia B. Sie wurde zufällig Zeugin des ungleichen Kampfes des Chauffeurs mit dem Attentäter. Als der bedrohte N. fluchtartig die Bibliothek verließ, zog sie sich ebenfalls sofort in ein Zimmer zurück und wurde aus dem blitzartig entstandenen Flammeninferno ebenfalls von der Feuerwehr über eine Leiter gerettet. Auch die übrigen Angestellten, die durch N's. Hilferufe aufmerksam geworden waren und die Türen zum Gang öffneten, konnten durch die starken Rauchschwaden nichts mehr erkennen, zogen sich in ihre Zimmer zurück und wurden über die Drehleitern der Feuerwehr in Sicherheit gebracht.

Der Brand in der Kanadischen Botschaft

Insgesamt wurden 24 Personen gerettet, neun Feuerwehrleute erlitten Verletzungen, für zwei Angestellte der Botschaft kam jede Hilfe zu spät. Sie starben an den Rauchgasen und konnten nur noch als verkohlte Leichen geborgen werden.

Die Feuerwehr, die übrigens Alarmstufe 3 ausgerufen hatte, konnte den Brand in relativ kurzer Zeit mit fünf Rohren und einem Wasserwerfer unter Kontrolle bringen. Trotz dieses mustergültigen Einsatzes betrug der Sachschaden in dem Bürohaus, das der Wiener Städtischen Versicherung gehörte, fast 20 Millionen Schilling. Dabei hatte die Eigentümerin noch Glück im Unglück, da sich in dem Gebäude die gesamte Datenverarbeitungsanlage befand, deren Maschinen damals allein schon einen Wert von 60 Millionen Schilling repräsentierten. In einem anderen Teil des Gebäudes befanden sich zur Zeit des Brandes rund 14.000 Polizzen von neu abgeschlossenen oder neu bearbeiteten Verträgen, die im Falle einer Brandausbreitung mühsam hätten rekonstruiert werden müssen.

Eine ebenfalls tragische Facette dieser Katastrophe lag aber auch in der Person oder besser gesagt der „Persönlichkeit" des Attentäters.

Der Brand in der Kanadischen Botschaft

Der Brand in der Kanadischen Botschaft

Kanadas Botschaft Flammenhölle – 2 Tote
Nach Bombenattentat Kanadier in Haft

32 Verletzte – 3 Etagen der Versicherung am Donaukanal in Wien verwüstet
Kampf auf Leben und Tod mit Attentäter – War Mann, der sich stellte, Täter?

Eine Wahnsinnstat löste Dienstag kurz vor 11 Uhr in Wien eine der aufsehenerregensten und zugleich schrecklichsten Brandkatastrophen der vergangenen Jahre aus: Ein Attentäter brachte in den Räumen der kanadischen Botschaft im vierten Stock des Bürogebäudes Obere Donaustraße 49—61, das der Wiener Städtischen Versicherung gehört, eine Gasflasche und vermutlich auch mehrere Molotowcocktails zur Explosion und verwandelte dadurch die Räume der Botschaft in eine Flammenhölle. Zwei Menschen — soweit bisher feststeht, Wiener, die bei der Botschaft beschäftigt waren, fanden den Tod. Dutzenden Angehörigen der kanadischen Botschaft wurde von den Flammen der Fluchtweg abgeschnitten. Die Feuerwehr, die an diesem Tag über sich selbst hinauswuchs, rettete sie aus dem brennenden Gebäude mit Magirusleitern. 32 Personen, unter ihnen neun Feuerwehrmänner, erlitten Verletzungen und Brandwunden. Eine Frau ringt im Arbeitsunfallkrankenhaus Webergasse mit dem Tod. Noch während der Löscharbeiten stellte sich am Brandplatz ein Mann mit den Worten „I have set the fire" (Ich habe den Brand gelegt) einem Polizeioffizier. Es ist der 47jährige frühere ungarische und nun kanadische Staatsbürger Colman Losonczy, der schon im Jahre 1967 einmal in der kanadischen Botschaft in Wien randaliert haben soll. Der Mann wurde in das Wiener Sicherheitsbüro gebracht, verweigerte bei seiner Einvernahme jedoch jede Aussage. Auch das Motiv für die Tat, der er sich bezichtigte, wollte er nicht nennen.

Ein Chauffeur der Botschaft hatte versucht, den Attentäter zu überwältigen. Er mußte sich mit einem Sessel gegen den Mann, der mit einem Messer auf ihn eindrang, zur Wehr setzen. Der Attentäter konnte in dem Wirrwarr entkommen.

Bei den Toten — die Leichen konnten zunächst nicht identifiziert werden — dürfte es sich um den 46jährigen Alfred Sautner aus Wien-Alsergrund und um den 47jährigen Hans Karl Rott aus Wien-Liesing handeln. Zumindest wurden diese zwei Männer, die bei der kanadischen Botschaft beschäftigt waren, seit dem Brand nicht mehr gesehen. Es ist zu befürchten, daß sie es waren, auf die der Attentäter seine Molotowcocktails warf. Ursprünglich hatte man angenommen, daß der Attentäter selber zu den Opfern gehört. Dies erwies sich jedoch nach den Einvernahmen der Augenzeugen als falsch.

FORTSETZUNG AUF SEITE 2 →

Von dichten Rauchschwaden begleitet, schlugen die Flammen aus der Front des Versicherungsneubaues. Die Feuerwehr rettete Insassen über Leitern

AZ Arbeiter-Zeitung

Obwohl sich dieser, der gebürtige Ungar Colman L., 1922 in Eger geboren, noch am Tatort während der Löschmaßnahmen der Polizei stellte, war sein Motiv nicht sofort erklärlich. Zuerst gab es Hinweise darauf, daß sich der Attentäter als naturalisierter Kanadier für eine Loslösung des französisch-sprechenden Landesteiles interessierte und dafür kämpfte. Diese Angaben wurden dadurch bestärkt, daß L. bei seinen Einvernahmen erklärte, er könnte sich nur auf Französisch verständigen, obwohl später festgestellt wurde, daß er fast perfekt Deutsch sprach. Die psychiatrische Untersuchung ergab schwere seelische Störungen, die vielleicht aus seinem Schicksalsweg erklärbar sind. L. flüchtete 1944 mit seinen Eltern vor den heranrückenden sowjetischen Truppen nach Österreich, wo er sich nur relativ kurze Zeit aufhielt. Später kam er über verschiedene westeuropäische Länder, in denen er sich nicht integrieren konnte, nach Kanada. Auch dort schien er seine Probleme nicht lösen zu können und reiste nach seiner Einbürgerung wieder oft nach Europa, was natürlich auch als Hinweis auf nachrichtendienstliche Tätigkeit gedeutet werden konnte und nach dem Attentat zuerst auch geprüft wurde. Der Polizei gegenüber gab er zwar zu, das Feuer mittels Molotowcocktails gelegt zu haben, zeigte sich aber bei Befragung über die näheren Umstände der Tatausführung, die für eine gerichtliche Verurteilung notwendig oder zumindest zweckmäßig waren, absolut unkooperativ. Die Beweiskette schloß sich allerdings, als man aufgrund eines in den Kleidern vorgefundenen Gepäckaufgabescheines am Wiener Westbahnhof seinen dort deponierten Koffer sicherstellen konnte. In diesem Koffer fand man dünne Drähte in grüner und weißer Farbe. Mit ebensolchen Drähten als Dochtbefestigungen waren auch zwei sichergestellte Molotowcocktails, die nicht gezündet worden waren, versehen. Ein weiteres Beweisstück im Koffer war der Teil eines Gummibandes, mit dem auch der Griff des erwähnten Buschmessers umwickelt war. Als zusätzliches Beweisstück fand man das Duplikat eines Briefes, den der Attentäter am Tag vor der Tat an das Innenministerium gesandt hatte und in dem er in wirren Worten seiner Frustration, die in Haß auf „alles Kanadische und Englische" übergegangen war, Luft machte und

Der Brand in der Kanadischen Botschaft

Der Brand in der Kanadischen Botschaft

214

nach dem Brandanschlag noch weitere Aktivitäten ankündigte.

Nach dem Attentat ersuchten verschiedene Vertretungsbehörden um polizeilichen Schutz. Diesem Ersuchen wurde damals gemäß einem auch für Österreich verbindlichen internationalen Übereinkommen voll entsprochen. Diese Maßnahmen sind zum Teil bis heute noch aufrecht und binden viele personelle Ressourcen der Polizeidirektion Wien.

Der 47jährige Ungar wurde übrigens nie gerichtlich verurteilt. Er appellierte an eine höhere Instanz, als er sich im März 1970 in einer Sonntagnacht einen Stoffstreifen aus seiner Hose riß und sich damit in seiner Zelle erhängte. Fünf Monate vorher hatte er bereits einen Selbstmordversuch unternommen, der jedoch rechtzeitig entdeckt und von Justizwachebeamten verhindert worden war. Der zweite Selbstmordversuch hatte trotz strenger Überwachung Erfolg, und deshalb blieben damit auch einige Rätsel um die Person und die Motivation des Attentäters offen.

---

canada = capitalist ✡ dictatorship² = USA

---

capitalist terror, discrimination, prejudice, hate, unemployment, misery, oppression, exploitation, brutality, frustration, humiliation, arrogance, impertinence, insults, public lies. Now y have escaped from the capitalist paradise for ever and the long waited moment has come to pay you back once for all and to see to that, that you - capitalist oppressor - exploiter terrorist jews seeking world domination - cannot bring me back again by the force to that rotten fucken colony what y rate as y ever hated anything.

    As a protest against your tyranny and to reject once again your fucken citizenship that you try to force over me since years, to revenge all the frustrations, humiliations and insults what y had to swallow and, last but not least to make it sure that you gangsters cannot kidnap me again y have burnt your embassy here in Vienna and made a massacre over there. When y have done all this y had only one thought in my mind: to murder as many english rats as possible to revenge my wrecked life and by doing so make it impossible for you kidnapper terrorists to bring me back again to that fucken colony by the force.

Support Socialism !!

Der Brand in der Kanadischen Botschaft

Selbstbezichtigung des Kanadiers erhärtet – Attentat so gut wie geklärt:

Bombenwerfer – weil er Kanada haßte

Briefe kündigten Massaker in der kanadischen Botschaft an
Koffer und Mantel Losonczys enthielten eindeutige Beweise

Der 47jährige Kanadier Colman Losonczy, der sich Dienstag kurze Zeit nach dem Bombenanschlag in den Räumen der kanadischen Botschaft der Polizei gestellt hatte, vermochte Mittwoch mit größter Wahrscheinlichkeit als Attentäter überführt zu werden. Losonczy hatte das Attentat aus abgrundtiefem Haß gegen Kanada verübt und nach seinen Angaben lange und sorgfältig vorbereitet. In einem Brief, den Losonczy kurz vor dem Bombenanschlag an das Innenministerium adressiert hatte und der Mittwoch vormittag das Ministerium mit der anderen Post erreichte, versuchte der Attentäter sein Verbrechen ausführlich zu motivieren. Der Brief ist eine einzige Beschimpfung Kanadas. Losonczy erklärte im Wiener Sicherheitsbüro ungerührt, daß es ihm keine Rolle gespielt hätte, wenn bei dem Anschlag 1000 Menschen das Leben verloren hätten. „Ich habe das mörderische Massaker genau kalkuliert und wohl überlegt", heißt es in dem in französischer Sprache abgefaßten Brief.

In einem Gepäckschließfach im Wiener Westbahnhof wurde noch in der Nacht zum Mittwoch ein Koffer sichergestellt, den Losonczy dort deponiert hatte. In diesem Koffer entdeckten die Kriminalisten neben mehreren Briefen, die fast den gleichen Wortlaut wie der an das Innenministerium gerichtete hatten, Drahtstücke und Gummibänder. Ein erster Vergleich ergab, daß bei der Herstellung der Benzinbomben für den Anschlag in der kanadischen Botschaft derselbe Draht verwendet worden war. Auch die Gummibänder im Koffer stimmten mit jenen überein, die Losonczy um den Griff des Buschmessers gewickelt hatte, das er, in einem Mantel versteckt, in der brennenden kanadischen Botschaft zurückgelassen hatte. Mit diesen Indizien wurde nunmehr die Behauptung Losonczys, daß er der Bombenwerfer sei, auch kriminaltechnisch untermauert.

Nach den bisherigen Feststellungen dürfte Losonczy keinen Komplicen gehabt haben. Unklar ist gegenwärtig noch, auf welchem Weg der Kanadier nach Österreich gelangt war. Bei der Durchsuchung seiner Kleider und des Koffers wurde kein einziges Dokument entdeckt. Obwohl das Ergebnis der psychiatrischen Untersuchung noch aussteht, dürfte es sich bei Losonczy um einen Psychopathen handeln, der nach Ansicht der Kriminalisten allerdings zeitlich und örtlich genau orientiert ist und daher auch genau wußte, was er tat.

Der Gesamtschaden am Hause Obere Donaustraße 49–51 schätzte Dr. Schärf von der Städtischen Versicherung auf 15 bis 20 Millionen Schilling.

Haß gegen Kanada trieb ihn zu seiner furchtbaren Tat: Colman Losonczy

FORTSETZUNG AUF SEITE 5

Notdürftig mit Plastik abgedichtet: Die Fensterhöhlen in dem schwerbeschädigten Haus am Donaukanal in Wien

„Z", 28. August 1969

Der Brand in der Kanadischen Botschaft

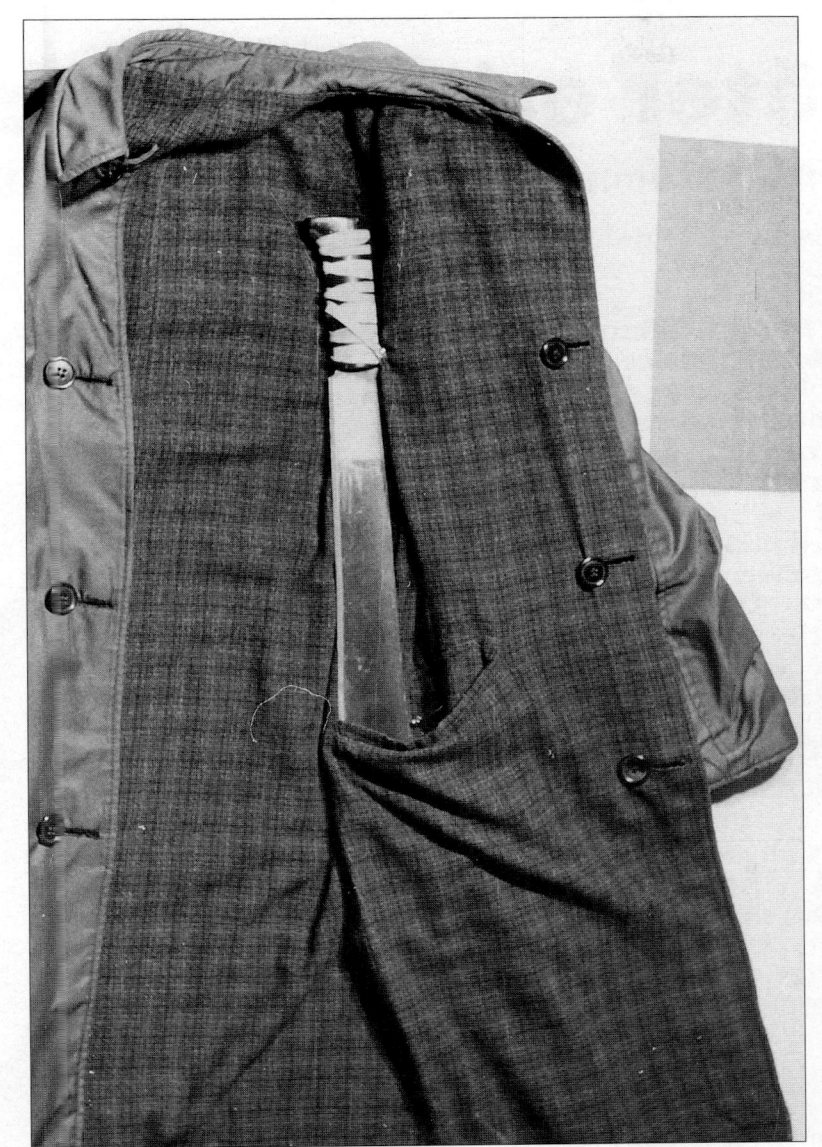

Einfach und effizient waren die Molotowcocktails des Attentäters gebaut.

Aus seiner Manteltasche zog der Attentäter ein großes Buschmesser.

217

Der Brand in der Kanadischen Botschaft

Botschaftsattentäter erhängte sich
Justizwachebeamter entdeckte Koloman Losoncy in der Zelle — Rätsel bleibt

Der 47jährige Koloman Losoncy, der am 26. August des vergangenen Jahres mit Benzinbomben die Räume der kanadischen Botschaft in Brand gesteckt hatte, verübte in der Nacht zum Sonntag in seiner Zelle im Wiener Landesgericht Selbstmord. Das Attentat hatte zwei Todesopfer und zwölf Verletzte gefordert.

Losoncy, ein gebürtiger Ungar, der die kanadische Staatsbürgerschaft angenommen hatte, war am Vormittag des 26. August als Besucher getarnt in die Räume der kanadischen Botschaft in der Oberen Donaustraße in Wien eingedrungen und hatte dort seine selbstgebastelten Benzinbomben zur Explosion gebracht. Dem raschen Eingreifen der Feuerwehr und einigen mutigen Helfern war es damals zu danken, daß es nicht zu einer noch größeren Katastrophe kam. Die Bilanz war dennoch erschütternd: Zwei Tote, zwölf Verletzte und vollkommen zerstörte Räume der Botschaft.

HASS ALS MOTIV

Kurz nach dem Attentat hatte sich Losoncy vor der Botschaft der Polizei gestellt und sich des Anschlages bezichtigt. Seine Angaben wurden später bei der Durchsuchung seines Gepäcks, in dem sich Zündschnüre befanden, bestätigt. Als Motiv gab Losoncy abgrundtiefen Haß gegen Kanada an.

In der Nacht zum Sonntag riß Losoncy einen Stoffstreifen aus seiner Hose und erhängte sich damit. Als er von einem Justizwachebeamten entdeckt wurde, war es für Hilfe bereits zu spät. Losoncy, der möglicherweise in eine Heilanstalt gebracht worden wäre, hatte bereits im November einen Selbstmordversuch unternommen.

Mit dem Tod von Losoncy dürfte auch die Frage ungeklärt bleiben, ob er bei dem Anschlag einen Komplicen hatte.

Der zweite Selbstmordversuch mißglückte nicht: Koloman Losoncy

„AZ", 24. März 1970

Amts-Blatt
der Bundespolizeidirektion Wien
Nur für den inneren Dienstbetrieb

Nr. 9   Wien, am 10. September 1969   25. Jahrgang

Der Herr Landeshauptmann und Bürgermeister von Wien Bruno M a r e k hat anläßlich des polizeilichen Einsatzes bei dem Attentat auf die kanadische Botschaft in Wien das nachstehende Schreiben an mich gerichtet:

„Ich habe bereits an Ort und Stelle des fluchwürdigen Attentates Ihnen meinen Dank, Anerkennung und Bewunderung über die Bereitschaft der Ihnen unterstellten Polizei zum Ausdruck gebracht. Ich bitte Sie, in geeigneter Form sämtlichen Offizieren, Chargen und Polizeibeamten den Dank der Wiener Stadtverwaltung zu vermitteln und die Versicherung entgegenzunehmen, daß die Stadt Wien auf ihre Polizei stolz ist."

Der Brand in der Kanadischen Botschaft

1976

Brand am Bahngelände

Der Großbrand in der ÖBB-Hauptwerkstätte und der Firma Bunzel und Biach

AM 8. APRIL 1976 BEOBACHTETE ein Arbeiter der Firma Gräf & Stift gegen 14.00 Uhr einige Jugendliche im Bereich der alten Bahntrasse und einer dem Firmengelände nahegelegenen Sackgasse im Wiener Bezirk Floridsdorf. Um 15.00 Uhr schaute ein Techniker der Firma Elin aus seinem Fenster und bemerkte, wie sich diese Jugendlichen auf der sogenannten Hochtrasse (einer ehemaligen in Hochlage befindlichen Bahntrasse) herumtrieben. Da diese Trasse selten von jemandem betreten wird, fiel ihm das Geschehen auf. Eine viertel Stunde später verschwanden die Burschen aus seinen Augen, und fünf oder zehn Minuten später sah er aus einem Gestrüpp Rauch aufsteigen. Der Rauch war aber nicht ständig zu sehen, sondern verschwand auch wieder. Deshalb dachte er, daß das Feuer bereits erloschen oder we-

Brand am Bahngelände

nigstens im Abklingen sei. Etwa um 15.30 Uhr sah der Magazinleiter der Firma Gräf & Stift diese Jugendlichen (es handelte sich vermutlich um 10- bis 14jährige Buben) wieder in Richtung Brünnerstraße zum Ersatzteillager laufen. In der Annahme, daß die Jugendlichen

Der Brand weitete sich schnell aus.

irgendwelchen Unfug getan haben oder beabsichtigen könnten, begab er sich ins Freie und beobachtete dabei, daß sie sich, während sie in Richtung Brünnerstraße weiterliefen, mehrmals umblickten. Als er ebenfalls in diese Richtung schaute, sah er in größerer Entfernung eine Rauchsäule aufsteigen.

Inzwischen hatte der Techniker der Firma Elin seine Arbeit beendet und wollte gegen 15.40 Uhr sein Büro verlassen. Als er gewohnheitsmäßig zum Fenster hinausblickte, sah er, daß der von ihm ursprünglich beobachtete Kleinbrand doch stärker und in der Rauchentwicklung intensiver geworden war. Er besprach die Angelegenheit mit einer Arbeitskollegin, und beide meinten, daß es sich nur um einen Grasbrand handeln dürfte. Trotzdem verständigten sie um 15.49 Uhr die Feuerwehr, wobei als Brandort der Bereich des Geländes zwischen der Hauptwerkstätte der Österreichischen Bundesbahnen und der Firma Gräf & Stift angegeben wurde. Um 16.05 Uhr fuhr der Polier einer Baufirma mit einem LKW Mischgut in die ÖBB-Hauptwerkstätte. Dabei bemerkte er im Bereich der alten Bahntrasse Rauch aufsteigen und eine Funkstreife mit Blaulicht in die Sackgasse einfahren. Soweit die Zeugenaussagen über die Beobachtungen bezüglich der Entstehung eines der flächenmäßig größten Brände der Nachkriegszeit, die ersten Aktivitäten zur Verständigung der Feuerwehr und eine

Brand am Bahngelände

Sammlung aller Angaben, die die vermutlichen Brandverursacher (spielende Kinder) betreffen.

Allerdings waren seitens der Werksfeuerwehr der ÖBB bereits um 16.00 Uhr kleinere Brände, die im freien Gelände (dieses war nur mit Gras und Kleinbüschen bewachsen) an der Westseite des alten Räderwerkes ausgebrochen waren, gelöscht worden. Während des Einsatzes bemerkten die Angehörigen der Werksfeuerwehr, daß in jener Sackgasse, die sich von der Brünnerstraße bis zur Ruttnergasse erstreckte, ein größerer Flächenbrand ausgebrochen war und teilweise schon durch die Viaduktbögen durchschlug. Die Werksfeuerwehr versuchte nun, die Brände unterhalb der Bögen zu löschen und damit das Feuer einzugrenzen. Diese Viaduktbögen waren aber zum Teil mit Baracken verbaut und in anderen Bereichen mit Bretterzäunen verschlagen. Während die Feuerwehrleute noch voll mit den Löscharbeiten an den Zäunen beschäftigt waren, schlugen plötzlich Flammen aus einer Baracke, in der eine Tischlerei untergebracht war. Zu diesem Zeitpunkt wurde nun die Berufsfeuerwehr der Stadt Wien verständigt. Das Feuer wurde zu dieser Zeit zusätzlich von einem starken böigen Wind aus Nordwest angefacht. Beim Eintreffen der Feuerwehr stand daher die Halle, in der sich die Tischlerei befunden hatte, bereits in Vollbrand und konnte nicht mehr gehalten werden. Knapp vor dem Eintreffen der Feuerwehr war auch auf dem Bahndamm zum Frachtenbahnhof (Nordbahntrasse), der sich circa 80 Meter von der brennenden Halle in östlicher Richtung befand, vermutlich durch Funkenflug ein weiterer Flächenbrand ausgebrochen. Der grasbewachsene Bahndamm brannte innerhalb kurzer Zeit in einer Breite von circa 50 Metern. Durch die starke Hitzeeinwirkung und durch den starken Wind angefacht, geriet auch eine zweite Halle in Brand und mußte zum Teil niedergerissen werden. Die Haupttätigkeit der Feuerwehr bestand daher zunächst in der Sicherung der umliegenden Objekte. Die Brände unterhalb der Viaduktbögen wurden sozusagen nebenbei gelöscht.

Während der Brandbekämpfung auf dem Gelände der ÖBB-Hauptwerkstätte erhielt die Feuerwehr aber schon einen neuen Einsatzbefehl, da nunmehr auch bei der schon hinter den Bahngeleisen liegenden Firma Bunzl und Biach (rund 100-150 Meter Luftlinie entfernt) ebenfalls ein Brand ausgebrochen war.

Das Gelände der Altpapierverwertung der Firma Bunzl und Biach befand sich in Wien 21 in der Steinheilgasse 5. Auf dem Gelände waren Altpapier- und Hadernballen in Blöcken von rund 20x30 Meter in einer Höhe bis acht Meter gelagert. Offenbar durch Funkenflug aufgrund des starken Windes brach der Brand, bei den dem Bahndamm am nächsten gelagerten Papierballen aus und griff, vom Wind angefacht, in kürzester Zeit auf die anderen Papierblöcke über. Einige Arbeiter, die den Funkenflug beobachtet hatten, hatten zwar sofort versucht, mit Feuerlöschgeräten den Brand zu bekämpfen, scheiterten aber an der durch die Windböen verursachten raschen Brandausbreitung. Der Wind und die durch die Hitze entstandene Thermik rissen sogar größere Papier- und Hadernfetzen aus den Ballen, wirbelten sie hoch und trugen sie in das angrenzende Siedlungsgebiet. Zu dieser Zeit mußte die Feuerwehr Wasser von weit entfernten Hydranten mittels Schlauchleitungen heranbringen oder Tankwagen einsetzen, da die im Brandgelände liegenden

Brand am Bahngelände

Bis weit in die Nachtstunden brannte das Gelände.

verfügbaren Sanitätsfahrzeuge zum Brandort. 30 Feuerwehrfahrzeuge mit entsprechender Besatzung standen einem brennenden Lager von gepreßten Papier- und Hadernballen im Ausmaß von rund 20.000 qm gegenüber. Starker Funkenflug gefährdete zusätzlich eine nahegelegene Siedlung. Mit Lautsprecherwagen der Polizei wurden die Bewohner auf die Gefahr aufmerksam gemacht und ersucht, von den Windböen herangetragene Glutstücke zu beobachten und zu löschen. Dies geschah meist auch durch Eigeninitiative der Siedler. Die in Bereitschafts... Wasserressourcen nicht ausreichten. Aus diesem Grunde wurde auch der Wasserwerfer der Polizeidirektion Wien angefordert, der sich bei der Brandbekämpfung unter anderem deswegen, weil er ziemlich weit in das Brandgeschehen einfahren konnte, sehr bewährte.

Die Feuerwehr hatte in der Zwischenzeit auf Alarmstufe 5, die Katastrophenalarm entsprach, erhöht und bekämpfte unter anderem mit schweren Atemschutzgeräten den Brand. Seitens der Feuerwehr wurden alle freien Löschmannschaften zusammengezogen, und auch die Wiener Rettung entsandte alle

Von den Hallen standen nur noch einige Mauern.

Brand am Bahngelände

schaft stehende Feuerwehr leistete in schwierigeren Fällen Assistenz.

Laut Mitteilung der Zentralanstalt für Meteorologie und Geodynamik auf der Hohen Warte herrschte im Bereich des Brandherdes am 8. April 1976 seit den Morgenstunden verhältnismäßig lebhafter Wind mit Spitzengeschwindigkeiten bis 67 Stundenkilometer (16.00 Uhr). Die Windrichtung war aus Nord/Nordwest nach Süd/Südost.

Der Bericht schloß wie folgt: „Durch den sich ausbreitenden und wegen der lang anhaltenden Trokkenheit an Intensität zunehmenden Flächenbrand verstärkte sich der Wind im Randbereich des Brandes infolge des heftigen thermischen Auftriebes ganz wesentlich, sodaß durch den Brand in große Höhe gewirbelte Papierfetzen durch die vorherrschende Strömung in südöstlicher Richtung vertragen wurden."

Dieser wissenschaftliche Befund bestätigte das Erhebungsergebnis der Branduntersuchungsgruppe der Polizei, wonach die Brände in beiden Objekten von dem Grasbrand in der früher erwähnten Sackgasse ursprünglich den Ausgang genommen haben und sich auf Grund der besonderen Witterungsverhältnisse auf die anderen Anlagen ausdehnten. Dieser mehrere tausend Quadratmeter umfassende Grasbrand konnte zwar von der Feuerwehr rasch gelöscht werden, zersplitterte jedoch ihre Kräfte.

Wie immer, wenn man bei einer Brandkatastrophe den ursprünglichen Brandherd ermittelt

Brand am Bahngelände

Brand am Bahngelände

hat, ergab sich die Frage, wer oder was war der Verursacher und wodurch entstand die Initialzündung. Auch diese Erhebungen waren durch einige Kuriositäten erschwert und gekennzeichnet. Zunächst gestanden zwei Jugendliche, die Grasbrände gelegt zu haben. Sie schilderten sehr eingehend und überzeugend die Vorgangsweise. Da es sich aber um Sonderschüler handelte, war die Polizei von Anfang an mißtrauisch und konnte nachweisen, daß die „Geständnisse" aus reiner Geltungssucht erfolgten, die jungen Leute gar nicht am Tatort gewesen waren und ihre Darstellungen einschließlich detaillierter Angaben von den aus den Fernsehberichten aufgenommenen Eindrücken stammten. Kurz darauf erklärte ein 16jähriger Jugendlicher, der wegen verschiedener Diebstähle in Untersuchungshaft saß, aus freien Stücken, daß er die Brandstiftung begangen habe. Auch hier überprüften die Kriminalisten in der Folge seine Angaben bezüglich Art und Ort der Brandlegung und stellten dabei fest, daß er einen Bereich angab, an welchem nach dem Gutachten der Brandsachverständigen die Initialzündung keinesfalls erfolgt sein konnte. Auch dieser Jugendliche gab in der Folge zu, die Geschichte nur erfunden zu haben, weil ihm eben in der Untersuchungshaft zu langweilig gewesen sei und er einfach Abwechslung haben wollte. Wie immer langten noch zusätzlich viele anonyme Anrufe und Schreiben, in welchen – wie sich im Zuge der Erhebungen herausstellte – völlig unschuldige Menschen der Brandlegung bezichtigt wurden, bei der Polizei ein. Mit all diesen Erhebungen verging der Monat April. Anfang Mai langten dann bei einer betroffenen Firma und bei der Postdirektion gleichlautende Bekennerschreiben ein, in denen ein zunächst Unbekannter als Brandstifter die Verantwortung für die Brände übernahm. Als Motiv nannte er die Verzögerung eines Telefonanschlusses durch die Post und kündigte weitere Aktionen an. Auch hier wurde ein Verdächtiger ausgeforscht, der jedoch ebenfalls als Brandstifter nicht in Frage kam.

Wie schwierig die Arbeit der Polizei mit solchen detailliert geschilderten „Geständnissen" ist, mag folgender Absatz aus einer der vielen Niederschriften dokumentieren: „Die Flasche mit dem Spiritus habe ich an einem Nachmittag eingekauft. Ich fuhr dann mit der

Nächste Seite:
Die Feuerwehr hatte auf Alarmstufe 5 erhöht, was Katastrophenalarm entsprach, und alle freien Löschmannschaften zusammengezogen.

Brand am Bahngelände

Brand am Bahngelände

Schnellbahn bis zur Siemensstraße, von dort ging ich dann zu Fuß auf dem Weg entlang des Bahnkörpers bis zur Papierfabrik. Zu diesem Zeitpunkt hatte ich die Spiritusflasche in ein Nylonsackerl verpackt und auch einen weißen Fetzen dazugegeben. Ich glaube, es war ein Stück von einem Leintuch. In der Höhe von der Papierfabrik auf der rechten Seite des Bahndammes, in Richtung Floridsdorf am Spitz gesehen, zündete ich mit Zündhölzern den dort gelagerten Heuhaufen an. Das Heu war trocken und dürr. Nachdem das Heu brannte, ging ich über die Gleise zur Papierfabrik. Dort waren innerhalb der Umzäunung gepreßte Papierballen gelagert. Ich hatte bereits vorher den Fetzen mit Spiritus getränkt und die leere Flasche am Boden zertrümmert und die Splitter in ein Kanalgitter geworfen. Ich nahm den getränkten Fetzen aus dem Nylonsackerl. Zuerst steckte ich den Fetzen durch das Gitter des Zaunes und hielt ihn mit der rechten Hand fest. Die Zündholzschachtel hielt ich zwischen den Knien eingeklemmt. Dann nahm ich mit der linken Hand das Streichholz und rieb es ab. Mit dem brennenden Streichholz zündete ich den Fetzen an und schleuderte ihn auf den Papierballen. Das Papier fing sofort Feuer. Als ich die Flammen von dem Papierballen zündeln sah, rannte ich über die Gleise und gelangte zu Eisenbahnwaggons, es waren die runden Tankwägen. Dann ging ich zwischen den Waggons bis zur Siemensstraße zurück..."

Die tatsächlichen Verursacher dieses für einige Siedlungen nur mit viel Glück noch glimpflich abgelaufenen Flammeninfernos konnten nicht eruiert werden. Es besteht nach wie vor Grund zur Annahme, daß spielende Kinder, die die unbebauten Grundstücke Tag für Tag frequentierten, mit Streichhölzern gespielt und unabsichtlich das durch wochenlange Trockenheit ausgedürrte Gras in Brand gesteckt hatten. Der Sachschaden war gewaltig, Verletzte gab es nur bei Feuerwehr und Polizei als Folge von Rauchgasvergiftungen und kleinen Brandverletzungen.

Rauchende Trümmer waren die Überreste beim größten Flächenbrand, der glücklicherweise keine Menschenleben forderte, doch hohen Sachschaden verursachte.

Brand am Bahngelände

Brand am Bahngelände

1976

Der Einsturz der Reichsbrücke

Die Reichsbrücke in Wien war ein wichtiger Schritt in Richtung Stadterweiterung.

Rudolf W. liebte die Donau. Er hatte sich eine Krandaube gekauft. Das ist eine jener Zillen, die man mit einem Kran und oft einem Fischernetz bestückt an der Donau verankert liegen sieht. Er verbrachte seine Freizeit auf dieser Zille, die er sich wohnlich eingerichtet hatte. Am Wochenende vom 31. Juli zum 1. August 1976 durfte auch sein 7jähriger Sohn etwas Fischerromantik schnuppern und die Zeit mit ihm auf dem Boot verbringen. Gegen 4.30 Uhr wachte Rudolf W. auf und öffnete das Fenster der Kranzille. In diesem Moment hörte er einen Knall, dann ein Rasseln wie von einer Ankerkette, doch viel lauter. Das

Der Einsturz der Reichsbrücke

234

Der Bau der Reichsbrücke verlangte hohes technisches Wissen und den Einsatz vieler Menschen.

32 Männer ziehen vier Millionen Kilogramm.

6 METER IN DER STUNDE!

DIE REICHSBRÜCKE WANDERT!

Photo Ernst-Hilscher

Die Rollwagen, auf welchen die Verschiebung erfolgt

Der Einsturz der Reichsbrücke

> **Die fertiggestellte Reichsbrücke,**
>
> die drittgrößte Kettenbrücke der Welt, wird am 10. Oktober feierlich eingeweiht werden.

Die Reichsbrücke in Wien wurde zu einem neuen Wahrzeichen und zu einer pulsierenden Verkehrsader der Stadt.

Der Einsturz der Reichsbrücke

```
id abt roem 1 sb, ki, gi abt roem 6 u roem 2 =

brueckeneinsturz reichsbruecke:

bezueglich des ergebnisses der seitens des koates dt gefuehrten
erhebungen betreffend des einsturzes der reichsbruecke wird
berichtet:
am 1/8/76  um 0444 uhr fuhr der taxilenker august
t a n n e n b e r g e r, 16041941 wien geb, oest stbg, verh,
wien 22., unterfeldweg 18 als lenker seines taxis w 40.242
ueber die steinbruecke richtung stadt. als er sich der hoch-
bruecke auf ca 150 meter genaehert hatte, hoerte er ploetzlich
einen knall u sah rauch u staub aufsteigen u die bruecke begann
zu beben. unmittelbar darauf nahm er wahr, wie sich ein pfeiler
der reichsbruecke in seiner fahrtrichtung gesehen nach li zu
senken begann. infolge des rauches oder staubes konnte er dann
keine weitere wahrnehmungen machen, zumal auch ein oberleitungen
herunterfielen u er auf die eigene sicherheit bedacht war. august
t. verstaendigte ueber funk seines taxis die taxizentrale der voet
u ersuchte um entsendung von polizei u rettung. t. gab bei der
vernehmung an, dasz ihm ganz kurz vor einsturz der bruecke aus
richtung stadt kommend 2 pkws entgegengekommen waren. diese
wichtigen zeugen konnten von hieramts bisher nicht ausgeforscht
werden. der einsturz der bruecke war weiters von dem augenzeugen
rudolf  w i c h e r t, 21081941 wien geb, oest stbg,
verh, wien 22., hartlebengasse 1-17/72/6 wahrgenommen worden. w.
befand sich zum zeitpunkt des einsturzes in seiner kranzille
bei stromkilometer 1929 ( ca 20 meter stromaufwaerts der reichs-
bruecke), er hoerte vorerst einen knall, dann ein rasseln, wie das
loslassen einer ankerkette, nur unerhoert staerker und sah
daraufhin, dasz vorerst der dem 22.bezirk naeherliegende bruecken-
teil einstuerzte und dann der dem 2.bezirk naeherliegende bruecken-
teil, wobei ein weiterer knall zu hoeren war. wichert gibt an,
dasz der 1.und 2.knall eindeutig nicht nach explosion klangen,
sondern sich anhoerten, wie wenn metall zerreiszt. wicher war
spengler und hat sprengungen gehoert, seiner aussage kommt
daher bedeutung zu. um 0446 uhr wurde im wz sinagasse vom
diensthabenden wachkommandanten pol. ref. insp. p e r n i t s c h
ein uebelauter knall gehoert und es loeste sich die alarmanlage
des postamtes moissigasse aus. die telephonverbindung zum wz
sinagasse war unmittelbar darauf unterbrochen. um 0450 uhr des
1/8/1976 hoerte pol. bez. insp. c h l a d e k ueber funk die
meldung von funkwagen berta 1, dasz die reichsbruecke eingestuerzt
sei. kurz darauf war die fernsprechverbindung und der funkverkehr
auf kanal 9 gestoert, der funkverkehr wurde daher auf kanal 30
verlegt. stkw v/1 und v/2 wurden sofort zum unfallort beordert,
ebenso die restlichen swb des wz kagranerplatz und sinagasse
und es wurden die ersten absicherungen durchgefuehrt und erfolgten
die notwendigen verstaendigungen. am unfallsort trafen pol.
vizepraesident dr. steinkellner, stadthauptmann opr dr. hickl,
stadthauptmannstellvertreter dr. rafenstein, pol. major kreil,
kr. major pollak ein. seitens des koates donaustadt wurden die
ersten absicherungen und die ersten erhebungen und die einvernahme
der beiden augenzeugen  durchgefuehrt.
einvernehmlich wurde seitens der abt. roem. 1 pol. rat. dr
n e v o r a l und seitens des sicherheitsbueros opr dr k o r n e k
im provisorischen sstuetzpunkt des krisenstabes im wz
mexikoplatz festgelegt, dasz die amtshandlung vom sicherheitsbuero
uebernommen wird und alle teilerhebungsergenisse durch boten dem
journaldienst des sicherheitsbueros zu uebermitteln sind.
koat donaustadt fuehrt nur notwendige absicherungen und verkehrs-
regelung durch. =

dt +
```

Boot begann stark zu schwanken, und durch das geöffnete Fenster sah er genau, wie sich jener Teil der Reichsbrücke, der dem Überschwemmungsgebiet näher lag, senkte und in das Wasser stürzte. Unmittelbar darauf sank auch der dem 2. Bezirk näherliegende Brückenteil ein, und ein weiterer Knall zerriß die morgendliche Stille. Da gleichzeitig starke Wellen an sein Boot schlugen, dachte Rudolf W. zunächst an ein Erdbeben und weckte sofort seinen Sohn, um an Land zu gehen. Zwischenzeitlich stieg aber das Wasser so stark und die Wellen wurden so hoch, daß er vorerst nicht ans Ufer gelangen konnte. Eine dichte Staubwolke hüllte die eingesunkene Brücke ein. Rudolf W. gab als Zeuge der Polizei gegenüber an, daß er deutlich gesehen hat, daß es eine Staub- und keine Rauchwolke war und daß er einen Explosionsknall ausschließen könne, weil er früher in

Vielen Hinweisen mußte nach dem Einsturz der Brücke nachgegangen werden.

Der Einsturz der Reichsbrücke

237

Der Einsturz der Reichsbrücke

einer Spenglerei beschäftigt war und den Knall seiner Meinung nach klar als „Metallriß" einstufen könne.

Exakt um 4.44 Uhr fuhr der Taxilenker August T. mit seinem Taxi über die Steinbrücke Richtung Stadt. Er hatte noch eine Fuhre vor sich, dann war auch für ihn diese lange Nachtschicht zu Ende. Als er sich der Hochbrücke (das ist jener Teil der Brücke, die direkt über den Donaustrom führt) auf ca. 150 m genähert hatte, hörte er plötzlich einen Knall und sah „Rauch und Staub" aufsteigen. Im selben Moment begann die Brücke zu beben, und der in seine Fahrtrichtung weisende linke Pfeiler begann sich nach links zu senken. Er bremste, und sein Auto war sofort in eine tiefe Staubwolke gehüllt. Im selben Moment fielen auch die Oberleitungen der Straßenbahn herunter, und er kam in akute Lebensgefahr. Über Taxifunk verständigte er die Zentra-

Glücklicherweise fand der Einsturz zu einer verkehrsarmen Zeit statt.

Der Einsturz der Reichsbrücke

le und ersuchte um Entsendung von Polizei und Rettung.

Zu den Glücklichen dieses Morgens zählte auch der Matrose des rumänischen Passagierschiffes „Oltenita", welcher gegen 4.40 Uhr Wache hatte. Das Schiff war in der Nähe der Reichsbrücke verankert. Der Knall berstender Metallteile wurde von einer Staubwolke begleitet. Gleichzeitig begann sich das Schiff in der Längsseite stark nach oben und unten zu bewegen. Ein Schlag erschütterte das Schiff, und die Brückenkette fiel auf das Heck. Die Passagiere der letzten Fahrt hatten das Schiff bereits verlassen, die Passagiere für die neue Fahrt waren noch nicht angekommen. Zum Zeitpunkt des Unglückes befand sich nur die 60köpfige Mannschaft an Bord.

Zu den allerglücklichsten dieses Morgens zählte aber der Buslenker der Linie 26 der Wiener Ver-

So könnte es zum Einsturz gekommen sein

So könnte es nach Meinung von Experten zum Einsturz der Reichsbrücke gekommen sein: Die schweren Beschädigungen des linken Brückenpfeilers (beim Überschwemmungsgebiet, Foto unten) deuten darauf hin, daß der Betonkern der Beanspruchung nicht mehr standgehalten hat und abgebrochen ist. Dadurch rutschte die Brücke stromabwärts ab (Skizze oben) und stürzte in der Folge ganz in sich zusammen. Die Veränderungen am Betonkern waren vorher nicht erkennbar, da der Pfeiler zusätzlich mit Granitsteinen eingemauert war. Kontrollen waren ohne Röntgengeräte und ohne Materialproben vorgenommen worden.

„Kronen Zeitung" vom 4. August 1976,
Ein großes Unglück zieht immer eine Reihe von
Mutmaßungen nach sich.

Der Einsturz der Reichsbrücke

kehrsbetriebe, Emmerich V. Er hatte gegen 4.30 Uhr den Bus der Wiener Verkehrsbetriebe von der Garage im 20. Bezirk, in der Engerthstraße 52 abgeholt und war nach links in die Lassallestraße eingebogen. Bei der Fahrt über die Schienen spürte er im Vorderteil des Busses ein leichtes Schwanken. Er schenkte diesem Umstand zu diesem Zeitpunkt keine weitere Bedeutung und fuhr weiter in Richtung Reichsbrücke. Als er sich in der Mitte der Reichsbrücke befand, hörte er plötzlich lautes metallisches Krachen und hatte im gleichen Augenblick das Gefühl, „als ob sich die Fahrbahn unter ihm senken würde". Dieses Gefühl trog auch nicht, und Sekunden später schlug er mit dem Kopf gegen das Wagendach des Autobusses und wurde zur rechten vorderen Eingangstüre geschleudert. Er fand sich plötzlich bis über die Räder des Busses in den Fluten der Donau wieder, und das Wasser begann heftig in den Autobus einzudringen. Trotzdem galt seine Sorge dem Kastenwagen, der hinter ihm gefahren war. Bei einem Blick aus dem hinteren Fenster konnte er ihn nicht mehr sehen. Es dauerte nicht lange, aber es erschien ihm wie eine Ewigkeit, bis er von der Feuerwehr

Der Einsturz der Reichsbrücke

geborgen und mit der Rettung in das Lorenz-Böhler-Krankenhaus gebracht wurde. Nach einer ärztlichen Untersuchung konnte er noch am Vormittag entlassen werden.

V. hatte sich nicht getäuscht. Hinter ihm war der 22jährige Karl Kretschmer mit einem Ford Transit gefahren. Sein Pkw wurde beim Einsturz von der Brücke gerissen und 7 bis 8 Meter stromabwärts getrieben. Das Fahrzeug blieb auf dem Dach am Flußgrund liegen und Teile der Brückenkonstruktion fielen darauf bzw. wurden darauf geschwemmt. Bei der Bergung befand sich die Leiche auf dem Fahrersitz sitzend, die Oberschenkel waren eingeklemmt. Die Bergung selbst war erst möglich, nachdem die Feuerwehr die Karosserie teilweise zerschnitten hatte. Obwohl die Fenster aus den Rahmen gefallen und die Hecktür zur Gänze nach oben geklappt offen stand, war es Karl Kretschmer nicht mehr möglich, seine eingeklemmten Füße zu befreien und ins Freie zu gelangen. Die Obduktion bestätigte den Tod durch Ertrinken.

Über die Einsturzursache gab es einige Fakten und viele Theorien. Die zwei großen knallartigen Geräusche, die beim Einsturz von vielen Zeugen wahrgenommen wurden, ließen zunächst die Theorie einer Sprengung aufleben. Diese Annahme wurde noch bestärkt durch die Tatsache, daß ein offenkundig Geistesgestörter eine Art Bekennerschreiben an die Polizeidirektion Wien sandte, in dem er die Verantwortung für den „Anschlag" übernahm und darauf hinwies, daß der Zeitpunkt (Sonntag früh) extra gewählt wurde, um die Zahl der Opfer möglichst gering zu halten. In dem Brief wurden weitere Aktionen angedroht. Obwohl nach der Diktion des Briefes dieser von vornherein als das Werk eines Geistesgestörten oder neurotischen Spaßvogels eingestuft wurde, schaltete die Behörde sofort die Staatspolizei ein, welche trotz umfangreicher Ermittlungen in alle Richtungen den Briefschreiber nicht ausforschen konnte.

In der Zwischenzeit hatte aber auch die technische Kommission weitgehendst die Untersuchungen abgeschlossen und einen Zwischenbericht vorgelegt. In diesem waren vier wichtige Aussagen enthalten: 1. „Der Einsturz der Reichsbrücke dürfte ‚mit an Sicherheit grenzender Wahrscheinlichkeit' am linken Pfeiler und zwar unterstrom-

Nächste Seite:
Über die Einsturzursache ga= es einige Fakten und viele Theorien.

Der Einsturz der Reichsbrücke

Der Einsturz der Reichsbrücke

seitig seinen Ausgang genommen haben. Dies schien dadurch bewiesen, daß a) der Bereich des Auflagerostes als Folge einer Druck- oder Schubeinwirkung nach unten abrutschte und eine nahezu glatte, schräg gestaltete Scherfläche im Beton des Pfeilers verursachte, b) die Brückenkonstruktion nahezu glatt abgerissen war und c) die Ketten verwunden von unterstromseitig zu oberstromseitig vom linken zum rechten Ufer verlaufend zu liegen kamen." Punkt 2: „Bei der makroskopischen Untersuchung der Brückenteile, soweit diese zugänglich waren, konnten keine charakteristischen oder typischen Merkmale für die Einwirkung eines Explosionsdruckes, wie er bei der detonativen chemischen Umsetzung brisanter Sprengstoffe entsteht, festgestellt werden." Punkt 3: „Alle Zeugenaussagen verneinten eine mit einer detonativen größeren Spreng-

Für den Einsturz konnte keine einzige, schlüssige Theorie, sondern das Zusammenspiel einiger Ursachen ausgemacht werden.

244

Der Einsturz der Reichsbrücke

Der Einsturz der Reichsbrücke

stoffmenge einhergehende Feuererscheinung sowie entsprechenden Schalldruck. Außerdem waren in der nicht allzuweit entfernt liegenden Bundesanstalt für Meterologie und Geodynamik keine seismischen Auswirkungen, wie sie bei einer Sprengung hätten entstehen müssen, beobachtet worden." Punkt 4: „Und letztlich sprach auch gegen die Sprengungstheorie die Struktur der Bruchflächen an den Teilen des Pylonenlagers und wiesen vielmehr auf eine Schub- und Druckeinwirkung hin." Die Gutachter kamen letztlich zu dem Schluß, daß ein Zusammenwirken verschiedener Ursachen im technischen Bereich ausschlaggebend für den Reichsbrückeneinsturz war.

Vor zehn Jahren ging die Reichsbrücke „baden": Überprüfungen verhindern seither ein ähnliches Unglück

Seit Brückeneinsturz strengere Kontrollen
Zilk würdigte beispielhafte Haltung Hofmanns

Der Reichsbrückeneinsturz ist nun ja schon zehn Jahre her — Auswirkungen dieses Ereignisses gibt es freilich heute noch: Seit damals werden nämlich alle Wiener Brücken besonders genau kontrolliert.

Die Maßnahmen, die seit zehn Jahren zur Kontrolle und Überwachung der Wiener Brücken getroffen werden, zählte Stadtrat Fritz Hofmann Mittwoch abend in einem Pressegespräch auf. Er ist jener Stadtrat, der anläßlich des Brückeneinsturzes am 1. August 1976 die politische Verantwortung für das Ereignis übernommen hatte und zurückgetreten war. Seit der Umorganisation im Wiener Stadtsenat vor einigen Wochen ist Hofmann — wieder — für die Brücken zuständig. Bürgermeister Zilk kommentierte das so: „Das ist ausgleichende Gerechtigkeit. Hofmann hat vor zehn Jahren eine Haltung gezeigt, die man in unseren Breiten selten findet. Er ist zurückgetreten, wohl wissend, daß er weder direkt noch indirekt für den Einsturz verantwortlich war. Das ist nun wie eine Wiedergutmachung."

Und so werden die Brücken jetzt überprüft:
● Mindestens alle vier Monate findet eine Brückenbegehung statt, bei der sichtbare Mängel registriert werden, beispielsweise Fahrbahnschäden.
● In Abständen von höchstens einem Jahr werden die Brücken einer „periodischen Überwachung" unterzogen.
● Höchstens alle sechs Jahre gibt es Brückenhauptprüfungen, bei denen in mehreren Tagen mit Leitern und Gerüsten alle Teile der Brücke auf Herz und Nieren untersucht werden. Wenn bei Brücken bereits einmal Mängel festgestellt wurden, sind die Abstände der Kontrollen noch kürzer.

„AZ" vom 1. August 1976

1977

Feuer im Parkring-Hochhaus

Aus einem Kleinbrand entwickelte sich schnell ein Großfeuer.

AM 29. SEPTEMBER 1977 BETRITT Dipl.-Ing. Hans D. den Eingang des Hochhauses am Parkring Nr. 12. Im Parterre geht er bis zur Ausstellungskoje einer Fotofirma. Er hat die Absicht, sich über eine seit kurzem ausgestellte neue Leuchterkollektion zu informieren. Beim Eingang zur Koje betätigt er die Glocke der Gegensprechanlage, worauf Ferdinand S., der 28jährige Angestellte vom Büro im 8. Stock zu

Feuer im Parkring-Hochhaus

ihm herunter in das Erdgeschoß kommt und aufsperrt. Gemeinsam gehen sie nun in den Ausstellungsraum. Die Besichtigung der Beleuchtungskörper und einige Fachgespräche dauern ungefähr 10 Minuten. Vor dem Verlassen der Koje bemerkt Dipl.-Ing. D. noch von der Eingangstür aus den oberen Teil des Kunststoffgehäuses des in der Südwestecke im Glasportal eingelassenen Ventilators in Flammen stehen. Er macht sofort den Angestellten auf diesen Kleinbrand aufmerksam, der zu diesem Zeitpunkt noch keineswegs bedrohlich wirkt. Während er selbst beim Eingang stehen bleibt und den sich nun rasch ausbreitenden Brand beobachtet, läuft der Angestellte zur Portierloge, holt von dort einen Handfeuerlöscher (Trockenfeuerlöscher) und trifft beim Zurücklaufen seinen Chef, den er kurz über das Brandgeschehen informiert und der dann gemeinsam mit ihm in die Koje zur Brandausbruchstelle zurückeilt.

Nun passiert wieder etwas, was manche Schicksal nennen würden, zumal zu diesem Zeitpunkt vielleicht (Experten waren zwar grundsätzlich dieser Meinung, sich aber im Endeffekt nicht einig) der Brand noch mit dem herbeigeschafften Gerät wirksam bekämpfbar gewesen wäre. Jedenfalls rutscht dieser Trockenfeuerlöscher dem Angestellten in der Aufregung aus der Hand und besprüht anstatt der Brandstelle ihn und seinen Chef derart mit Löschpulver, daß beide Augenverletzungen davontragen und halb blind von dem einzigen Ausstellungsbesucher aus dem Ausstellungsraum auf den Gang geführt werden müssen. In der Zwischenzeit schlagen schon hohe Flammen aus dem Ventilator, und starker Rauch wird durch die Druckwirkung auf den Gang hinausgetrieben, wo nunmehr die dort installierten Rauchmelder anspringen. Um 14.32 Uhr verständigt auch der Portier des Hochhauses über Notruf die Feuerwehr und die Polizei. Zur gleichen Zeit findet noch einmal ein Löschversuch durch den aus dem Kellergeschoß mit einem Handfeuerlöscher herbeigeeilten Heizer statt, der auf die gangseitige Ventilatorenöffnung der Koje gerichtet ist. Auch dieser Versuch bleibt wirkungslos, und um 14.35 Uhr trifft die Feuerwehr ein.

Zu diesem Zeitpunkt steht aber bereits der gesamte Ausstellungsraum in hellen Flammen, und dicke Rauchschwaden ziehen über

Feuer im Parkring-Hochhaus

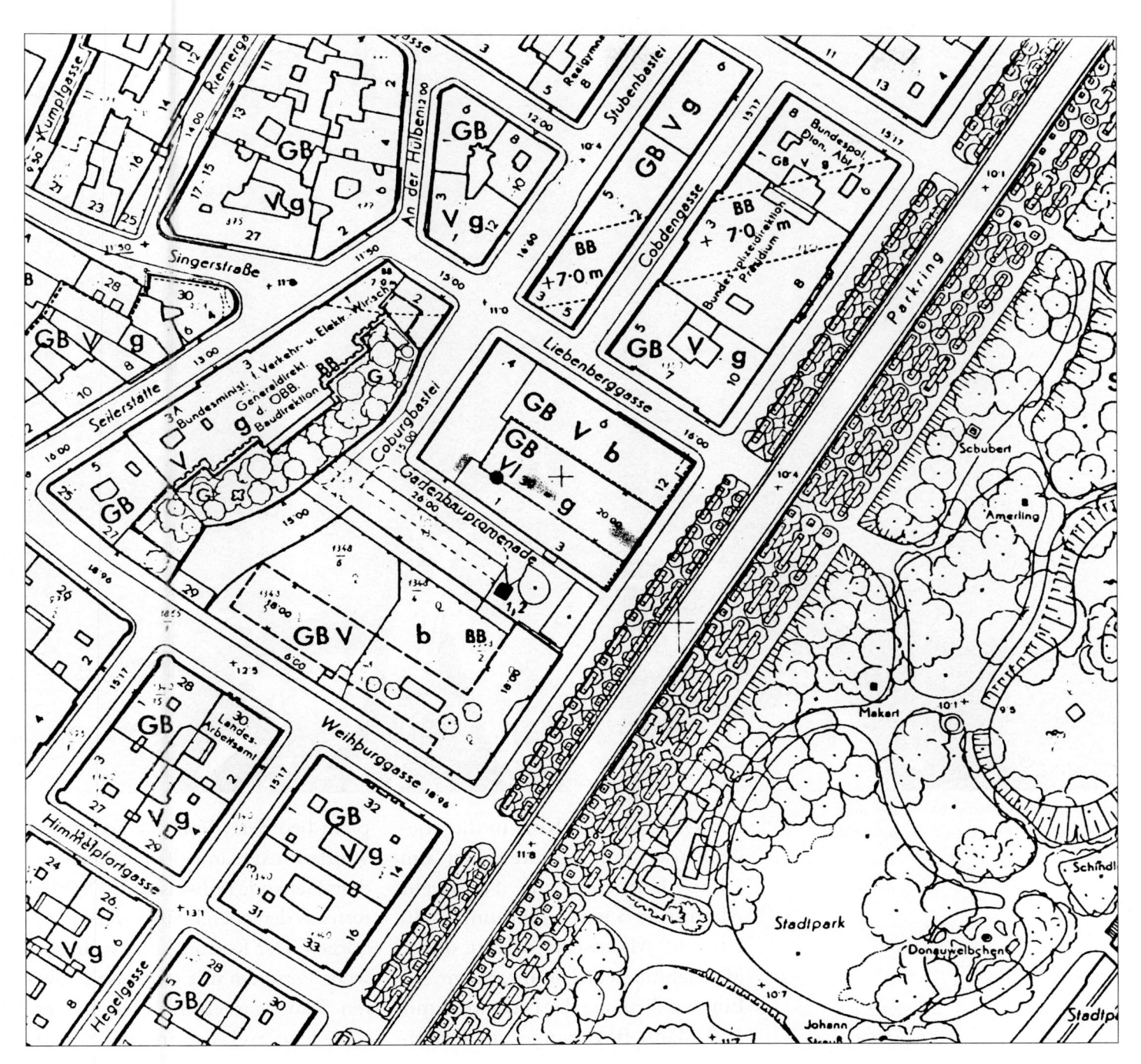

249

Der Lageplan des Brandobjektes
Parkring-Hochhaus Nr. 12
Legende:
○ Brandobjekt
● Brandausbruchstelle
● Stiegenaufgänge

Feuer im Parkring-Hochhaus

Neben großem Sachschaden mußten auch zwei Tote und viele Verletzte beklagt werden.

den Gang vor der Koje in die Stiegenhäuser. Eine Minute später, um 14.36 Uhr gibt die Feuerwehr Alarmstufe 3 und erhöht um 14.40 Uhr auf Alarmstufe 4. Mit dieser Maßnahme wurden insgesamt 35 Einsatzfahrzeuge der Feuerwehr mit 170 Mann Besatzung zum Brandplatz beordert. Von der Feuerwehr wurden insgesamt 40 Personen aus dem Gebäude teilweise mit Drehleitern aus den oberen Stockwerken geborgen. Der Rettungsdienst brachte sechs Personen mit teilweise schweren Rauchgasvergiftungen in verschiedene Spitäler. Im Stiegenauf-

Feuer im Parkring-Hochhaus

gang vom 1. zum 2. Stockwerk wurde eine 42jährige Frau tot geborgen. Sie war noch vor ihrer Bergung durch eine Rauchgasvergiftung umgekommen. Dasselbe Schicksal ereilte eine 22jährige Frau im Stiegenaufgang vom 5. zum 6. Stockwerk.

Wie nahe Glück und Unglück bei Katastrophen beisammenliegen, zeigte der Fall der 35jährigen Helga R. Sie war im 2. Stock des Hauses beschäftigt und wollte bei Ertönen des Feueralarms mit einer Kollegin mittels Aufzug ins Parterre flüchten. Als sie im Parterre ankam und die Lifttüre öffnete, stand sie einer dicken dunklen Qualmwand gegenüber. Sie erkannte sofort, daß es in der Finsternis unmöglich war, sich zu orientieren und ins Freie zu flüchten. Obwohl bei Feueralarm grundsätzlich falsch, taten die beiden Frauen, wie sich nachträglich herausstellte, in diesem Fall das einzig mögliche und hatten dabei Glück. Sie gingen wieder in den Lift zurück und betätigten den Knopf für das höchste Stockwerk. Das Wunder geschah, der Lift bewegte sich noch einmal aufwärts. Allerdings nur bis zum 4. Stock, wo er dann endgültig steckenblieb. Aber genau im Stockwerk, sodaß sie die Türen öffnen und aus der Kabine flüchten konnten. Allerdings war auch hier schon starke Rauchentwicklung feststellbar, und Helga R. war schon so erschöpft, daß sie im Gang zusammenbrach, wo sie kurze Zeit später lebend von einem Feuerwehrmann gefunden wurde. Dieser zog sie zu einem geöffneten Fenster, sodaß sie wieder durchatmen konnte, und brachte sie wenig später sicher ins Freie. Mit einer mittelschweren Rauchgasvergiftung konnte sie nach kurzem Spitalsaufenthalt bald in häusliche Pflege entlassen werden. Dort erst erfuhr sie aus der neuesten Tageszeitung, daß sie zu den Toten des Brandes gehörte. Die Ursache für diese Fehlmeldung lag darin, daß sie auf der Flucht ihre Effekten verloren hatte und kurzfristig mit einer zwischen dem 5. und 6. Stockwerk aufgefundenen Toten verwechselt worden war.

Dieser eigentlich sehr seltene Fall zeigt einmal mehr, wie wichtig es ist, auch im Zuge von Katastrophen gewisse – wenn Sie wollen – bürokratische Vorgangsweisen einzuhalten. Sehr oft wird bemerkt, daß Feuerwehr und Polizei noch während der Bergung von Unfallopfern versuchen Daten festzustellen, Zeugen zu finden, die Effekten zu identifizieren und ähnliches mehr. Daß dies kein unnötiger, einem Selbstzweck dienender Verwaltungsaufwand ist, sollte bei dieser Gelegenheit einmal festgestellt werden.

Innerhalb knapp einer Stunde hatte die Feuerwehr den Brand gelöscht. Wieso gab es trotzdem zwei Tote und viele Verletzte? Nun, zunächst einmal trieb der in Brand geratene Ventilator, bis er sich durch den Vollbrand selbst ausschaltete, gewaltige Rauchschwaden in die Stiegenhäuser. Unmittelbar darauf, als das Ausstellungslokal bereits in Vollbrand stand, barsten unter der Hitzeeinwirkung die Glastrennwände zum Gang, und der starke Qualm zog im Inneren des Hauses verstärkt in die Stiegenhäuser. Die Sogwirkung eines Luftschachtes tat ein übriges zur Verteilung der Rauchgase. Luft zum Atmen gab es – wenngleich auch in schlechter Qualität – nur vom 5. bis 9. Stock. Wer diese Etagen noch erreichte, war gerettet und ersparte sich sogar eine Spitalseinweisung.

Im Zuge der Erhebungen konnte unter anderem festgestellt werden, daß im 1. Stock des angeführten Hauses eine Tür war, welche mit „Notausgang, bitte Türe schlies-

Feuer im Parkring-Hochhaus

eingeschlagen werden konnte, ein Zylinderschlüssel – der allerdings zu dem in der Tür befindlichen Zylinderschloß nicht paßte. Ob die Tote im Bereich des 1. Stockes diesen Notausgang benützen wollte, konnte nie mehr festgestellt werden.

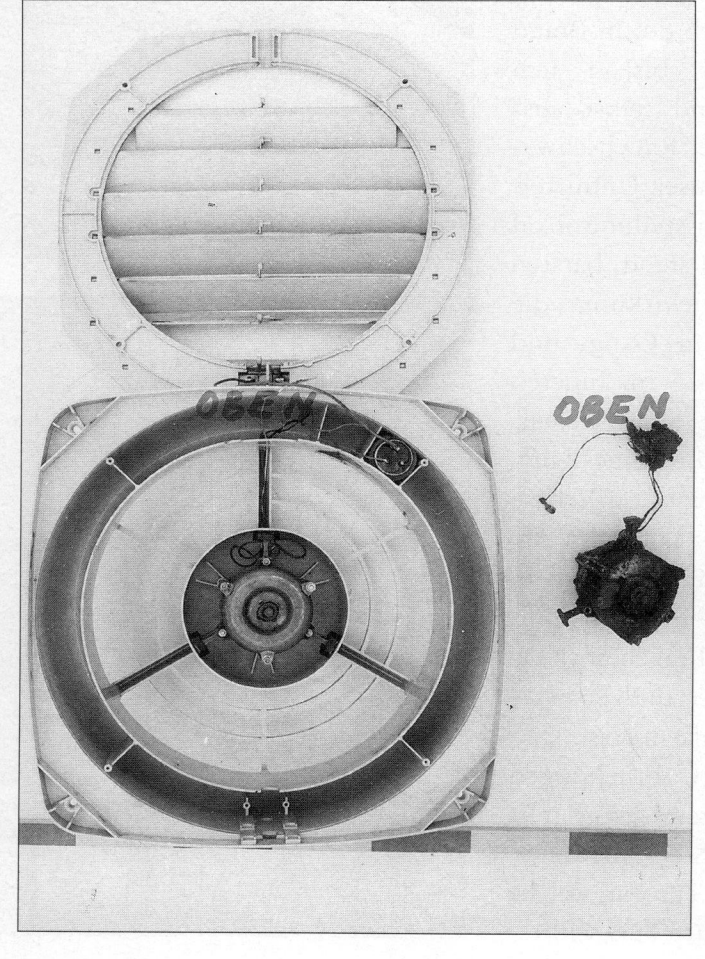

sen" beschriftet war. Diese Türe war zum Zeitpunkt der Erhebungen (und vermutlich auch des Brandes) verschlossen. Allerdings befand sich in einem daneben befindlichen Wandglaskästchen, welches bei der nachfolgenden Rekonstruktion der Brandentwicklung noch dazu nur mit äußerster Kraftanstrengung

1979
Brand im Kaufhaus Gerngross

SCHOCK NACH MILLIARDENBRAND! Wie konnte das passieren? So und ähnlich lauteten die Überschriften der Wiener Tageszeitungen nach dem Brand im Kaufhaus Gerngross. Wie nüchtern klingt dagegen die handschriftliche Eintragung ins Tagebuch der Wiener Feuerwehr unter dem Titel „besondere Ereignisse". Ebenso nüchtern wirkt das Polizeiprotokoll: Am 7. 2.1979, um 22.46 Uhr wurde die Polizei von der Feuerwehr verständigt, daß ein Großbrand im Kaufhaus Gerngross, Wien 7., Mariahilfer Straße 38-48, ausgebrochen sei. Seitens der Feuerwehr wurde vorerst Brandstufe 3 angegeben. Beamte des Sicherheitsbüros leiteten sofort Erhebungen ein und konnten dabei in Erfahrung bringen, daß von der Firma Sch. im Kaufhaus Schweißarbeiten durchgeführt wurden. Es konnte weiters geklärt werden, daß ein 32jähriger und ein 28jähriger Arbeiter im Bereich des 3. Stockwerkes beschäftigt waren. Am 7.2.1979 sollten dabei von den beiden Arbeitern und anderen Mitarbeitern der Firma die Montagearbeiten an einer alten Rolltreppe durchgeführt werden. Nur erfahrene Arbeiter wurden beauftragt, die vier Rolltreppen in den einzelnen Stockwerken während der Nacht-

Brand im Kaufhaus Gerngross

stunden einiger Tage abzutragen. In der verhängnisvollen Nacht waren sie damit beschäftigt, die Rolltreppe vom 2. zum 3. Stock abzutragen. Sie begannen ihre Arbeit gegen 19.00 Uhr. Bei den Schweißarbeiten, die mit einem Autogenschweißgerät durchgeführt wurden, sollten auftragsgemäß zwei große Handfeuerlöscher sowie eine „Scheibtruhe" mit 100 l Wasser und Kübel in unmittelbarer Nähe der Arbeitsstätte bereitgehalten werden. Gegen 22.30 Uhr, so der erste Erhebungsbericht der Polizei, habe einer der Arbeiter, der als Mechaniker seit 18 Jahren bei der beauftragten Firma beschäftigt war, mit dem Schweißbrenner gearbeitet. Bereits gegen 22.15 Uhr hatte er einen kleinen Brand am Boden des Rolltreppenschachtes, in dem er selbst stand, bemerkt. Diesen geringfügigen Brand konnte er sofort mit Wasser löschen. Vielleicht war diese erfolgreiche Bekämpfung ausschlaggebend dafür, daß er und sein Kollege den 15 Minuten später entstandenen Brand, der zwischen dem Fußboden des 2. und der Decke des 1. Stockes ausgebrochen war, unter-

Die Nacht war hell erleuchtet, als das Kaufhaus brannte.

Brand im Kaufhaus Gerngross

Brand im Kaufhaus Gerngross

Trotz winterlicher Stimmung und Kälte konnte rasch gearbeitet werden.

schätzten. Sie versuchten zwar diesen Brand mit Wasser und anschließend mit den Handfeuerlöschern zu bekämpfen, blieben jedoch erfolglos. Sie waren klug genug, nach etwa drei Minuten die Versuche aufzugeben. Nach dem erwähnten Protokoll kämpften sich beide im beginnenden Qualm durchaus richtig in das Parterre des Kaufhauses durch, nachdem sie die Ventile der zum Schweißen nötigen Flaschen geschlossen hatten. Sie schlossen aber auch alle Feuertüren, die sie passierten, und dichteten die Feuerschutztür im Parterre mit Teppichen ab. Laut Auskunft der Wiener Feuerwehr war die automatische Brand-

Brand im Kaufhaus Gerngross

meldeanlage im Kaufhaus ausgeschaltet und zwar vermutlich wegen der durchgeführten Schweißarbeiten, wodurch weiters die automatische Sprinkleranlage, welche fix und fertig installiert war, außer Betrieb gesetzt war. Im Parterre befanden sich Arbeitskollegen, von denen einer schnell reagierte und durch einen Anruf die Feuerwehrzentrale in Wien alarmierte.

Damit begannen auch die koordinierten Arbeiten zwischen Polizei und Feuerwehr. Die Feuerwehr steigerte, je nach Einlangen der Rückmeldungen, die Alarmstufe. Im selben Rhythmus zog die Polizei mit. Insgesamt waren 100 Sicherheitswachebeamte eingesetzt, die vorwiegend mit Absperrmaßnahmen, Unterstützung bei der Evakuierung der Bewohner der anliegenden Häuser und Bergung von Gütern beschäftigt waren. Acht Personen mußten zum Teil von der Rettung vor Ort, zum Teil in Krankenhäusern ambulant behandelt werden. Tausende Wiener beobachteten zum Teil mit Feldstechern und Fotoapparaten ausgerüstet das Ereignis.

Brand im Kaufhaus Gerngross

Brand im Kaufhaus Gerngross

Brand im Kaufhaus Gerngross

1979

Das Attentat im Kaufhaus

Brand im Kaufhaus Steffl in der Kärtnerstraße

„Kurier" vom 2. Mai 1979

Terror in Wien mit zwei Zeitzünder-Brandbomben

Attentäter drohen: Warenhaus-Terror geht weiter

AM 1. MAI 1979, ZEHN Minuten nach 1.00 Uhr früh verspürte der zu Fuß auf Patrouille befindliche Inspektor M. in der Kärntnerstraße nächst der Weihburggasse intensiven Brandgeruch. Optisch war in der Kärntnerstraße nichts wahrnehmbar, und der Inspektor eilte, seinen Geruchsnerven folgend, zum Kaufhaus Steffl. Dort war das beleuchtete Erdgeschoß des Kaufhauses bereits zur Gänze mit Rauch gefüllt. Noch bevor er über Funk die Feuerwehr rufen konnte, trafen bereits Kommandofahrzeug und Rüstfahrzeug der Zentrale Am Hof am Brandort ein. Ein Versuch, die Brandbekämpfung vom Dach aus zu beginnen, scheiterte vorerst, und die Feuerwehr mußte sich durch Einschlagen der Scheiben Zutritt ins Geschäft verschaffen. Mit schweren Atemschutzgeräten drangen die Feuerwehrmänner in Richtung zum Brandherd vor. Um 1.37 Uhr wurde Alarmstufe 2 und um 2.10 Uhr Alarmstufe 3 für die Feuerwehr angeordnet. Zu diesem Zeitpunkt stand der 2. Stock des Kaufhauses, in dem die Damenkonfektionsabtei-

Das Attentat im Kaufhaus

Durch die Brandsätze wurde ein enormer Sachschaden verursacht.

lung untergebracht war, auf Seite der Kärntnerstraße in einer Fläche von 700 bis 900 qm in Flammen. Den intervenierenden Feuerwehrleuten machte nicht nur die starke Rauchentwicklung, sondern vor allem auch die hohe Temperatur im Stockwerk zu schaffen.

Bei der Rekonstruktion konnte ermittelt werden, daß der Angestellte einer Wachgesellschaft den ersten von drei vorgeschriebenen Rundgängen gegen 21.00 Uhr durchgeführt hatte. Er betätigte noch um 21.55 Uhr die im 2. Stock befindliche Stechuhr und gab an, keine verdächtigen Wahrnehmungen gemacht zu haben. Zum zweiten Rundgang war es aufgrund des Brandes nicht mehr gekommen, denn gegen 1.15 Uhr hatte sich die Brandmeldeanlage für die oberen Stockwerke (3. bis 6. Stock) ausgelöst. Für den Wachmann selbst war zu diesem Zeitpunkt weder Brandgeruch noch Rauch spür- bzw. bemerkbar. In der Portierloge befanden sich allerdings damals zwei voneinander unabhängige Brandmeldeanlagen. Eine bereits erneuerte Anlage war in ihrer Funktion auf die Stockwerke 3 bis 6 beschränkt und löste sich auch aus, als die Rauchgase vom 2. in den 3. Stock vordrangen. Die alte Alarmanlage im 2. Stock schlug nach Angabe des Aufsichtsorganes nicht an. In mehreren Angriffen mit zusätzlichen Löschbereitschaften und Drehleitern bekämpfte die Feuerwehr den Brand und hatte ihn bereits um 2.52 Uhr lokalisiert.

Schon zeitig in der Früh begannen Angestellte des Kaufhauses in den vom Brand geringfügiger be-

Amtliches Protokoll vom Ablauf der Geschehnisse

```
+ pwis nr 16  1/5/79  0640 =
id sb u zj =

brand im kaufhaus   s t e f f l   wien 1., kaerntnerstrasse 19,
intervention der feuerwehr.
am 1/5/79 um 0110 uhr vernahm insp  m a i e r 3. gerhard, als uep.
in der fussgaengerzone kaerntner str. brandgeruch aus richtung
kaufhaus steffl insp maier stellte fest, dass das beleuchtete erd-
geschoss des kaufhauses stark mit rauch erfuellt war. der nachtpor-
tier des kaufh.  r o c a n e k  gerhard 25/1/43 geb., wien 11.,
schmidgunsrg 40/1/14 wh., nahm bei seinem rundgang um 0110 uhr,
brandgeruch wahr u hoerte die ausloesung der alarmanlage des brand-
melders im 3. stock. um 0117 uhr verstaendigte er die feuerwehr
u hausverwaltung bukovsky ehrenfried. kurz darauf traf ein kommando
fahrzeug mit ruestwagen unter leitung von brandmeister saniter,v.d.
zentrale am hof ein. da der nachtportier von der rauhensteingasse
aus nicht erreicht werden konnte, wurde von der feuerwehr die glas-
scheibe der eingangstuer kaerntner str 19 eingeschlagen, um zutritt
zum kaufhaus zu bekommen. infolge starker rauchentwicklung, konnte
die feuerwehr durch das dach mittels einer drehleiter nicht ein-
dringen. um 0201 uhr wurde vom leiter der feuerwehr alarmstufe 3
gegeben. zusaetzliche loeschbereitschaften (zwi) trafen ein und
gelangten mit atemschutzgeraeten von der rauhensteingasse aus zum
brandherd, der zwischen drittem u fuenften stockwerk vermutet
wurde. zwecks absperrung trafen fw a/1 und wkdt wz am hof ein.
auf grund einer groesseren menschenansammlung musste der aktions-
raum der fw in der kaerntner str. zw. kupferschmidgasse und
himmelpfortgasse freigehalten werden. zur unterstuetzung traf noch
1 alarmzug, die fw e/1, f/1, s/2 und mot verk.-gruppe ein.
leitung des alarmzuges mj. berka. koatswkdt wurde in kenntnis ge-
setzt. im zuge der erhebungen stellte hauptinsp ing meister v.d.
zentrale am hof fest, dass der brand im zweiten stock-damenkonfek-
tions-abt. ausgebrochen war. brandursache vorerst nicht ermittelbar.
schadenshoehe unbekannt. um 0252 uhr war der brand lokalisiert.
am brandort verblieb ein bereitschaftszug mit offizier. einruecken
des alarmzuges um 0325 uhr. am brandort trafen ein:
stadtrat   schieder   bez.vost. ing heinz, stadthptm hofrat dr.
bauer, vom sb hofrat dr. kornek, zj dr. fehervary, abt kdt oberst
hagen. kripi 1 u journal krb bzi sedina waren ebenfalls anwesend.
ueber auftrag stadthptm dr. bauer erfolgte die sicherung des
kaufhauses bis eintreffen des brandsachverstaendigen durch je 1 swb.
meldungslegung durch  bzi  weiss  harald  wz stephansplatz.

sw.-abt 1 +

1/5/79  0635 s nr 16 pwid/
582 pwid  sb/     rk/
```

Das Attentat im Kaufhaus

troffenen Stockwerken mit Aufräumungsarbeiten. So auch der Expeditleiter der Firma, welcher in der Herrenkonfektionsabteilung Waren nach dem anhaftenden Brandgeruch auszusortieren begann. Gegen 8.45 Uhr vernahm er plötzlich aus einer Entfernung von zehn Metern ein Zischen, einen Feuerschein und Rauchentwicklung. Er bemerkte gleichzeitig, daß ein Herrensakko, welches auf einem Kleiderständer unter anderen Konfektionswaren aufgehängt war, zu brennen begann. Gemeinsam mit den noch anwesenden Beamten der Kriminaltechnik konnte das Sakko entfernt und der Kleinbrand mittels Feuerlöscher getilgt werden. Im Brandbereich wurden eine Uhr, ein Batteriegehäuse, ein Gaszünderglühkopf und verschiedene Drähte sichergestellt, die auf einen Brandzeitzünder hinwiesen.

Einen Tag später, am 2. Mai 1979, um etwa 6.40 Uhr war im Modenhaus Boecker OHG, Wien 1., Kärntnerstraße 11-15, ein Mann mit der Reinigung der Herrenkonfektionsabteilung beschäftigt. Als er leichten Brandgeruch wahrnahm,

In der Presse fanden die Attentate einen großen Widerhall.

Das Attentat im Kaufhaus

Das Attentat im Kaufhaus

„Gemma Brand schau'n!"

In der Wiener Kärntner Straße herrschte Mittwoch vormittag ein Gedränge wie schon lange nicht. Ein vielstimmiges, wenn auch unausgesprochenes „Gemma schaun" lag in der Luft. Dutzende Touristen lauerten mit Kameras bewaffnet vor dem Kaufhaus „Steffl", knipsten, warteten.

Pensionisten scharten sich in Gruppen zusammen und redeten sich ihren Zorn gegen den unbekannten Brandbomber von der Seele. „Daschossen g'hört so aner. Aufg'hängt. Früher wär' so was net..."

Das waren die einen. Andere wollten alles ganz aus der Nähe miterleben, klaubten einige Schillinge aus der Börse und betraten das Kaufhaus, in dem noch intensiver Rauchgeruch hängt. „Natürlich kommen heut' mehr Kunden als sonst", meint eine Verkäuferin. „Die sind halt alle neugierig..."

Keine Kunden freilich, die nach etwas Bestimmtem suchen, sondern solche, die sich Pralinen kaufen, während sie erwartungsvoll umherblicken, oder ein Stamperl Werbeschnaps trinken, nur um dabeizusein. Über mangelndes Interesse der Wiener kann man sich beim „Steffl" nicht beklagen. Auch im Kellerbüfett des Kaufhauses läuft das Geschäft. Viele beschließen dort ihre Neugierrunde mit einer rauchigen Jause. Dabeisein ist eben alles...

Im krassen Gegensatz dazu die hektische Betriebsamkeit des Kaufhauspersonals und der Arbeitstrupps, die Mittwoch im völlig ausgebrannten zweiten Geschoß Brandschutt wegräumten. „Schließlich sollen die Kunden beim Ausverkauf ja nicht schmutzig werden."

Wie schon beim „Gerngross", so rechnet man auch beim „Steffl" mit einem Massenandrang. Besonders wild wird es vermutlich im dritten Stockwerk zugehen, wo verrußte Spielwaren, Damenoberbekleidung und Kinderkonfektion um die Hälfte verbilligt abgegeben werden. „In der Waschmaschine kriegt man den Ruß und den Geruch sicher wieder raus", erklärt die Personalchefin dem KURIER.

Im ersten, vierten und fünften Stock wird die Ware um ein Drittel billiger abgegeben. Des einen Freud ist des anderen Leid: Allein der an der Ware entstandene Schaden beträgt etwa ein Drittel des Gesamtschadens von 20 bis 30 Millionen Schilling, den der gelegte Brand verursachte.

Eine neben dem „Steffl"-Kaufhaus etablierte Imbißstube mit einem gemütlichen Schanigarten in der Mitte der Fußgängerzone machte Mittwoch vermutlich das Geschäft des Lebens: Sämtliche Sessel waren besetzt, und bei einem kleinen Bier oder einer Melange warteten viele offenbar darauf, daß neuerlich ein versteckter Brandsatz seine Wirkung tun würde. Jener Würstelstand, welcher in der Brandnacht auf Dienstag das Eindringen der ersten Löschtrupps in das „Steffl"-Gebäude arg behinderte, war Mittwoch verschwunden.

Donnerstag, pünktlich um 8.30 Uhr, wird beim „Steffl" der Brandausverkauf beginnen. Um dem Andrang zu begegnen, werden auch Verkäufer vom „Gerngross" eingesetzt. Ausverkauft wird, solange rußige Ware da ist, jedoch mindestens eine Woche lang.

hielt er Nachschau und konnte unterhalb eines Verkaufsständers, auf dem Herrenstoffmäntel hingen, bereits verloschene Brandteile finden. Die sofort eingesetzte polizeiliche Untersuchungskommission stellte fest, daß durch unbekannte Täter ein Brandsatz mit Zeitzünder in der rechten Mantelaußentasche eines Herrenmantels angebracht worden

Neugierige überall in der Kärntner Straße

„Kurier" vom 3. Mai 1979

war. Kurz nach Entzündung des Brandsatzes fiel dieser durch die verkohlte Tasche zu Boden und verlosch dort. Der Mantel war nur leicht beschädigt, und auf dem mit einem nichtbrennbaren Kunststoffbodenbelag bedeckten Fußboden verglühte der Brandsatz, indem er den Bodenbelag im Ausmaß von 50 mal 50 cm verschmorte.

Das Attentat im Kaufhaus

Das Attentat im Kaufhaus

Die Serie der Attentate ist bis heute ungeklärt.

Kurze Zeit später gingen Bekennererklärungen und Bekennerschreiben von einer Bewegung „Erster Mai" ein, welche „mit Brandanschlägen gegen Unterdrückung und Ausbeutung" protestierte. In der Folgezeit wurden alle in Frage kommenden Geschäfte speziell überwacht und in Schulungen auch die Eigenvorsorge der Händler gegen Brandanschläge verstärkt. Es gab noch einen weiteren Brandanschlag ähnlicher Art im gleichen Kleiderhaus. Dann hörten die Aktionen auf.

Die bis heute unaufgeklärte Serie hat in der einschlägigen Branche zu neuen und guten Sicherheitsüberlegungen und Sicherungsmaßnahmen geführt, die sich im wesentlichen bis heute bewährt haben.

1979 Brand in der Nationalbank

ALS AM 30. AUGUST 1979, GEGEN 3.00 Uhr früh in der Nationalbank in Wien 9., Otto-Wagner-Platz, ein Brand ausbrach, der vorerst nur geringes Ausmaß hatte, sich in der Folge jedoch derart rasch entwickelte, daß schließlich Katastrophenalarm gegeben wurde, lauteten die Überschriften in den Tageszeitungen am nächsten Tag in etwa so: „Großbrand in Nationalbank: Ein Skandal", „Stundenlang Feuer in Nationalbank, viele Rätsel um die Brandursache", „Nächtliches Feuerwerk in Österreichs Fort Knox, Brandstifter am Werk?", „Riesiger Qualmpilz – Österreichs Geld war nicht gefährdet!". Was war wirklich geschehen?

An diesem Donnerstag schlugen genau um 2.53 Uhr sowohl die Brandmelder im 4. Stock als auch die TUS-Alarmanlagen der Nationalbank, welche primär Beschädigungs- und Einbruchsschutzeinrichtungen darstellen und mit der Einsatzleitzentrale der Polizei am Schottenring direkt verbunden sind, Alarm. Knapp drei Minuten später

Der Brand brach im 5. Stock aus und breitete sich schnell auf die umliegenden Stockwerke aus.

Brand in der Nationalbank

war der erste Polizeiwagen an Ort und Stelle, unmittelbar gefolgt von der Feuerwehr. Durch das Bersten der Fensterscheiben unter Hitzeeinwirkung, welches auch der Grund für die Auslösung des TUS-Alarmes war, bekam das ursprünglich im 5. Stock ausgebrochene Feuer den notwendigen Sauerstoff und breitete sich in kurzer Zeit auf das 4., 6. und 7. Stockwerk sowie auf das Dach aus. Dichte Rauchwolken hüllten das Gebäude ein, und die Feuerwehr erhöhte die Brandstufen in Minutenabständen bis zur Alarmstufe 5. 31 Rohre, drei Wendestrahlrohre und zwei Wasserwerfer wurden eingesetzt. Die Sicherung und Eingrenzung des Brandes im Hausinneren selbst war für die Feuerwehr kein besonderes Problem und wurde exakt und in absolut vertretbarer Zeit durchgeführt. Die Bekämpfung des eigentlichen Brandes konnte daher unter Verwendung von schweren Atemschutzgeräten noch vor dem Anbruch der Morgendämmerung erfolgreich begonnen werden.

Die größere Sorge in den Nachtstunden bereitete der Feuer-

Glücklicherweise konnte dank der Baupläne das Gebäude wieder komplett restauriert werden.

wehr und den Sicherheitsbehörden das Allgemeine Krankenhaus, von dem einige Gebäude nur durch eine schmale Straße vom Brandherd getrennt waren. Seitens der Feuerwehr wurde allerdings sofort mit einem Wasservorhang eine erfolgreiche Absicherung vorgenommen, und damit wurde auch der im Einvernehmen mit der Spitalsverwaltung vorsorglich erstellte Evakuierungsplan der Polizei unnötig. Immerhin standen 150 Polizisten aus Bezirks-, Alarm- und Schulabteilung sowie jeder entbehrliche Krankenwagen der Wiener Rettung einsatzbereit zur Verfügung.

Als durch die Hitzeeinwirkung die Hofüberdachung aus Stahl und Drahtglas einstürzte, stieg ein gewaltiger Rauchpilz zum Himmel, und die Umgebung wurde mit einem wahren Funkenregen eingedeckt, der auf Feuerwehr, Polizei, Rettungsleute, aber auch auf die vielen hundert Schaulustigen, die sich am Brandort eingefunden hatten, niederprasselte. Im Zuge der Brandbekämpfung wurden acht Feuer-

Noch in den Morgenstunden waren Glutnester zu bekämpfen.

Brand in der Nationalbank

wehrleute Opfer von Rauchgasvergiftungen. Alle konnten aber im nahegelegenen Allgemeinen Krankenhaus oder von den Rettungsärzten vor Ort ambulant behandelt werden.

In den Morgenstunden waren nur noch Glutnester zu bekämpfen, und sowohl die Brandexperten als auch die Kriminalisten begannen mit ihrer Arbeit zur Feststellung der Brandursache. Dabei geht es darum, nicht nur Zentimeter für Zentimeter, sondern sogar Millimeter für Millimeter den Brandschutt zu untersuchen und auf signifikante Details, im besonderen der Brandherde, zu achten.

Bereits in den Nachtstunden war festgestellt worden, daß die wesentlichsten Unterlagen, aber vor allem die Geld-, Wertpapier- und Edelmetallreserven nie gefährdet waren. Auch die Brandursache – sehr früh vermutet – wurde bald gesichert: ein Schwelbrand! Aber von wem ausgelöst? Diese offene Frage führte noch in der Nacht – zum Zeitpunkt der Untersuchungen waren die Frühausgaben der Tageszei-

Durch einen Wasservorhang konnte das nahe Allgemeine Krankenhaus abgesichert werden.

Brand in der Nationalbank

„Neue Kronen Zeitung" vom 31. August 1979

tungen schon in Druck – zu den vorerwähnten Überschriften. Dafür gab es einige Anhaltspunkte: Zunächst einmal wurden auch im Gebäude der Nationalbank Schweißarbeiten durchgeführt. Unter dem Eindruck des erst vor einem halben Jahr durch Schweißarbeiten ausgelösten Großbrandes bei Gerngross und der Tatsache, daß in diesen Jahren pro Jahr durchschnittlich 246 Brandschäden durch „Heißarbeiten" (schneiden, löten, schweißen, ...) meist geringeren Umfanges und dementsprechend schadensfrei registriert worden waren, war die Überlegung durchaus vertretbar, daß auch im Bereich der Nationalbank die tagsüber durchgeführten Schweißarbeiten zu einem bei Abschluß der Arbeiten unentdeckten Schwelbrand geführt hätten. Als allerdings am Vormittag des folgenden Tages ein Anruf in einer Zeitungsredaktion den Brand als Anschlag einer slowenischen Untergrundorganisation darstellen wollte, wucherten die Vermutungen bis zum Beginn einer Attentatsserie hin.

Obwohl die Polizei natürlich jedem Gerücht nachgehen mußte und ihre Kräfte ziemlich zersplitterte, konnte – nachdem als Quelle des Schwelbrandes eine weggeworfene Zigarette festgestellt wurde – sehr rasch auch der „Täter" ausgeforscht werden.

Trotz eines beachtlichen Sachschadens kamen durch das vorbildliche Verhalten von Angestellten, Feuerwehr und Polizei, aber vor allem durch die Umsichtigkeit bei der Brandbekämpfung und Bergung von Gütern keine Menschen in akute Gefahr und wurde auch niemand verletzt.

Der Bau selbst, der von Professor Leopold Bauer, einem Schüler Otto Wagners, konzipiert und 1925 vollendet worden ist, konnte dank der vorhandenen kompletten Baupläne vollkommen restauriert und funktionell wieder ganz hergestellt werden.

1979
Brand im Hotel Augarten

Feuer im Hotel 26 Tote

Flammen, Giftgas und kein Fluchtweg: Zwei Wiener unter Opfern

Das verheerendste Großfeuer seit dem Ringtheaterbrand hat im Wiener Hotel „Am Augarten" mindestens 26 Menschenleben ausgelöscht. Der Tod ereilte die meisten im Schlaf. Giftige Gase, die ein wie Zunder brennender entgegen baupolizeilicher Empfehlungen neu verlegter Spannteppich freisetzte, ließen den Opfern keine Chance.

„Die meisten starben im Bett", berichteten schockierte Feuerwehrleute. „Einige konnten sich noch zu den Türen oder zu den Fenstern schleppen, wo sie, betäubt vom Giftgas, zusammenbrachen. Einige sprangen aus den Fenstern in den Tod."

Die Hotelleitung hatte vor einigen Jahren geringfügige Umbauten bei der Behörde beantragt. Die Baupolizei stimmte zu, verlangte aber die Verlegung brandsicherer Teppiche.

Gekauft wurden dann freilich handelsübliche Teppiche, die nicht im geringsten den Brandschutzvorschriften entsprechen und die beim Verbrennen giftige Gase freisetzen...

Für mindestens 26 Menschen bedeutete dies das Todesurteil. Als Opfer der Katastrophe wurden bisher 15 jugoslawische Touristen, unter ihnen ein Kind, drei Amerikaner, ein Schweizer und drei Österreicher ermittelt: unter ihnen der Nachtportier des Hotels, Harald Franke, 29, und die 19jährige Eva Frauenberger, beide aus Wien. Möglicherweise sind unter den Toten auch Gäste aus der CSSR und Deutschland. 18 Vergiftete und Verletzte sind noch in Spitälern.

Seinen Ausgang nahm das Unglück nach Ansicht der Brandexperten im Papierkorb der Portierloge. Jemand hatte vermutlich eine brennende Zigarette hineingeworfen. (Ausführliche Bildberichte auf den Seiten 3, 4, 5, 7.)

OFT KOMMT MAN bei der Rekonstruktion einer der Wiener Katastrophen in Versuchung, sich der Romanform zu bedienen. So wie etwa bei der folgenden Geschichte, in der Namen und einzelne Örtlichkeiten, wie es sich in einem guten Roman gehört, zwar nicht ganz frei erfunden, aber doch geändert worden sind:

„Es war eine jener typischen Herbstnächte in Wien. Man konnte noch die letzte Milde des Sommers spüren, die sich mit der schon spürbaren Herbe des Herbstes harmonisch verband. Ein leichter, aber merklich kühler Wind strich durch die Wiener Straßen, als Josef, der in Wien studierte und seinen Unterhalt als Nachtportier im Hotel Augarten verdiente, nach dem Ende seines Abendkurses beschloß, so wie jeden Donnerstag noch in sein Stammbeisel zu gehen. Um diese Zeit war das Lokal allerdings schon dicht gefüllt, und für Josef gab es keinen gemütlichen Platz mehr. Erst in einem zweiten Lokal fand Josef nicht nur einen freien Tisch, sondern auch ein hübsches Mädchen,

„Kurier" vom 29. September 1979

Brand im Hotel Augarten

das allein am Nebentisch saß. Es dauerte nicht lange und Josef leistete Tamara Gesellschaft. Es entwickelte sich eine angeregte Unterhaltung, wobei für Josef einige Flaschen Bier und für Tamara eine Flasche Rotwein stimulierend wirkten. Als sich gegen Mitternacht das Lokal leerte, setzte sich auch noch das Barmädchen an den Tisch der beiden lustigen Leute, und man trank nach Mitternacht in fröhlicher Runde sogar Bruderschaft. Irgendwann aber war dann doch Sperrstunde, aber weder Josef noch Tamara wollten die noch junge Bekanntschaft beenden und nach Hause zu gehen.

Man begann die um diese Zeit noch geöffneten Lokale durchzudiskutieren, fand aber keines, für welches man sich echt begeistern konnte. Entweder waren sie für das Paar zu laut, zu teuer, zu wenig intim oder kamen aus anderen Gründen nicht in Frage. Als man schon ein Rendezvous für den nächsten freien Abend in Erwägung zog, fiel Josef plötzlich ein, daß er seinem Kolle-

Mittels verschiedener Leitern versuchte die Feuerwehr den Eingeschlossenen zu Hilfe zu kommen.

Brand im Hotel Augarten

Brand im Hotel Augarten

gen, der ebenfalls als Nachtportier im Hotel Augarten arbeitete, ein Radio geschickt hatte und nicht wußte, ob dieses auch angekommen sei. Er beschloß daher auf jeden Fall noch zu Fritz, der Nachschicht hatte, zu fahren, und fragte Tamara, ob sie noch mit ihm ein Glas Wein im Hotel trinken wolle. Das Mädchen, dem der Vorschlag, die nette Unterhaltung in einem Hotel fortzusetzen, zunächst suspekt vorkam, willigte, als Josef die näheren Umstände glaubhaft darlegte, letztlich begeistert ein. Man nahm sich also ein Taxi und fuhr in bester Laune in das Hotel.

Fritz saß in seiner Portierloge und las Zeitung, als die beiden an die bereits geschlossene Eingangstüre des Hotels klopften. Da er im Dienst nicht schlafen gehen durfte, war er über den Besuch seines Freundes, der noch dazu in Begleitung eines hübschen Mädchens war, sehr erfreut, plazierte sie an einen Tisch in der Rezeption und servierte aus der bereits geschlossenen Bar Kaffee und eine Flasche Rotwein. Man rauchte, trank und unterhielt sich wegen der schlafenden Hotelgäste zwar leise, aber blendend. Erst gegen 4.00 Uhr wurde Josef müde und machte den Vorschlag, Tamara mit dem Taxi nach Hause zu bringen. Tamara aber, die in der Zwischenzeit an Fritz Gefallen gefunden hatte und von seiner witzig-lustigen Art fasziniert war, wollte gerade jetzt vom Heimgehen nichts wissen. Erst gegen 4.30 Uhr gab Josef seine Bemühungen auf und fuhr mit dem Taxi allein nach Hause. Allein geblieben schlug Fritz nun einen Ortswechsel vor, um die Frühaufsteher nicht vor vollendete Tatsachen zu stellen. Er ordnete demonstrativ die Sitzpolster in der Lounge, leerte penibel die Aschenbecher in den Papierkorb und übersah in der Eile — vermutlich auch abgelenkt durch das vital zurückhaltende Mädchen — den noch glimmenden Zigarettenstummel im Aschenbecher. Tamara, vom Wein und der Stimmung animiert, hielt der Versuchung nicht lange stand und zog sich bald mit Fritz in ein freies Zimmer im 1. Stock zurück.

In der verlassenen Portierloge im Erdgeschoß bereitete das Schicksal indessen seinen vernichtenden letzten Schlag vor. Im vollen Papierkorb suchte und fand der glimmende Zigarettenstummel bald Nahrung und entwickelte sich langsam zum Schwel- und relativ rasch zum Vollbrand. Als um 5.14 Uhr der Rauch aus dem zu diesem Zeitpunkt schon völlig verqualmten Hotel nach außen drang, von Passanten bemerkt wurde und diese Polizei und Feuerwehr verständigten, hatten beim Eintreffen der ersten Einsatzfahrzeuge mit Fritz und Tamara in dieser verhängnisvollen Nacht schon weitere 23 Menschen keine Chance mehr eine Morgendämmerung jemals wieder zu sehen." Soweit im Roman.

Die Berichte von Polizei, Rettung und Feuerwehr lesen sich allerdings weitaus nüchterner. Dazu aus den Feuerwehr- und Polizeiprotokollen:

Um 5.14 Uhr wird von privater Seite der Polizeinotruf betätigt und mit den Worten „Hotel Heinestraße — Pazmanitengasse brennt, bitte die Feuerwehr" ein Großeinsatz von Feuerwehr, Rettung und Polizei ausgelöst. Um 5.15 Uhr wird die Mitteilung an die Feuerwehr weitergegeben und gleichzeitig der im 2. Bezirk patrouillierende Funkwagen „Berta 2" zum Einsatzort entsandt. In der Zwischenzeit kommen in kurzen Folgen weitere Hinweise auf den Brand per Telefon in die Einsatzzentrale. Um 5.17 Uhr treffen die Funkwägen „Berta 2" und „Berta 3" am Einsatz-

Brand im Hotel Augarten

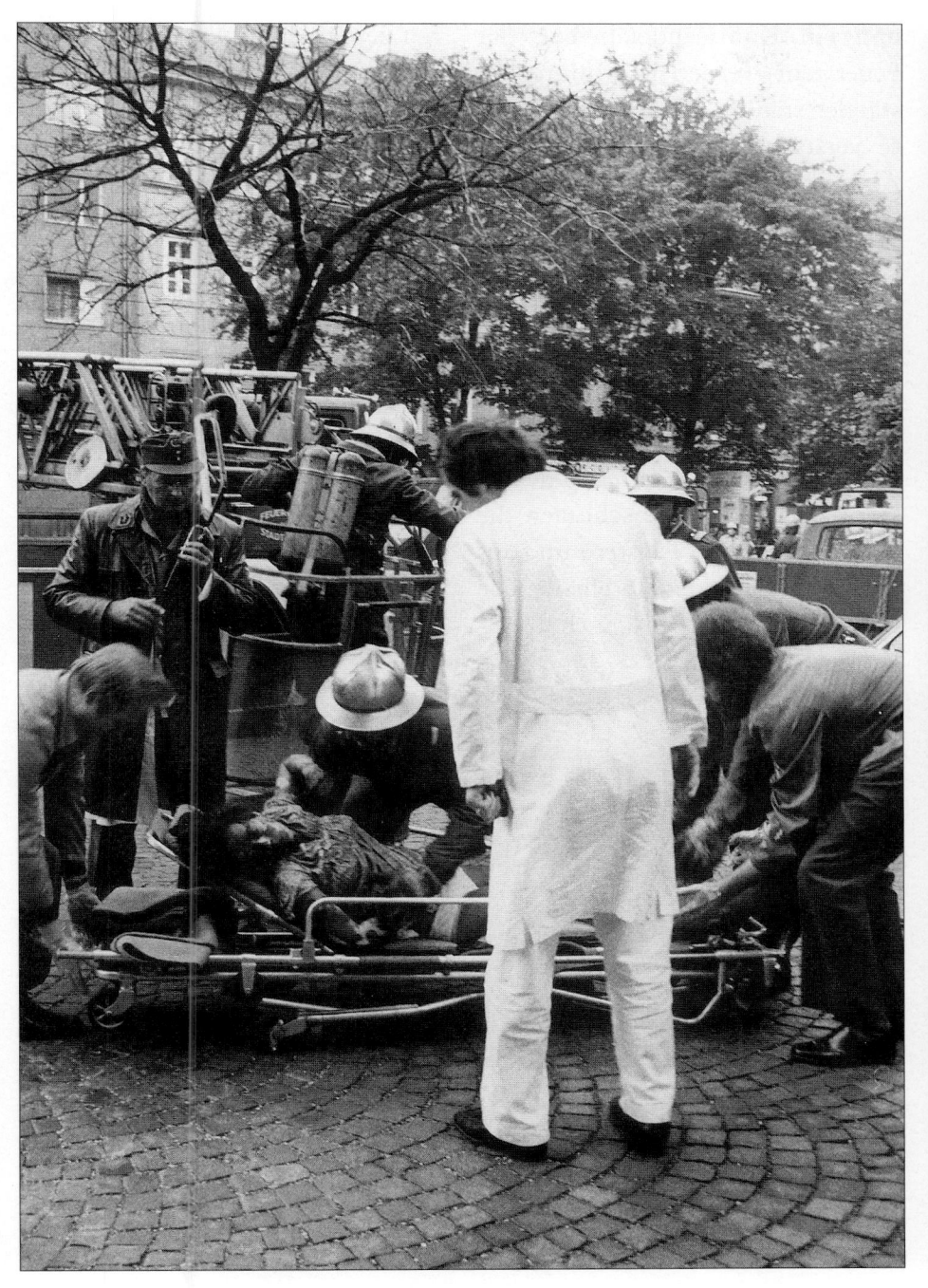

Brand im Hotel Augarten

und ein Kommandofahrzeug der Feuerwehr werden in Minutenabständen ständig durch weitere Kräfte verstärkt. Die Feuerwehr gibt Alarmstufe 4, und um 5.25 Uhr sind bereits fünf Drehleitern, darunter eine mit einer Reichweite von 50 Metern, vor Ort. Knapp eine Viertelstunde nach Alarmierung sind insgesamt 23 Fahrzeuge im Einsatz, die in der Folgezeit auf 31 Fahrzeuge verstärkt werden.

Schon beim Eintreffen der ersten Feuerwehrkräfte schlugen die Flammen aus den Fenstern und aus der Eingangstür der Hotelhalle. Die Fluchtwege in das Erdgeschoß waren bereits durch Feuer und Rauch blockiert. Aus den Fenstern der Stockwerke schrien Eingeschlossene um Hilfe. Die ersten Maßnahmen der eingetroffenen Kräfte bestanden darin, mittels zweier Schiebeleitern, der Drehleiter und einer Hackenleiter mit der Bergung der Eingeschlossenen zu beginnen. Weiters wurde sofort ein Sprungbalg zur Menschenrettung eingesetzt. Während der Aufstellung der Schiebeleiter sprang aus dem 1. Stock eine etwa 25jährige Frau – trotz der Zurufe der Feuerwehrmänner, sie werde sofort geborgen werden – in Panik auf die Straße, blieb auf dem Geh-

ort ein und geben durch: „Große Rauchentwicklung. Die Leute stehen an den Fenstern und können nicht herunter. Feuerwehr mit Leitern nötig. Dringend die Rettung dazu, das ganze Hotel brennt." Um 5.19 Uhr, Sekunden vor dem Eintreffen der Feuerwehr, Meldung von „Berta 2": „Die Leute springen aus den Fenstern, es ist ein Großbrand, starker Rauch aus allen Fenstern."

Die Heinestraße wird gesperrt, die ersten Bemühungen zur Rettung der Menschen beginnen. Die um 5.16 Uhr ausgerückten zwei Rüstlöschfahrzeuge, ein Universallöschfahrzeug, eine Drehleiter

Brand im Hotel Augarten

```
Bundes...........                    Wien, am 1.10.1979
Branduntersuchung

Das Dokumentationstonband weist über den Ausbruch des
Brandes im Hotel "Augarten" am 28.9.1979 folgende
erste Aufzeichnungen auf:

Uhrzeit:

05.14    Notruf Privat: Hotel Heinestraße - Pazmaniten-
         gasse brennt, bitte die Feuerwehr.

05.15    Funkstelle an Feuerwehr! Hotel brennt, sowie an
         Berta 2.

05.17    Notruf: Hotel brennt, man sieht die Flammen.

05.17    Berta 2: Große Rauchentwicklung.

05.17    Berta 3: Die Leute sitzen am Fenster und können
         nicht herunter, Feuerwehr mit Leitern nötig.

05.18    Berta 3: Dringend die Rettung dazu, das ganze
         Hotel brennt.

05.19    Berta 2: Die Leute springen vom Fenster herunter.

05.20    Berta 2: Es ist ein Großbrand, dringend die Feuer-
         wehr nötig, starker Rauch aus allen Fenstern.

05.22    Theodor 2: Feuerwehr eingetroffen.

05.23    Berta 1: Heinestraße gesperrt, Straßenbahn um-
         leiten, Wr.Verk.Betr. verständigen.

05.24    Berta 2: Eine Frau vom Fenster heruntergesprungen.

05.24    Wr.Verk.Betr. und alle Funkwagen von Sperre
         Heinestraße in Kenntnis.
```

steig schwerverletzt liegen und starb in weiterer Folge im Spital. Es war die einzige Tote, die nicht an einer Rauchgasvergiftung starb. Von der Feuerwehr wurden insgesamt 35 Menschen gerettet, wobei sich die Rettung aus den zum Innenhof gelegenen Zimmern aufgrund der baulichen Umstände und der einzigen Zugänglichkeit über eine Privatwohnung sehr schwierig gestaltete. Insgesamt 25 Menschen, vorwiegend Österreicher, Amerikaner und Jugoslawen fanden den Tod.

Um 5.07 Uhr war die Stechuhr in der Rezeption stehengeblieben. Zu diesem Zeitpunkt war dort bereits ein Vollbrand entstanden, der die Leitungen durchschmelzen ließ. In der Rezeption befand sich zu diesem Zeitpunkt niemand, der die Feuerwehr verständigen hätte können. Der in der Portierloge befindliche Trockenlöscher war nicht benützt worden. Aufgrund der Brandspuren und des vorgefundenen verschmolzenen Bodens des Papierkorbes konnte der Brandherd eindeutig festgestellt werden. Die schwersten Abbranderscheinungen wurden im Bereiche des Stiegenhauses festgestellt.

Die Verhaltensmaßregeln für Gäste, die in Zimmern üblicherweise ausgehängt sind, waren nach Feststellungen der Untersuchungskommission nicht überall vorhanden. Sie wurden nach Umbauarbeiten im Jahre 1978 in vielen Zimmern des Hotels nicht mehr aufgehängt. Zu diesen Tafeln „Verhalten im Brandfalle" ist aber zu bemerken, daß sie für diesen Brand keine Bedeutung hatten. In den vorhandenen Tafeln wurden lediglich Hinweise für Erstmaßnahmen angeführt, die einen Brand verhindern sollten, wie z.B. „Rauchen Sie nicht im Bett", „Leeren Sie keine Aschenbecher in die Papierkörbe" etc. Für den eigentlichen Brandfall waren lediglich drei Punkte maßgeblich: 1. Ruhe bewahren und 2. Fluchtwege benützen und 3. der Hinweis, daß bei Feuer sofort der Portier zu verständigen sei. Im konkreten Falle waren diese in Deutsch, Englisch und Französisch verfaßten Ratschläge bedeutungslos, da kein Portier anwesend war und auch keine alternativen Fluchtwege vorhanden waren. Die einzige Treppe war schwer verqualmt und außerdem durch den Vollbrand im Erdgeschoß unpassierbar. In manchen Zimmern wurden die Telefonhörer neben dem Apparat gefunden, sodaß angenommen werden muß, daß diese Zimmerbewohner noch versucht hatten, telefonisch Hilfe zu holen. Dies war nicht möglich, da die Zimmertelefone nur über die Hauszentrale benutzt werden konnten. Diese Telefonanlage war aber in der Rezeption unbesetzt und fiel nach Entstehung des Vollbrandes aus. Im ganzen Haus waren keine Brandmelder installiert. Die einzige Chance für die Gäste bestand in einer Verständigung des Nachtportiers, der aber – wie wir wissen – nicht anwesend war.

Wie rasch ein Brand entsteht, ergibt sich aus einem Gutachten im Anlaßfall. Für einen Glimmbrand, hervorgerufen durch nachglimmende Teilchen wie Zigarette im Papierkorb, sind im allergünstigsten Falle mindestens 15 Minuten (allgemeine Regel 15 bis 19 Minuten) notwendig, um das Papier im Korb zu entzünden. Wenn ein Papierkorb in Vollbrand steht, vergehen noch etwa zwei bis drei Minuten, bis Einrichtungsgegenstände in der Nähe, im konkreten Fall also das Pult der Rezeption, in das Anfangsstadium eines Brandes übergehen. Im Anlaßfall wurde festgestellt, daß nochmals weitere 10 Minuten vergehen müßten, bis das Pult in Flammen steht.

Was nun die für den Tod der Menschen im Hotel Augarten verantwortliche Verqualmung, die zu Rauchgasvergiftungen führt, betrifft, wurden in einem Hochhaus unter ähnlichen Bedingungen, wie sie im Hotel vorlagen, Versuche durchgeführt. Es wurde ein Vollbrand im Parterre simuliert, und die nachfolgenden Zeiten geben jenen Zeitpunkt an, zu welchem es Angestellten oder Hotelgästen nicht mehr möglich wäre, ihre Zimmer zu verlassen, da durch die Verqualmung eine Ohnmacht mit letalen Folgen eintreten müßte:

Vollbrand
Parterre   0
1. Stock   nach 2 Minuten
2. Stock   nach 4 Minuten
4. Stock   nach 6 Minuten
20. Stock   nach 10 – 12 Minuten

Diese kurzen Zeitspannen für lebensrettende Maßnahmen erklären die strengen Bestimmungen für Hotels in den einschlägigen Bundes- und Landesgesetzen für Wien. Strenge routinemäßige Überprüfungen sorgen für konsequente Einhaltung. Wiener und österreichische Hotels weisen heute einen höheren Sicherheitsstandard auf, als in vielen europäischen Ländern üblich ist.

1987
Brand im Steyr-Haus

Das Gebäude der Hauptverwaltung der Firma Steyr-Daimler-Puch-AG wurde im Jahre 1955 in Wien 1., Kärntner Ring Nr. 7 in geschlossener Bauweise errichtet. Umgrenzt wurde es nördlich von der Mahlerstraße, östlich von der Akademiestraße, südlich vom Kärntner Ring. In Richtung Westen, zur Kärntner Straße und Staatsoper hin, war das Gebäude Kärntner Ring Nr. 5 und an dieses das Hotel Bristol angebaut. Nur das Objekt Kärntner Ring Nr. 7 fand ausschließlich als Bürogebäude Verwendung und war neben Einzelbüros auch in großflächige Organisationseinheiten wie EDV-Zentralen u.a. gegliedert. Das siebenstöckige Bauwerk war in Stahlbeton-Skelettbauweise mit Fertigteilen errichtet worden. Die gesamte Gebäudelast wurde von Stahlbetonpfeilern, auf denen schon die Decke vom Erdgeschoß auflag, getragen. Im Grundriß war es wie ein Vierkanthof errichtet. Das heißt, in der Innenfront des Gebäudes befand sich ein großer Lichthof, welcher in der Höhe der Decke des Erdgeschosses mit einer Glaskonstruktion überdacht war. Diese bildete einen Teil der Decke der Ausstellungshalle im Erdgeschoß, in dem die Produkte der Firma Steyr-

Brand im Steyr-Haus

Daimler-Puch Interessenten zum Verkauf angeboten wurden. Unter dem Niveau des Erdgeschoßes waren zwei Kellergeschoße als Tiefgaragen vorhanden, die grundsätzlich Benützern von firmeneigenen Pkws zur Verfügung standen, wobei allerdings in Einzelfällen durch Sonderpassierscheine Ausnahmebewilligungen an Firmenfremde erteilt wurden.

Die einzelnen Büroabteile entstanden durch Holzriegelzwischenwände mit Verglasung, teilweise auch durch Gipsplatten mit Isolierung (Mineralwolle), welche zwischen den einzelnen Stahlbetonpfeilern des Betonskelettes aufgestellt worden waren. Die hofseitig gelegenen Büros sowie jene im 7. Stock des Gebäudes waren durch gemauerte Ziegelwände vom Gang und den danebenliegenden Büros abgeteilt. Die Gänge sowie die Stahlbetonpfeiler waren mit gelochten Holzplatten mit dahinterliegender Mineralwolle isoliert und verkleidet. Die Fußböden im gesamten Gebäude bestanden aus Stahlbeton, darüber eine Betonausgleichsschicht, Heraklith, Asphaltanstrich mit Kunststoffbelegen und teilweise Teppichböden. Die Versorgung des Bürogebäudes mit Elektrizität, Wasser, Telefon und Heizung erfolgte durch Installationsschächte, welche in den einzelnen Stockwerken abgemauert worden waren, sodaß in den Schächten keine durchgehende Verbindung bestand.

Das Bürogebäude konnte durch zwei Eingänge betreten werden, und zwar durch den Haupteingang Kärntner Ring Nr. 7 und einen weiteren Eingang in der Mahlerstraße Nr. 8. Die beiden Eingänge wurden allerdings tagsüber durch firmeneigene Portiers überwacht. Ab 18.00 Uhr waren die beiden Hauseingänge versperrt und der Portier beim Eingang Mahlerstraße von einem Angehörigen einer privaten Wachgesellschaft abgelöst. Die Portierloge beim Haupteingang – sie befand sich in der Ausstellungshalle – war in den Nachtstunden unbesetzt. Neben dem Eingang Mahlerstraße befand sich auch die Einfahrt in die Tiefgarage. Die die Eingänge und Garageneinfahrt frequentierenden Personen und Pkws wurden von den dienstversehenden Portiers kontrolliert und vermerkt. Von der Ausstellungshalle führte auf der Seite des Haupteinganges eine zweiläufige Haupttreppe mit Zwischenpodest bis in den 7. Stock. Vom Eingang Mahlerstraße führte

Brand im Steyr-Haus

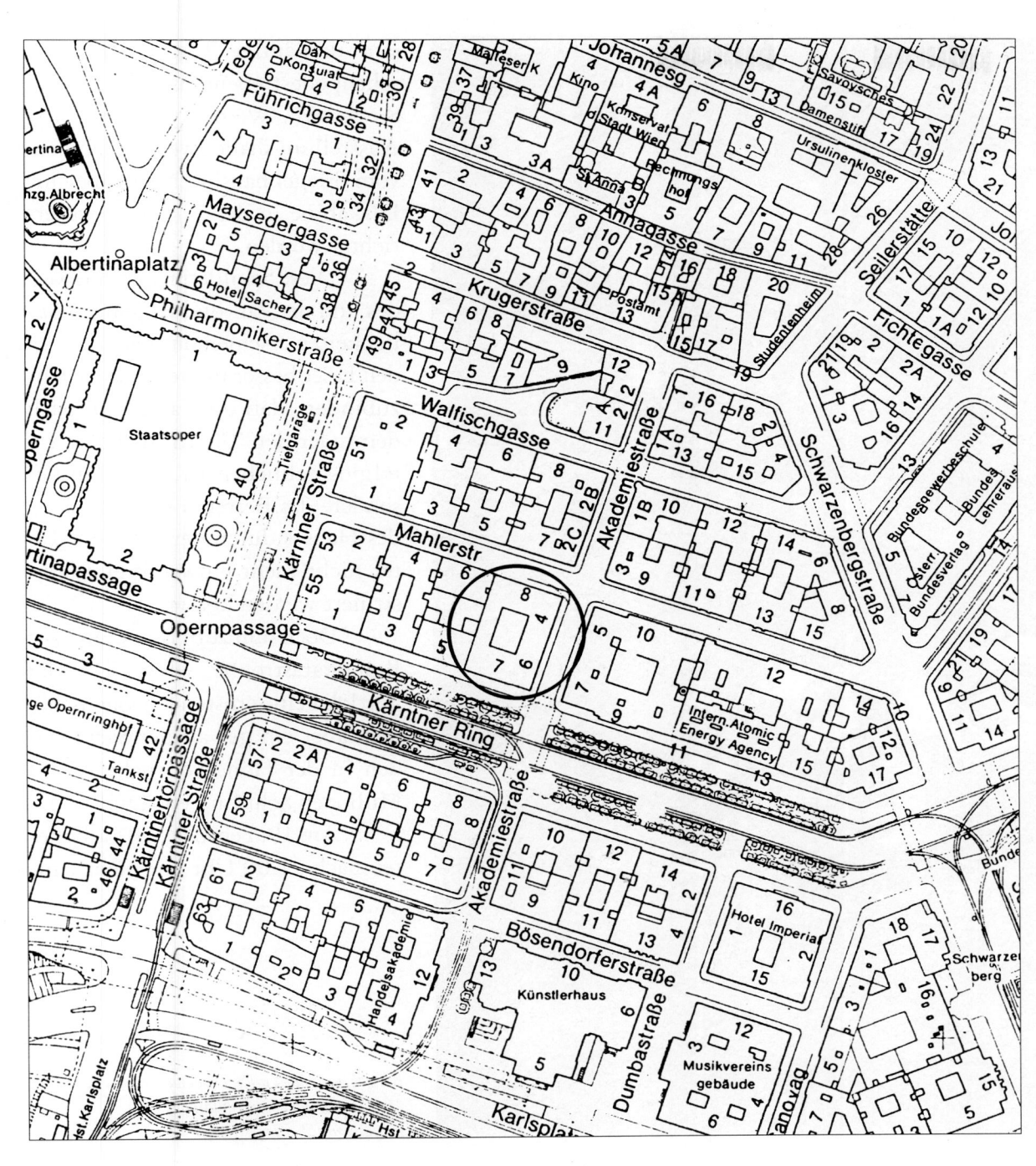

Der genaue Lageplan des Brandobjektes am Kärtner Ring

Brand im Steyr-Haus

eine dreiläufige Treppe mit Zwischenpodest ebenfalls bis in das 7. Stockwerk. Weiters waren von der Ausstellungshalle zwei Liftkabinen, vom Stiegenhaus Mahlerstraße eine Liftkabine in das 7. Stockwerk errichtet worden.

Diese Schilderung des Gebäudes und der Zu- und Abgangsmöglichkeiten erschien uns wichtig, um den Leser besser in die Tatsache einzubinden, daß die Fahndung nach dem oder den Tätern bis heute erfolglos geblieben ist, wobei insbesondere das Betreten und Verlassen des Hauses durch den oder die Täter nicht mehr einwandfrei rekonstruiert werden konnte.

Doch nun zum Brand und zur Brandkatastrophe selbst, bei der gottlob keine ernsten Personenschäden, aber ein gewaltiger Sachschaden in der Höhe von nahezu 200 Millionen Schilling entstand:

Am 19. Februar 1987 arbeiteten nach 21.00 Uhr nur mehr eini-

Bei der anschließenden Untersuchung werden 16(!) verschiedene, unabhängige Primärbrandherde festgestellt.

Brand im Steyr-Haus

ge Angestellte in besagtem Bürohaus der Firma Steyr-Daimler-Puch-AG. Unter ihnen befand sich auch Gerhard H., der, wie einige seiner Kollegen in diesen Zeiten, häufig länger Dienst versehen mußte. Da ab 18.00 Uhr der vom Personal üblicherweise frequentierte Hauseingang Kärntner Ring geschlossen war, mußten sich nach dem vorerwähnten Zeitpunkt alle im Hause befindlichen Angestellten beim Portier telefonisch melden, damit dieser einen Überblick hatte, wer sich noch im Haus befand. Bevor nun der Portier seinen jeweiligen Kontrollgang durch das Haus antrat, rief er jene Personen, von denen er wußte, daß sie sich noch im Haus befanden, an und erkundigte sich, wie lange noch voraussichtlich gearbeitet würde. Dies geschah deshalb, da man das versperrte Haus, während der Portier auf seinem Rundgang war, nicht verlassen konnte, weil er ansonsten zwecks Personenkontrolle jedesmal seinen Rundgang hätte abbrechen müssen. Es war daher nur Routine, daß Gerhard H. gegen 21.25 Uhr vom Portier angerufen wurde und die Mitteilung erhielt, daß dieser gegen 22.00 Uhr seinen Rundgang antreten werde. Gerhard H. sagte dem Portier zu, daß er mit den drei anderen noch in seiner Abteilung anwesenden Kolleginnen und Kollegen Rücksprache bezüglich des Arbeitsendes halten und ihn rückrufen werde.

Sofort nach Beendigung des Telefonates begab sich H. zu den Zimmern der anderen Mitarbeiter und bemerkte, nachdem er bereits in zwei Zimmern Kollegen aufgesucht hatte, auf dem Gang plötzlich einen undefinierbaren „süßlichen" Geruch. Er brachte zu diesem Zeitpunkt, es war etwa 21.41 Uhr, das ihm fremde Luftgemisch keinesfalls mit einem etwaigen Brand in Verbindung, sondern wunderte sich nur über die ihm unbekannte Geruchsart. Als er seine Runde beendet hatte und wieder zu seinem Zimmer zurückgekehrt war, drehte er sich beim Betreten noch in der Türe um und blickte den Gang in Richtung Oper hinauf. Ohne daß seine Geruchsnerven schon einen Brand registrierten, sah er im obersten Drittel des Ganges hellen Rauch wallen. Er rief in das nächste besetzte Zimmer: „Es brennt. Verständige die anderen", eilte in seinen eigenen Büroraum und rief den Portier an, dem er vom Rauch und vermutlichen Brand Mitteilung machte.

Brand im Steyr-Haus

Brand im Steyr-Haus

gen vor sich rufen und wußte, daß auch sie ihre Zimmer verlassen hatten. Als er das Stiegenhaus erreichte, war das ebenfalls bereits dicht verqualmt. Er preßte sich ein Taschentuch vors Gesicht und tastete sich raschen Schrittes dem Stiegengeländer entlang ins Erdgeschoß hinunter. Sehen konnte er zu diesem Zeitpunkt im Stiegenhaus nichts mehr. Er war sehr erleichtert, als er seine Kollegen bei der Portierloge traf und mit diesen das Haus verlassen konnte.

Etwa zur gleichen Zeit, als der Angestellte den Portier vom Rauch

Dann verließ er nochmals sein Zimmer, vergewisserte sich, daß die übrigen Kollegen gewarnt waren, und eilte in sein Büro zurück, wo er seine Aktentasche und sein Sakko an sich nahm. Als er danach aus der seinem Büro gegenüberliegenden Garderobe seinen Mantel holen wollte, sah er, daß in der kurzen Zwischenzeit der Gang bis zu seinem Büro mit nunmehr dickem schwarzem Qualm erfüllt war. Er kümmerte sich nicht mehr um seinen Mantel und lief den Gang entlang, der zum rückwärtigen Stiegenhaus führte, das in Richtung Mahlerstraße lag. Er hörte seine drei Kolle-

Brand im Steyr-Haus

und dem Brand verständigte, bemerkte auch eine Fußstreife der Polizei aus den Fenstern des 5. Stockes starke Rauchentwicklung. Sofort wurde die Feuerwehr und die Einsatzzentrale verständigt, welche jeweils Kräfte entsandten. Die Besatzung des Funkwagens „Caesar 1", die gerade in der Nähe war, versuchte über das Stiegenhaus in den 5. Stock vorzudringen, was aber aufgrund der starken Rauchentwicklung nicht möglich war. Dabei glaubten die Sicherheitswachebeamten im Gebäude Schreie zu hören. In der Zwischenzeit versuchten die eingetroffenen Feuerwehrleute mit Atemschutzgeräten vom Eingang Mahlerstraße einzudringen, um einerseits zu versuchen, allenfalls noch im Gebäude befindliche Menschen zu retten, und andererseits mit der Brandbekämpfung zu beginnen. Letzteres gestaltete sich von Anfang an äußerst schwierig. Ununterbrochen flammten während der Löscharbeiten in den verschiedensten Stockwerken immer neue Brände hoch, sodaß gegen 23.14 Uhr von der Feuerwehr Alarmstufe 6 ausgelöst wurde. Zu diesem Zeitpunkt waren insgesamt 46 Fahrzeuge und 190 Mann im Einsatz. Die explosionsartige Brandentwicklung an verschiedensten Stellen forderte nicht nur die Mitarbeiter und das technische Einsatzgerät der Feuerwehr bis zum äußersten, sondern führte auch zu Verletzungen und Rauchgasvergiftungen einer beträchtlichen Anzahl von Feuerwehrleuten. Ungeachtet dieser Schwierigkeiten gelang es der Feuerwehr, um 3.37 Uhr des folgenden Tages „Brand aus" zu vermelden. Von der Intensität und Ausdehnung des Brandes zeugt die Tatsache, daß es der Brandgruppe des Sicherheitsbüros der Wiener Polizei infolge starker Hitzeabstrahlung und noch vorhandener Rauchgase erst in den späten Nachmittagsstunden des 20. Februars möglich war, mit den intensiven Untersuchungen im Brandschutt nach der Brandursache zu beginnen.

Die spurenmäßige Untersuchung des Brandobjektes ergab in der Folge 16 (!) voneinander unabhängige Primärbrandherde im 1., 2., 3. und 5. Stock des Hauses. Brandstiftung war damit eindeutig erwiesen. Schon von Anfang an war technisches Gebrechen oder Brandstiftung mittels offener Flamme oder ähnlichem auszuschließen. Aus der Tatsache, daß die Brände in verschiedenen Stockwerken, zu ver-

Brand im Steyr-Haus

schiedenen Zeitpunkten – auch noch während des Feuerwehreinsatzes – ausbrachen, mußte der Schluß gezogen werden, daß unbekannte Täter mittels eines chemischen Brandsatzes den Großbrand gelegt hatten. Dadurch wurden auch die Untersuchungen sehr schwierig, weil Profis bei Verwendung bestimmter Chemikalien so vorgehen, daß auch bei einer genauen labormäßigen Untersuchung nur geringfügigste Spuren entdeckt werden können.

Trotzdem konnte von der Polizei ein genaues Zeitdiagramm anhand der Aufzeichnungen der Tag- und Nachtportiers erstellt werden. Zunächst lag anhand dieser Aufzeichnungen und der genauen Kontrollen der Verdacht nahe, daß der unbekannte Brandstifter in den Reihen der Mitarbeiter des Konzerns zu suchen sei. Es wurden deshalb rund 120 Personen auf ihr Alibi hin überprüft, wobei insbesondere auf jene Personen Bedacht genommen wurde, die vor dem Brand anwesend waren. Alle Überprüfungen verliefen aber negativ, da die im Gelegenheitsverhältnis Stehenden einwandfreie Alibis erbringen konnten.

In einigen Massenmedien fanden sich dahingehend Andeutungen, daß ein Zusammenhang zwischen den Demonstranten beim kurz vorher stattgefundenen Opernball und der vorliegenden Brandstiftung bestehen könnte. Das Sicherheitsbüro führte gemeinsam mit der Staatspolizei auch in dieser Richtung Ermittlungen durch, doch konnten keine Anhaltspunkte, die die Stichhaltigkeit der in den Medien vorgebrachten Argumente bestätigt hätten, gefunden werden. Ebenso wurde überprüft, ob ein Sabotageakt ausländischer Gruppen möglich gewesen sein könnte. Auch hier ließen sich keinerlei Anhaltspunkte finden. Der oder die Täter des Großbrandes im Steyrhaus sind noch heute nicht gefaßt.

1990
Der Großbrand im Bankhaus

ALS IRONIE DES SCHICKSALS, aber schlußendlich als Verbrechen stellte sich die Brandkatastrophe am 13. April 1990 im Gebäude der Zentralsparkasse (heute Bank Austria) heraus. Hatte man doch seit dem Herbst 1989, als feststand, daß beim Bau des Hauses Spritzasbest – welcher lange Jahre bei Großbauten als Brandschutz üblich war – verwendet worden war, alles daran gesetzt, das Haus von diesem Material zu entsorgen. Was man zur Bauzeit nicht wußte: Spritzasbest ist zwar unbrennbar, aber auf Dauer krebserregend. Die Firmenleitung hatte daher beschlossen, das Haus von dieser Art von Brandschutz so rasch wie möglich zu entsorgen. Im April 1990 war man damit schon fast fertig. Just am 13. des Monats, um 2.49 Uhr langte bei der Einsatzzentrale der Polizei ein Anruf über einen Brand in diesem Objekt ein. Der Funkwagen „Caesar 2" stellte beim Eintreffen fest, daß das Gerüst, das am Hauptgebäude aus den obigen Gründen errichtet war, bis zu einer Höhe von 15 m sowie die darunter liegenden Baucontainer hell brannten. Die ebenfalls verständigte Feuerwehr traf um 2.52 Uhr ein und setzte vier Löschbereitschaften mit rund 120 Feuerwehrleuten zur

Der Großbrand im Bankhaus

Brandbekämpfung ein. Das Baugerüst und die Container, welche zum Teil als Mannschaftsunterkünfte, zum Teil auch als Servicestellen für Bankkunden verwendet wurden, waren bald gelöscht. Allerdings hatte sich das Feuer in das Innere des Gebäudes vorgefressen und einige Stockwerke schwer in Mitleidenschaft gezogen. Als ein Gasflaschenlager zu explodieren drohte, gab die Feuerwehr Alarmstufe 4 und konnte Dank aufopfernden Einsatzes auch diese letzte Gefahr bannen. 16 C-Rohre, drei Wasserwerfer, mehrere Großtankfahrzeuge und schwerer Atemschutz standen im Dauereinsatz, bis um 7.17 Uhr endlich die Meldung „Brand aus" einlangte.

Damit aber begann erst der schwierigste Teil dieser Brandkatastrophe, nämlich die kriminalpolizeilichen und kriminaltechnischen Untersuchungen. Sehr bald stand fest, daß der Brand an zwei Stellen ausgebrochen war. Da die „Z" jedoch auf Sicherheitssysteme großen Wert legte und die Objekte um beide Brandherde durch Alarmanlagen wie Ultraschallmelder, Türkontaktalarme und Infrarotbewegungsmelder gesichert waren, gab es große Probleme bei der Erstellung eines beweiskräftigen „Weg-Zeit-Diagrammes" des Täters. Die gleichen Schwierigkeiten ergaben sich bei den Untersuchungen zur Feststellung der Brandauslösung. Schließlich konnte jedoch, unter Berücksichtigung der Branderscheinungen und unter Berücksichtigung der unterschiedlichen thermischen Belastung und des Materialverlustes an Bauteilen und Gegenständen, die aus brennbaren Stoffen gefertigt waren, eine Eingrenzung der Brandausbruchsbereiche auf den im Bereich der Nordwestecke unterhalb der Gebäudeausgrabung aufgestellten Mannschaftscontainer der Baufirma und auf den Bereich des Notausganges des Kassencontainers festgelegt werden. Nach der Ermittlung der Brandausbruchsstellen wurden nach der Methode des Ursachenschemas von Dr. Grassberger mit dem ersten Eliminationsschritt (Ausscheidung der Zündquellen und materialmäßig grundsätzlich nicht zutreffenden Zündquellen) folgende in eine detaillierte Untersuchung einzubeziehende Brandursachenmöglichkeiten in Betracht gezogen:

1. Fehlstellen im elektrischen Leitungsnetz
2. Zündquellen nach Art heißer, nachglühender Teilchen und

Nächste Seite:
Das Gebäude war von gesundheitsschädlichem Spritzasbest fast ganz befreit, als der Brand ausbrach.

Der Großbrand im Bankhaus

LOKALES — Donnerstag, 19. April 1990

Im Schutt wurde auch ein Brandherd in Ersatzfiliale gefunden

Feuer im „Z"-Hauptgebäude brach an zwei Stellen gleichzeitig aus

Nachdem – wie berichtet – in einem Container einer Baufirma ein Brandherd entdeckt wurde, fanden Kriminalbeamte Mittwoch im Schutt neue Spuren, die auf Brandlegung schließen lassen. Die zweite Stelle an der das Feuer gelegt worden ist, befindet sich in der Ersatzfiliale der „Z" in Wien-Landstraße, die ebenfalls in einem Container untergebracht war.

VON ERICH SCHÖNAUER UND ERNST PUFF

Der Benzinfleck in einem Bau-Container wurde mit labortechnischen Mitteln von Sachverständigen chemisch untersucht. Mittwoch stellte sich jedoch heraus, daß die Experten nicht mehr genau feststellen können, ob es sich tatsächlich um einen Benzinfleck handelt. Sicher ist nur, daß die ersten Flammen an dieser Stelle aus dem Container kamen.

Die Jagd nach weiteren Spuren, die zur Klärung des Millioneninfernos im Hauptgebäude der Zentralsparkasse führen könnten, wurde auch Mittwoch fortgesetzt. Die Kriminalisten des Wiener Sicherheitsbüros hatten Erfolg. Sie fanden einen zweiten Brandherd in einem Container der Ersatzfiliale der „Z". Ein Beamter: „Wenn an zwei Stellen gleichzeitig ein Feuer ausbricht, kann das nicht mehr Zufall sein. Der Verdacht der Brandlegung wurde dadurch erhärtet."

3. Zündquellen nach Art der offenen Flammen.

Es wurden daher in den festgestellten Brandausbruchsbereichen die elektrischen Leitungen und die an den stromführenden Steckdosen angeschlossenen Verbraucher festgestellt. Bei letzteren handelte es sich um Leuchtstofflampen und Büromaschinen, deren Untersuchung keine Hinweise auf einen Lichtbogenübergang (Kurzschluß) oder Leistungsunterbrechungen oder Fehlstellen ergab. Damit konnte Punkt eins ausgeschlossen werden. Der Punkt zwei ergab anhand des Zeitablaufes zwischen der letzten Anwesenheit von Menschen (die allenfalls glimmende Zigaretten hätten wegwerfen können) und dem Brandausbruch so große Zeitunterschiede, daß auch diese Zündquelle als Brandursache ausgeschlossen werden konnte. Von Brandexperten des Innenministeriums konnten letzten Endes aus dem Brandschutt mit

„Neue Kronen Zeitung"
vom 19. April 1990

Der Großbrand im Bankhaus

Der Großbrand im Bankhaus

Der Tatbestand Brandstiftung konnte eindeutig nachgewiesen werden.

Hilfe hochkomplizierter technischer Geräte Spuren auf die Verwendung von Kraftfahrzeugbenzin an einer der Brandausbruchsstellen eindeutig festgestellt werden. Die Brandstiftung war damit einwandfrei nachgewiesen. Vom brandtechnischen Standpunkt wurde der Brand strafrechtlich als Feuersbrunst eingestuft. Damit ist zwar nach dem Strafgesetz einer der höchsten Strafsätze vorgesehen, doch konnte der Täter trotz intensiver Nachforschungen nach allen Richtungen von der Polizei bis heute nicht gefaßt werden.

1992
Der Brand in der Hofburg

"Neue Kronen Zeitung" vom 28. November 1992

IN DER NACHT vom 26. zum 27. November begann der Mitarbeiter eines österreichischen Wachdienstes Peter W. eine halbe Stunde nach Mitternacht seinen zweiten Rundgang an diesem Abend. Kurz vorher war sein Kollege von seiner Kontrollrunde in der Dauer von 90 Minuten, ohne besondere Vorfälle gesehen oder gefunden zu haben, zurückgekehrt. Beim Rundgang wurden vorschriftsmäßig als Mindestausstattung ein Funkgerät, ein Handscheinwerfer und Schlüssel für die Dachbodentüren mitgeführt. In diesen eineinhalb Stunden wird eine Strecke von rund viereinhalb Kilometern zurückgelegt, und an bestimmten Stellen bei den Kontrolluhren werden sogenannte „Stiche" mit einem Spezialschlüssel durchgeführt. Wird ein Kontrollstich übergangen, so kann in der Folge der nachfolgende Stich nicht durchgeführt werden. Dies scheint im Kontrollprotokoll auf.

Um 1.02 Uhr traf W. am oberen Boden der Winterreitschule bei Stich 10 ein. Er ging nun in gerader Richtung zu der Brandschutztüre vor dem Dachboden des Redoutensaales. Etwa auf halbem Wege be-

---

Redoutensäle vernichtet — Lipizzaner evakuiert — Nationalbibliothek verschont

Flammenhölle in der Wiener Hofburg

In der Nacht zum Freitag entstand aus bisher ungeklärter Ursache in der Wiener Hofburg ein Großbrand. Die Redoutensäle, die Dachstühle über dem Trakt sowie über dem angrenzenden Prunksaal der Nationalbibliothek wurden zerstört. Die Höhe des Sachschadens ist vorerst nicht abzusehen, er geht in die Millionen.

Erste Vermutungen, bei Renovierungsarbeiten sei Donnerstag abend ein Schwelbrand entstanden, wurden Freitag vormittag dementiert.

Die Wiener Feuerwehr, die durch Kräfte aus Niederösterreich verstärkt wurde, gab Alarmstufe 7. Die Löschmannschaften rückten nach 1 Uhr aus, als die Redoutensäle bereits in Flammen standen.

Die Brandbekämpfung wurde durch starken Wind erschwert, die Glutnester auf angrenzende Gebäude wehte. Rund 60 Wohnungen der Umgebung wurden evakuiert. Auch die Lipizzaner mußten ihre Stallungen verlassen und wurden bis Freitag vormittag im Volksgarten untergebracht.

Die Flammen zerstörten die aus dem 18. Jahrhundert stammenden Redoutensäle der Hofburg. Allerdings sollen keine bedeutenden Kunstschätze vernichtet worden sein. Die Dachkonstruktion brach zusammen, auf dem Boden lag 2 m hoch Brandschutt.

Ebenfalls in Mitleidenschaft gezogen wurde der Dachstuhl über dem Prunksaal der Nationalbibliothek, der Saal selbst mit seinen 192.000 wertvollen Bänden blieb von den Flammen verschont. Ein Teil des Bestandes wurde aber wegen der Gefahr eines Wasserschadens ausgelagert. Der Prunksaal und der Augustiner-Lesesaal bleiben vorläufig geschlossen.

Löschwasser beschädigte auch die Winterreitschule, in der die traditionelle Morgenarbeit der Lipizzaner stattfindet. Die Räume sind bis auf weiteres nicht benützbar. Die weißen Hengste wurden nach einigen Stunden im Volksgarten Freitag vormittag wieder in ihre Ställe zurückgebracht.

In den Redoutensälen unterzeichneten 1979 Jimmy Carter und Leonid Breschnjew den SALT II-Vertrag. Seit 1986 ist dort die KSZE untergebracht.

merkte er einen leichten Brandgeruch, konnte jedoch keine Rauchschwaden wahrnehmen. Bei der Brandschutztüre zum Dachboden des Redoutensaales führte er den „Stich 11" durch und betrat den Dachboden vom Redoutensaal aus. Über einen rund zwei Meter breiten Vorraum gelangte er direkt auf den Dachboden und wendete sich nach etwa vier Metern weiter nach rechts zu der ersten Öffnung für die Beleuchtungskörper. Die Luster des Redoutensaales waren im Bereich des Dachbodens an Seilwinden aufgehängt und konnten für die Reinigung tiefer in den Saal gesenkt werden. Im Holzboden des Dachgeschoßes war dafür eine 20 Zentimeter große, runde Öffnung für Lusterkabel und -kette vorhanden. Als er durch diese Öffnung blickte, konnte der Wächter zwar einen Feuerschein, jedoch keine Flammen wahrnehmen. Aus der Öffnung stieg jetzt leichter Rauch auf. W. informierte sofort über Funk den im Bereitschaftsraum befindlichen Kollegen, der seinerseits die Feuerwehr verständigte.

Um 1.10 Uhr langte jedenfalls der automatische Brandmeldealarm aus der Hofburg bei der Feuerwehr ein, und der drei Minuten später eingetroffene erste Löschzug stellte fest, daß der Alptraum jeder Feuerwehr – Großbrand in einem historischen Gebäude – wahr zu werden drohte. Die sofortige Erhöhung auf Alarmstufe 2 war die logische Konsequenz. Nach kurzer Besichtigung gab die Erhöhung auf Alarmstufe 3 die Möglichkeit, auch einen Außenangriff vom Josefsplatz über zwei Drehleitern zu versuchen. Aber schon bald wurde klar, daß sich der große Redoutensaal besonders im Decken- und Dachbereich bereits im Vollbrand befand und daher alle Kraft auf das „Halten" der angrenzenden Bereiche, wie Stallburg, Winterreitschule, Schatzkammer und Nationalbibliothek mit ihrem weltberühmten Prunksaal, verwendet werden mußte. Durch die stufenweise Erhöhung der Alarmstufen bis zur siebenten (Katastrophenalarm) wurden die sofort nach Entdeckung des Brandes eingetroffenen drei Feuerwehrzüge sukzessive mit zehn weiteren Löschmannschaften verstärkt.

Auch in der Polizeieinsatzleitung war man nicht untätig geblieben. Als gegen 2.57 Uhr der Dachstuhl des gesamten Gebäudeteiles, in dem sich die Redoutensäle befanden, in Vollbrand stand, be-

Der Brand in der Hofburg

faßte man sich großräumig mit der Frage der Sicherung und Rettung von Sachgütern, nachdem die im Redoutensaaltrakt untergebrachten Wohnparteien raschest evakuiert worden waren. In der Stallburg befanden sich zu diesem Zeitpunkt 69 Pferde am Stallhalfter. 30 rasch von den Absperrungen abgezogene Sicherheitswachebeamte und eine kleine Gruppe Angehörige des Reitschulpersonals führten nach einer sofortigen Entscheidung der Einsatzleitung die Pferde an den Stallhalftern über eine kurze Steintreppe ins Freie und übergaben sie an zufällig vorüberkommende Passanten mit dem Ersuchen, die Lippizaner weiter durch die Bräunerstraße auf den Graben, auf welchem mit drei Polizisten eine Art „Auffanglager" gebildet worden war, zu führen. Tatsächlich gelang es auf diese Art, alle Pferde aus dem gefährdeten Objekt zu bringen. Der Weg aus der Stallbox bis zum Gra-

Diese Luftaufnahme zeigt das ganze Ausmaß der Brandkatastrophe. 1: der komplett ausgebrannte Trakt mit den Redoutensälen 2: die Hofstallungen der Lipizzaner und 3: die Nationalbibliothek, beides zum Glück gerettet 4: der Josefsplatz mit Feuerwehrautos
„Wiener Zeitung" vom 28. November 1992

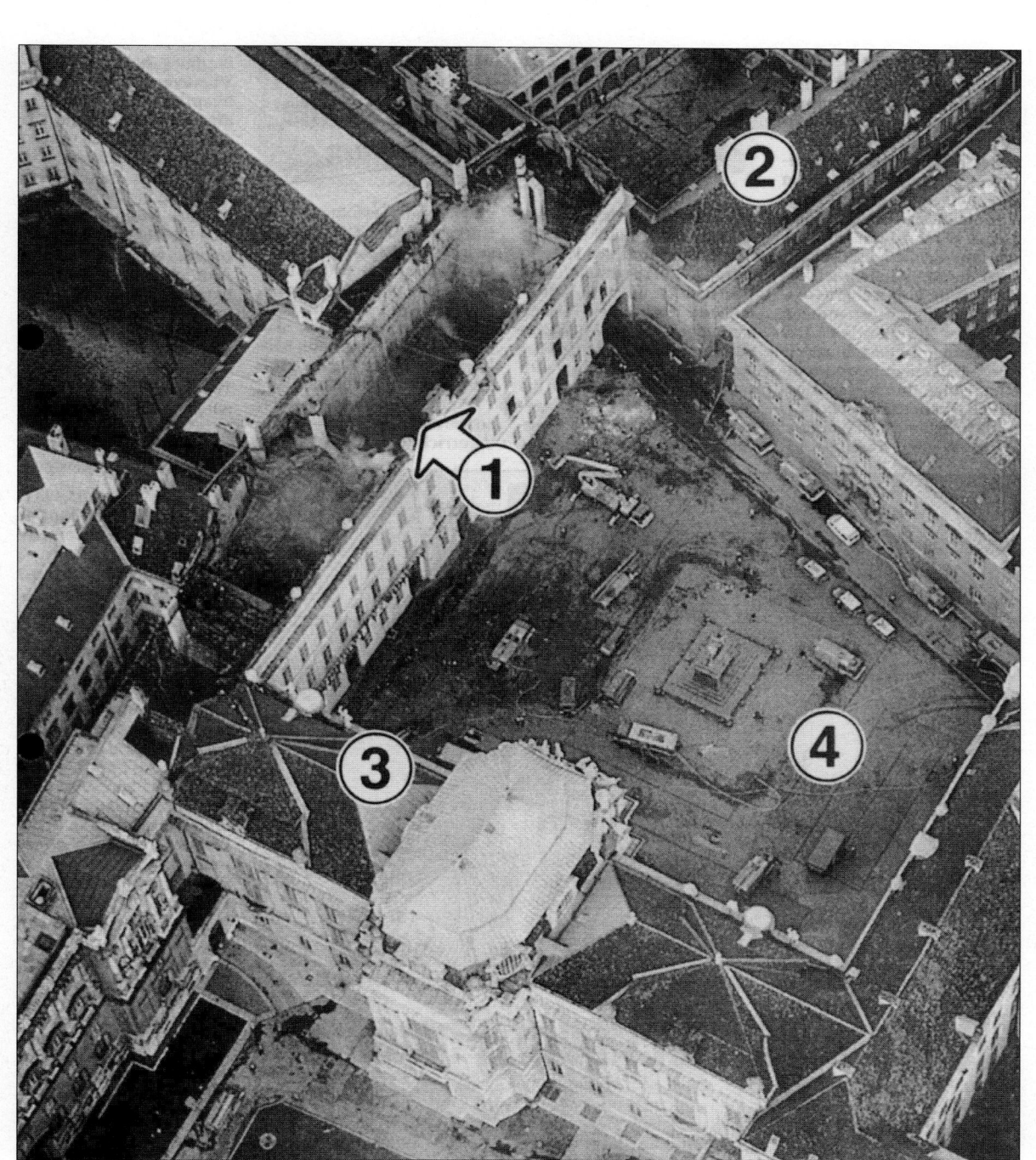

305

Der Brand in der Hofburg

ben war allerdings schwierig. Zu diesem Zeitpunkt fegte nämlich durch die Stallungen selbst und die Straßen der Inneren Stadt ein Feuersturm, in welchem starke Windböen Tausende von kleinen und kleinsten Holzstücken des Dachstuhles fast waagrecht durch die Straßen trieben. Dieser Feuerregen und der starke Rauch machten Pferden und Betreuern schwer zu schaffen. Die eiserne Disziplin der Lippizaner war schließlich dafür ausschlaggebend, daß die Aktion gelang und ohne Verluste und Verletzungen durchgeführt werden konnte.

In der Zwischenzeit hatte sich aber der Dachstuhlbrand in Richtung Nationalbibliothek weitergefressen und die Feuerwehr unter Einsatz aller verfügbaren Kräfte und Gerätschaften zu starken Sicherungsmaßnahmen veranlaßt. Ein Übergreifen der Flammen auf den letztlich nur mehr durch eine Brandschutztüre gesicherten Dachstuhl oberhalb des Prunksaales der Nationalbibliothek, in dem mehr

Der Alptraum jeder Feuerwehr wurde wahr: ein Großbrand in einem historischen Gebäude.

Der Brand in der Hofburg

Der Brand in der Hofburg

als 190.000 zum Teil unersetzliche historische Bücher lagern, wurde immer wahrscheinlicher. Für die polizeiliche Einsatzleitung ergab sich die Frage einer Evakuierung der Wertgegenstände aus dem bedrohten Prunksaal. Durch rechtzeitige Auslösung einer der höchsten Alarmstufen im polizeilichen Einsatzcode waren über 260 weitere Beamte aus den Bezirken, der Alarm- und Schutzabteilung am Brandort eingetroffen. Die Räumung der Folianten mußte unter Beachtung zweier Tatsachen erfolgen. Zum einem, daß das Feuer bereits auf wenige Meter an den Dachstuhl oberhalb des Prunksaales herangekommen war (im kritischsten Zeitpunkt stand die Flammenwand zwei Meter vor der Brandschutztüre), zum anderen, daß für fast 300 Polizeibeamtinnen und Polizeibeamte nur eine einzige Treppe als Fluchtweg zur Verfügung stand. Es mußte daher vom Einsatzleiter an Ort und Stelle gemeinsam mit der Feuerwehrführung ein Alarm-

Bis in die Morgenstunden wurden pausenlos in einer Kette die wertvollen Bücher der Nationalbibliothek weitergereicht und in Sicherheit gebracht.

Der Brand in der Hofburg

Der Brand in der Hofburg

system ausgearbeitet werden, das eine Warnung der eingesetzten Beamten noch knapp vor dem Durchbruch der Flammenhölle ermöglicht hätte. Um 4.30 Uhr war die Räumung in vollem Gange. Die Beamtinnen und Beamten leisteten Unwahrscheinliches, obwohl viele von ihnen bereits 20 Stunden Dienst hinter sich hatten. Bis 7.00 Uhr früh wurde ohne Einschaltung einer Pause Stapel um Stapel von Büchern und Folianten in einer Kette weitergereicht und an einem sicheren Ort in der Nationalbank deponiert. Während dieser Arbeiten wurde die Einsatzleitung immer wieder mit Horrormeldungen über bevorstehende Branddurchbrüche konfrontiert, die sich allerdings alle als Fehlannahmen oder Übertreibungen erwiesen.

Gegen 6.00 Uhr früh drang erst- und letztmalig Wasser durch die Decke, allerdings an einem Teil

Der Brand in der Hofburg

Der Brand in der Hofburg

des Prunksaales, der bereits von den wertvollen Büchern geräumt war. Die Feuerwehr konnte diesen Einbruch sehr rasch stoppen, und so mußte keines der wertvollen Bücher als beschädigt oder als verloren registriert werden. Dem Einsatzleiter der Feuerwehr, Branddirektor Perner, und dem Einsatzleiter der Polizei, Polizeipräsident Bögl, wurden für ihre gute Zusammenarbeit von allen Stellen höchste Anerkennung ausgesprochen, welche von beiden unverzüglich an ihre so verdienstvollen Mitarbeiter weitergegeben wurde.

Der Sachschaden erreichte Millionenhöhe, Personen kamen mit Ausnahme kleinerer Rauchgasvergiftungen der eingesetzten Feuerwehrleute und Polizisten nicht zu Schaden. Jedenfalls wurden nach dem Brand die Brandschutzeinrichtungen und Warnanlagen extrem verstärkt und verbessert, sodaß die in diesem Bereich wieder vollständig restaurierte Hofburg noch viele weitere Jahrzehnte von solchen Bränden, die sich am Rande einer „Jahrhundert-Katastrophe" bewegen, verschont werden sollte.

1994
Die Jahrhunderthitze

WIR SIND UNS noch nicht sicher, ob man ihn unter die Katastrophen einreihen kann – den Sommer 1994. Zweifellos hat er für einige, wenn nicht für viele – man denke nur an bestimmte Bereiche der Landwirtschaft in Österreich – katastrophale Folgen gehabt. Die

Die Jahrhunderthitze 1994

Medien haben ebenfalls vielfach vom „Katastrophensommer des Jahrhunderts" geschrieben und als Beispiele die Vernichtung von Teilen der Ernte von Mais, Soja, Obst und vielen anderen Gemüse- und Getreidesorten angeführt. Auch die verheerenden Waldbrände zwischen Neunkirchen im südlichen Niederösterreich und Wien, bei denen Munitionsreste und sogar deren Depots aus dem Zweiten Weltkrieg noch während der Löscharbeiten immer wieder explodierten und Feuerwehrleute extrem gefährdeten und sogar verletzten, waren zumindest als katastrophal eingestuft worden. Aber auch Menschen, die in Gebieten wohnten, die noch Brunnenversorgung haben, deren Brunnen austrockneten und denen das lebensnotwendige Naß in großen Tankwagen herangeführt werden mußte, werden ihn so empfunden haben. Für andere waren es einfach nur die heißesten Wochen seit 1838.

Zum Zeitpunkt der Drucklegung dieses Buches lagen noch keine offiziellen Daten über das Gesamtausmaß an Schäden und Beschädigungen vor. Es steht jedoch fest, daß diese klimatischen Bedingungen nicht nur die Gelegenheit, sondern die Notwendigkeit bieten, den sogenannten oder tatsächlichen Katastrophensommer 1994 als Übergang zum Epilog zumindest zu erwähnen.

Die Wissenschaftler sind sich jedenfalls ziemlich einig, daß wir in den nächsten Jahren oder Jahrzehnten mit klimatischen Veränderungen rechnen müssen.

Sind daher die Meldungen über ein beständiges und großes Fischsterben in Flüssen und Seen, von gefährlicher Nitratüberkonzentration in verdampften Trinkwasserreservoiren, über explosionsartige Vermehrung von Mikroorganismen, über aggressive Fische, wie Hechte, die Kinder anfallen, über die zunehmende Aggressivität von Menschen, wie sie sich in diesem Sommer in den polizeilichen Statistiken niedergeschlagen hat, nur Auswirkungen einer einmaligen Hitzewelle oder doch schon Vorboten für künftige Entwicklungen, die dann ohne Zweifel Katastrophencharakter annehmen werden? Dies vor allem dann, wenn es stimmt, daß die Klimaforschung für die nächsten 100 Jahre allein für Österreich eine durchschnittliche Temperaturzunahme von über zwei Grad prognostiziert. Wird es in weiten Bereichen auch unseres Landes zu Versteppungen kommen? Werden wir, das Land der Flüsse und Seen, an Wassernot leiden, und wird das Trinkwasser zumindest in vielen Gebieten zu den Raritäten gehören? Werden auch in Österreich so wie in vielen anderen Ländern durch Dürreperioden Waldbrände zum normalen Tagesgeschehen gehören und die klimatischen Bedingungen weiter verschlechtern?

Dazu kommen noch die mit diesen Klimaveränderungen nach den Hitzeperioden naturgemäß einhergehenden Unwetter, die zu Vermurungen, Hochwasser und ähnlichen Katastrophen, führen, wie wir sie als Einzelbeispiele in den vergangenen Jahrzehnten gefunden haben. Diese Fragen sind von der Wissenschaft endlich klar zu beantworten und von uns Menschen, wenn sie voraussehbare Konsequenzen der vorangeführten Art haben, rechtzeitig in unsere Grundeinstellungen und Vorsorgen aufzunehmen.

Mit diesen Überlegungen schließen wir unsere Kapitel über Vergangenheit und Gegenwart ab und befinden uns eigentlich schon mitten im Epilog, den möglichen Katastrophen der Zukunft.

Epilog

IN DEN VERGANGENEN Jahrhunderten gab es immer wieder Menschen, die gestützt auf das Gefühl, übernatürliche Kräfte zu haben, Katastrophen voraussagten. Es waren darunter „Seher" und „Gesehene". Erstere, die aufgrund von natürlichen Entwicklungen, Beobachtungen der Natur oder vielleicht auch intuitiv im unerforschten Bereich des Metaphysischen Katastrophen voraussahen und mehrfach auch bestätigt wurden. Dann gab es zweifellos auch Menschen, die einfach als Seher gesehen werden wollten und damit gewollte oder ungewollte Verunsicherung betrieben. Einer der berühmtesten Seher war wohl Nostradamus, der für das Ende dieses Jahrtausends – wenn seine „Übersetzer" ihn diesmal richtig interpretiert haben – *die* Katastrophe in Form des Weltunterganges prophezeite. Wir wollten uns ursprünglich auch mit dieser Thematik intensiver befassen, glauben aber nun am Ende dieses Buches, daß es besser ist, den Leser auf Fakten zu konzentrieren. Die Autoren selbst haben in ihrem monatelangen Studium der Unterlagen den Eindruck gewonnen, daß dort, wo der menschliche Geist und Verstand rational eingesetzt wurde und noch werden kann, Katastrophen, wie sie in diesem Buch dargestellt wurden, durchaus vermeidbar oder minimierbar sind.

Wie bereits an anderer Stelle in diesem Buch ausgeführt, könnten wir viele Erkenntnisse, die unsere Vorfahren aus Katastrophen der Vergangenheit, aber auch wir aus der Gegenwart gewonnen haben, auch ohne seherische Kräfte für eine weitere positive Entwicklung dieses Planeten verwenden.

So zum Beispiel im ökologischen Bereich und im Bereich der nördlich und östlich von Österreich angesiedelten Atomkraftwerke. Es bleibt zu hoffen und nach letzten Entwicklungen vielleicht sogar zu erwarten, daß die aufgrund der vielen, zum Teil schmerzvollen Erfahrungen in diesen Bereichen gewonnene Einsicht ausreicht, Sicherheitsstandards zu schaffen, die zumindest voraussehbare Katastrophen vermeiden. Wir dürfen nicht zulassen, daß Erfahrungen aus negativen Ereignissen verdrängt oder unterdrückt werden und so ein natürlicher Lernprozeß der Menschen, welche, wie unser Tatsachenbericht zeigt, durchaus lernwillig und lernfähig sind, unnatürlich unterbrochen wird. Wir Österreicher haben jedenfalls – unabhängig von der Grundsatzentscheidung, ob man für oder gegen friedliche Nutzung der Atomkraft ist – mit Zwentendorf ein Zeichen gesetzt, welches unsere Sensibilität in diesem Bereich europaweit dokumentiert hat. Gerade weil der Tod durch Strahlen unsichtbar ist, verlangt dies Sichtbarmachung seiner latenten Existenz zumindest in Form von präventiver Voraussicht. Erkenntnisse nicht zu gewinnen ist schlimm genug. Gewonnene Erkenntnisse aber zu verdrängen ist schlicht und einfach eine Katastrophe.

Schluß-
betrachtung

Wenn der geneigte Leser nun am Ende dieses Buches auf die hinter ihm liegenden Seiten zurückblickt, so wird ihn das beklemmende Gefühl begleiten, daß die Vergangenheit eine permanente Reihenfolge von Tod, Gewalt und Not war. Er hat auf diesen Seiten den schwarzen Tod und die Feuersbrünste erlebt, er sah einstürzende Brücken und berstende Dämme, hörte voll Schrecken die Meldung, daß „alles gerettet" sei und begegnete der unheilvollen Kraft neuer Technologien. In Flammen stehende Gotteshäuser, stürzende Kuppeln, in Panik flüchtende Gläubige oder das Inferno des Feuers in scheinbar unbrennbaren Bauten der Moderne berühren ebenso, wie die Stille des Todes neben zerstörten Verkehrsmitteln unserer Tage.

Die apokalyptischen Reiter

Holzschnitt Albrecht Dürers aus dem Jahre 1498 – in Anlehnung an die Offenbarung Johannes 6, 1–8 aus der Heiligen Schrift – in welchem er die Heimsuchung der Menschheit durch Pest, Krieg, Hunger und Tod anhand von vier visionären Gestalten darstellt. Die vier Reiter sind auch in unseren Tagen noch unterwegs …

Schlußbetrachtung

Nur wenige der Katastrophen vergangener Tage konnten in diesem Buch Aufnahme finden, und nur Stückwerk kann und wird dieses Werk sein, wenn man es aus der persönlichen Sicht der Betroffenen betrachtet. Wann kann man von Katastrophe sprechen, wo von Unfall? Soll die Zahl der Opfer das Kriterium sein oder der materielle Schaden? Ist der Verlust kulturellen Erbes höher zu bewerten als die tödliche Unduldsamkeit im zwischenmenschlichem Umgang?

All diese Fragen stellten wir uns bei der Erstellung dieses Buches und haben in langen und ernsten Gesprächen doch keine allgemein gültige Antwort darauf gefunden. Es ist uns bewußt, daß für Manchen der Verlust eines geliebten Menschen oder ein persönlicher Schicksalsschlag viel mehr den Charakter einer Katastrophe hat, als dies ein lange zurückliegendes Ereignis sein kann. Er wird und kann diese für ihn persönliche Tragödie hier nicht finden und muß das Schicksal vieler teilen, die ebenfalls in ihrem persönlichen Leid – ihren privaten Katastrophen – unberücksichtigt bleiben mußten. Nicht Ignoranz sondern der bestehende Rahmen waren die Ursache, daß so manch ein Ereignis nicht Aufnahme finden konnte, welches sehr wohl den traurigen Anspruch einer echten Katastrophe erheben könnte.

Bedrückend mag wohl auch der Umstand sein, daß dieses Buch nicht mehr als eine Zwischenbilanz ist, daß ihm in jedem der kommenden Jahre und Jahrzehnte neue Kapitel zuzufügen sein werden.

Spätestens hier liegt es jedoch auch an uns und unseren Kindern, das Ausmaß der Katasrophen zukünftiger Tage in Grenzen zu halten. Bei dem vorliegenden Blick in die Vergangenheit kann man erkennen, daß viele der schrecklichen Ereignisse bei Umsicht und Verantwortungsbewußtsein vermeidbar gewesen wären. Wenn es gelingt, so aus der Geschichte zu lernen, hat dieses Buch seinen Zweck nicht verfehlt.

Dr. Günther Bögl
Mag. Harald Seyrl

Wien, im November 1994

Quellen- und Literaturverzeichnis

Die Chronik Wiens, Chronik Verlag Harenberg, 1988

Josef Holaubek, Die österr. Feuerwehr, Ueberreuter, 1979

Nemetschke-Kugler, Lexikon der Wiener Kunst u. Kultur, 1990

Albert A. Wenedikt, Geschichte d. Wiener Stadt u. Vorstädte im Kampf gegen die Seuche, Hamburg, 1940

Helmut Bouzek, Wien und seine Feuerwehr

Moritz Bermann, Alt- und Neu-Wien, Hartlebens Verlag, 1880

Österreichs Land und Leute in Wort und Bild

Felix Czeike, Das große Groner Wien Lexikon, Verlag Molden, 1974

Der Prozeß über die Ringtheater-Katastrophe, Wien, 1882

Die Österr.-Ung. Monarchie in Wort und Bild, Band Wien, 1886

Die Feuerwehr der Stadt Wien in der Zweiten Republik

Felix Czeike, Das Feuerlöschwesen in Wien, Ver. J.&V., 1962

Günther Bögl, Harald Seyrl, Die Wiener Polizei, Edition S, 1992

Österr. Nationalbibliothek, Zeitschriftensammlung

Amtsbibliothek der Bundespolizeidirektion Wien

Archiv der Bundespolizeidirektion Wien

Dokumentationsgruppe bzw. Lichtbildstelle der B.Pol.Dion Wien

Wiener Kriminalmuseum, Archiv

Illustriertes Wiener Extrablatt, Wien, 1874-1920

Illustrierte bzw. Neue Kronen Zeitung, 1900-1994

Kurier bzw. Wiener Kurier 1945-1994

Die Presse bzw. Neue Freie Presse, bis 1994

Arbeiter Zeitung

Das Kleine Volksblatt

Wiener Zeitung

Günther Bögl, Handbuch der Sicherheit I, II, III

Harald Seyrl, Kriminalpolizeilicher Museum-Katalog, 1984

William H. McNeill, Seuchen machen Geschichte, München, 1976

„Das Juli Hochwasser 1954", Hydrographischer Dienst in Österreich, Beiträge zur Hydrographie Österreichs, Nr. 29

„Besondere Ereignisse", Tagebücher der Wiener Berufsfeuerwehr